부의
바이블

부의 바이블

월리스 와틀스 지음
김정우 옮김

BOOK∧ER

머리말

부자가 되는 과학적 방법

이 책은 갖가지 이론을 다룬 철학적인 논문이 아니라, 지금
당장 써먹을 수 있는 실용적인 안내서이다. 따라서 간절하게
돈을 벌려는 사람, 우선은 부자가 되고 나서 나중에 철학적 기
반을 갖추려는 사람들이 바로 이 책을 읽을 독자라고 말할 수
있다. 아울러 심오한 원리 원칙을 탐구할 적당한 시간이나 수
단 혹은 기회를 미처 갖지 못했지만, 확고한 과학적 결론을 바
탕으로 행동하고 눈에 보이는 확실한 결실을 바라는 사람도
이 책의 독자가 될 수 있다. 그런 과학적 결론이 어떤 과정을
거쳐서 나왔는지는 일단 모두에게 중요한 문제가 아니기 때문
이다.

마치 마르코니(무선 통신 기술을 발명한 이탈리아의 물리학자)와 발명왕 에디슨이 발표한 전기의 법칙을 아무 의심 없이 과학적 진리로 받아들이는 것처럼, 독자 여러분도 모쪼록 이 책에서 말하는 신념에 관한 근본 원리를 전적으로 받아들이고, 일단 받아들였으면 두려워하거나 주저하지 말고, 신념에 관한 근본 원리를 행동으로 옮겨서 그것이 진짜였음을 입증해 주기 바란다. 누구든 이 책에 나온 대로 행동하면 부자가 된다. 여기 나온 근본 원리는 도저히 실패할 수 없는 정확한 과학이기 때문이다. 아무리 그래도 철학적인 이론이 궁금하고 신념의 논리적 밑바탕이 필요한 독자들을 위해, 이 방면에 일가견이 있는 전문가 몇 사람의 말을 인용하기로 한다.

'하나가 모두이고 모두가 하나이며, 따라서 그 하나의 본질이 물질계의 다양한 요소들로 나타난다'라는 일원론적 우주관은 힌두교에서 비롯되어, 200년 동안 서양의 정신세계에 시나브로 뿌리를 내리게 되었다. 모든 동양 철학은 물론, 데카르트(프랑스의 철학자), 스피노자("내일 지구가 멸망한다 해도 나는 한 그루의 사과나무를 심겠다"는 말로 유명한 네덜란드의 철학자), 라이프니츠(신의 예정조화설을 주장하고 미적분학을 창시한 독일의 철학자 겸 수학자), 쇼펜하우어(염세 사상의 대표자로 불리는 독일의 철학자), 헤겔(변증법을 창시한 독일의 철학자), 에머슨(초월주의를 제창한 미국의 사상가 겸 시인) 철학의 주춧돌이라고 할 수 있다.

이에 대한 철학적 근거를 파고들고 싶은 독자들이 있다면 헤

겔과 에머슨의 글을 읽어보기를 권한다.

이 책을 쓰면서 나는 모든 사람이 읽을 수 있도록 쉽고 단순한 문체를 얻느라 모든 것을 희생했다. 여기 제시한 행동 계획은 철학적인 결론에서 나왔고, 철저한 검증을 거쳐서 실제 생활의 효용이라는 최고의 시험까지 통과했기 때문에, 정말로 효과적일 것이다. 혹시 그런 결론이 어떻게 해서 나왔는가를 알고 싶다면, 위에 언급한 철학자들의 책을 읽어보기를 바란다. 나아가 실제 인생에서 철학적 결론의 열매를 거두고 싶다면, 이 책을 읽고 이 책에서 여러분에게 이야기하는 대로 꼭 그대로 행동해 보기 바란다.

월리스 와틀스

목차

부(富)는 어디서 오는가

부(富)는 어디서 오는가

The Science of Getting Rich

누구나 부자가 될 권리가 있다

가난을 아무리 미화한다 해도, 부자가 아니라면 정말로 완벽하거나 성공적인 삶은 절대 불가능하다. 이건 털끝만큼도 변하지 않는 사실이다. 이 세상 어느 누구도 돈이 없으면 자기 재능이나 영혼을 최대한도로 발전시킬 수 없다. 영혼의 문을 열고 재능을 계발하려면 갖가지 수단을 활용해야 하는데, 필요한 수단을 내 것으로 만들 돈이 없으면 아무것도 가질 수 없기 때문이다.

사람은 각종 수단을 활용하여 몸과 마음과 영혼을 계발하는데, 그런 수단을 소유하려면 반드시 돈이 있어야 하는 사회 구조 속에서 살고 있다. 그러므로 모든 진보의 바탕은 분명히 '부자가 되는 과학'이다.

모든 생명체의 목표는 성장 발달이며, 살아 있는 모든 존재는 도달할 수 있는 최고의 단계까지 도달할 천부의 권리가 있다. 인간이 생명을 향유할 권리를 가졌다는 말은 곧 몸과 마음과 영혼이 최고조로 발달하는 데 필요한 모든 것을 자유롭게 사용할 권리가 있다는 뜻이며, 다른 말로 하면 부자가 될 권리가 있다는 뜻이기도 하다.

이 책에서는 부자라는 개념에 대해 비유적으로 말하지 않을 것이다. 정말로 부자가 된다는 것은 적은 재화로 만족한다는 뜻이 절대 아니다. 지금보다 더 많은 것을 사용하고 더 많이 누릴 수 있는데, 왜 적은 재화로 만족하겠는가? 그래서는 안 된다. 대자연의 목적은 생명의 진보와 자유이며, 따라서 우리는 마땅히 생명을 풍족하고 아름답고 우아하고 강하게 만드는 데 공헌하는 모든 것을 가져야 한다. 적은 재화에 만족한다면 그것은 죄악이다.

자신에게 가능한 모든 형태의 삶을 살아가는 데 필요한, 원하는 모든 것을 소유한 사람이 바로 부자이다. 그런데 돈이 충분히 없으면 그 누구도 원하는 모든 것을 소유할 수 없다. 생활은 지금까지 줄곧 향상되었으며, 동시에 복잡다단해져서, 지극히 평범한 사람이라도 상당한 양의 재화가 있어야만 어느 정도 마음에 드는 생활을 꾸려나갈 수 있다. 사람은 누구든 능력이 주어지는 한 최고의 존재가 되기를 원하며, 이처럼 내면의 잠재력을 실현하려는 욕구는 인간의 본성에 원래부터 들어 있다.

우리는 누가 되었든 이러한 욕구를 절대 피할 수 없다. 인생의 성공이란 바로 자기가 되고 싶은 존재, 원하는 존재가 되는 것이다. 자기가 원하는 존재가 되려면, 수단과 도구가 필요하다. 필요한 수단과 도구를 자유롭게 사용하려면 그런 수단과 도구를 구입할 수 있는 재화가 있어야 한다. 그러므로 부자가 되는 과학을 이해한다는 것은 모든 지식 중에서 가장 필수적인 요체라고 할 수 있다.

부자가 되기를 바란다고 해서 나쁜 것은 없다. 재물을 향한 욕구는 인생을 더욱 풍족하고, 더욱 넉넉하고, 더욱 풍요롭게 살기 위한 욕구이며, 따라서 그런 욕구라면 오히려 칭찬받아야 마땅하다. 인생을 더욱 풍요롭게 살려는 욕구가 없는 사람이 오히려 비정상이고, 자기가 원하는 모든 것을 살 수 있는 충분한 돈을 가지려는 욕구가 없는 사람도 마찬가지로 비정상이다.

우리 인간은 세 가지 동기, 곧 몸과 마음과 영혼 때문에 산다. 이 가운데 어느 하나도 다른 것보다 더 낮거나 더 고상하지 않으며, 셋은 모두 똑같이 중요하다. 그뿐만 아니라 나머지 두 가지가 없다면 셋 중 어느 하나만으로 충분한 삶을 살기는 어렵다. 그러므로 몸과 마음을 부정하고 오로지 영혼만을 위해 사는 것은 정의롭지도 않고 고상하지도 않다. 마찬가지로 영혼과 몸을 부정하고 머리로만 사는 것 역시 잘못된 삶이다.

우리 모두는 마음과 영혼을 부정하고 오로지 육체만을 위해 살아가면서 겪게 되는 온갖 혐오스러운 결과를 잘 알고 있다. '진짜' 제대로 된 삶이란 몸과 마음과 영혼을 통해 드러낼 수 있는 모든 것이 완벽하게 표현된 상태이다. 무슨 말로 둘러대더라도, 육체나 정신과 영혼 중에서 어느 하나가 아주 작은 한 곳이라도 제 기능을 발휘하지 못한다면 절대로 행복해질 수 없다.

밖으로 드러나지 않은 잠재력이나 제대로 발휘되지 못한 기능이 조금이라도 있다면, 그건 만족되지 못한 욕망이 안에 도

사리고 있다는 뜻이다. 욕망이란 끊임없이 드러나려고 하는 잠재력인 동시에, 끊임없이 무언가를 하려고 하는 기능이기 때문이다.

좋은 음식과 편안한 옷, 따뜻한 안식처가 없거나 혹은 과도한 업무에서 벗어나지 못하면 육체적으로 온전하게 살 수 없다. 육체적인 생활에는 물론 휴식과 오락도 필요하다. 책을 읽고 사색할 시간이 없거나, 여행과 관찰을 위한 기회가 없거나, 지적인 동반자가 없으면, 정신적으로 온전하게 살 수 없다. 정신적으로 온전하게 살아가려면, 반드시 지적인 여가를 가져야 하며, 자기가 소화할 수 있는 아름다운 예술 작품을 주변에 두어야 한다.

온전한 영혼을 간직한 채 살아가려면, 사랑하는 마음을 가져야 한다. 가난하면 사랑이 제대로 드러나지 못한다. 인간은 자기가 사랑하는 사람들에게 혜택을 선사할 때 최고의 행복을 느낀다. 사랑은 무언가를 줄 때 가장 자연스럽고 자발적으로 드러난다. 줄 것이 없는 사람은 남편이나 아버지로서 혹은 시민으로서, 혹은 사내로서 자기 위치를 지킬 수 없다. 인간은 육체적으로 온전한 삶을 누리고 정신을 계발하는 동시에 영혼을 활짝 펼치려면 물질을 활용해야만 한다. 결국 부자가 되는 일이야말로 최고로 중요한 일인 것이다.

부자가 되려는 욕망은 절대적으로 정의롭다. 정상적인 사람이라면 당연히 부자가 되고 싶어 한다. 따라서 여러분이 '부자가 되는 과학'에 최상의 관심을 기울이는 것은 절대적으로 정의롭다. '부자 과학'이야말로 가장 고상하고 가장 필요한 학문이기 때문이다. 만일 이 과학을 무시한다면, 그런 사람은 자기 자신은 물론 신과 인류 전체에 대해 마땅히 해야 할 의무를 이행하지 않는 부랑자, 건달과 다를 바가 없다. 자기 자신을 최대한도로 계발하는 것 이상으로 신과 인류 전체에 봉사하는 길은 그 어디에도 없기 때문이다.

부자가 되려면 '확실한 방식'으로 행동하라

부자가 되는 과학은 분명히 있다. 마치 대수학이나 기하학처럼 '부자학'도 엄청 정확한 과학이다. 돈을 버는 과정을 지배하는 확실한 법칙은 분명히 존재한다. 그러므로 누구든지 이 법칙을 배우고 따르기만 한다면, 더하기나 빼기의 계산 결과처럼 틀림없이 부자가 될 것이다.

돈과 재산을 가지려면 어떤 행동을 확실한 방식으로 해야 한다. 이 확실한 방식으로 꼭 필요한 행동을 하는 사람들은 고의로 그랬든 우연히 그랬든 반드시 부자가 되지만, 이 확실한 방식을 활용하지 않는 사람들은 아무리 열심히 일하고 아무리 능력이 뛰어나도 절대 부자가 되지 못하고 가난뱅이 신세를 면치 못할 것이다.

유사한 원인이 유사한 결과를 낳는 것은 자연의 법칙이다. 따라서 이처럼 확실한 방식을 배워서 그대로 움직이는 사람들은 한 치의 오차도 없이 꼭 부자가 된다. 앞에서 언급한 이야기가 사실인지 아닌지를 알려면 다음 사실을 보면 된다.

부자가 되는 것은 환경의 문제가 아니다. 만일 부자 되기가 환경의 문제라면, 같은 지역에 사는 모든 사람이 한결같이 부자거나, 아니면 반대로 어떤 도시에 사는 사람 모두가 가난할 것이기 때문이다.

그러나 주변을 한번 둘러보라. 이 세상 어디를 가도 부자와 가난뱅이는 같은 환경에서 나란히 이웃해서 살고 있으며, 같은 직업에 종사하는 경우도 심심치 않다. 같은 지역에서 같은 일을 하면서 두 사람이 사는데, 하나는 부자가 되고 다른 하나는 언제까지나 가난뱅이라면 부자가 되는 것은 근본적으로 환경의 문제일 수 없다. 어떤 곳의 환경이 다른 곳보다 상대적으로 좋을 수는 있지만, 똑같은 지역에서 서로 이웃해 살면서 똑같은 일을 하는 두 사람 중에서 하나는 부자가 되고 다른 하나는 부자가 되지 못한다면, 부자가 되는 것은 '확실한 방식'으로 행동한 결과라고밖에 할 수 없다.

나아가서 이처럼 '확실한 방식'으로 행동하는 능력은 전적으로 타고난 재능에만 기인하는 것이 아니다. 훌륭한 재능을 가지고도 가난뱅이로 사는 사람이 있는가 하면, 별다른 재능이 없는데도 부자로 사는 사람도 있기 때문이다.

부자가 된 사람들을 조사해보면, 그네들이 여러 가지 측면에서 대단히 평균적이라는 사실, 곧 재능이나 능력이 다른 사람들보다 별로 나을 바가 없다는 점이 드러난다. 그러므로 부자가 된 사람들은 다른 사람들이 갖지 못한 능력과 재능을 가져서 부자가 된 것이 아니라, 우연히 '확실한 방식'으로 행동했기 때문에 부자가 된 것이다.

부자가 되는 것은 '절약' 혹은 '저축'의 결과도 아니다. 사는 자체가 절약인 가난뱅이가 있는가 하면, 되는대로 펑펑 쓰는 부자도 있기 때문이다. 부자가 되는 것은 남들이 못하는 어떤 행동에 기인하는 것도 아니다. 같은 직업에 종사하는 두 사람이 거의 똑같은 행동을 하는데도, 한 사람은 부자가 되고 다른 한 사람은 찢어지게 가난하거나 심지어 망하기까지 한다. 이 모든 사실을 종합해 보면, 우리는 부자가 되는 것이 '확실한 방식'으로 행동한 결과라는 결론에 도달하게 된다.

부자가 되는 것이 확실한 방식으로 행동한 결과이고, 비슷한 원인이 비슷한 결과를 낳는다면, 그와 같은 확실한 방식으로 행동하는 사람은 누구나 부자가 될 수 있고, 또한 이 모든 상황이 정확한 과학의 영역에서 이루어진다고 말할 수 있다.

그렇다면 이런 의문이 든다. 즉 이 '확실한 방식'이 혹시 극소수의 사람들만 따를 수 있을 정도로 어렵지 않을까 하는 점이다. 하지만 앞에서도 살펴보았듯이 타고난 능력에 관한 한 그런 의문은 사실이 아니다. 재능 있는 사람도 부자가 되지만 재주가 메주인 사람도 부자가 된다. 그뿐인가! 머리가 비상한 사람도 부자가 되지만 머리가 멍청한 사람도 부자가 된다. 몸이 탄탄한 사람도 부자가 되지만, 몸이 약하고 병든 사람도 부자가 된다.

물론 생각하고 이해할 수 있는 어느 정도의 능력은 필수적이지만, 타고난 능력에 관한 한 여기 이 글을 읽고 이해할 줄 아는 정도만 되면 누구나 부자가 될 수 있다. 또한 앞에서도 살펴보았듯이, 부자가 되는 것은 환경의 문제도 아니다. 자신이 처한 시간과 공간적인 위치가 중요한 경우도 있을 수 있다. 사하라 사막 한가운데서 비즈니스가 성공하기를 기대할 수는 없는 일이 아닌가!

부자가 되려면, 사람들과 거래를 하고 거래할 사람들이 있는 장소에 있어야 한다. 물론 거래할 사람들이 생각하는 거래 방식과 여러분이 거래하고 싶은 방식이 일치한다면, 상황은 더욱 좋아질 것이다. 하지만 그건 굳이 환경을 이야기하자면 그렇다는 뜻이다. 만일 여러분과 한동네에 사는 누군가가 부자가 될 수 있다면, 여러분 자신도 부자가 될 수 있다. 마찬가지로 여러분이 사는 국가에서 부자가 나올 수 있다면, 여러분 자신도 부자가 될 수 있는 것이다.

부자가 되는 것은 어떤 특정한 직업이나 사업 아이템을 선택하는 문제도 아니다. 어떤 직업이나 사업 분야에서도 부자가 나올 수 있는 반면, 같은 직종에 종사하는 이웃들은 언제까지나 가난뱅이 신세를 면치 못하는 경우가 비일비재하다.

우리는 좋아하고 적성에 맞는 일에서 최상의 성과를 낼 수 있다. 만일 잘 다듬어진 재능을 가졌다면, 그런 재능을 발휘하기 좋은 사업에서 단연코 두각을 나타낼 것이다. 또 지역에 맞는 사업에서도 최고의 성과를 낼 수 있다. 아이스크림 가게는 그린란드(북미 북동부의 섬, 덴마크령)보다 온대 지방에서 더 번창할 테고, 연어잡이는 연어가 전혀 없는 플로리다보다 미국 북서부에서 더 잘되지 않겠는가!

그렇지만 이러한 일반적 한계를 넘어선다면, 부자가 되는 것은 어떤 사업에 종사하느냐보다는 '확실한 방식'으로 행동하는 방법을 배웠느냐 못 배웠느냐에 달려 있다. 만일 여러분이 어떤 사업을 벌이고 있고, 같은 지역에 사는 다른 사람이 같은 사업 영역에서 돈을 엄청 벌고 있는데, 정작 여러분 자신은 그렇지 못하다면, 그건 전적으로 여러분이 돈을 버는 방식으로 행동하지 않기 때문이다.

자본이 없다고 부자가 되지 못하는 것은 아니다. 물론 자본이 적당히 있으면 돈을 더 빠르고 쉽게 벌 수 있겠지만, 자본이 충분히 있는 사람은 이미 부자이기에 돈 버는 방법에 대해 고민할 필요가 없다. 아무리 가난해도 일단 '확실한 방식'대로 행동하기 시작한다면, 부자가 되기 시작한 것이고 자본을 축적하기 시작한 것이다. 자본의 축적은 부자가 되는 과정의 일부이며, '확실한 방식'으로 움직이는 행동을 따른 결과의 일부이다.

여러분은 지금 이 세상에서 가장 가난하거나, 심각한 빚 문제로 시름에 빠져 있거나, 친구도 권력도 재주도 없을지 모른다. 그렇지만 당장 여기서 말하는 '방식'대로 행동하기 시작한다면, 틀림없이 부자가 되는 문턱을 넘어서고 있을 것이다. 비슷한 원인은 비슷한 결과를 낳을 수밖에 없기 때문이다. 자본이 없으면 만들면 되고, 전망이 안 좋은 사업에 손을 대고 있다면 사업을 바꾸면 되고, 지역이 안 좋으면 지역을 바꾸면 된다. 지금 하고 있는 사업에서, 지금 몸담고 있는 자리에서 '확실한 방식'으로 행동하기 시작하면 누구든 성공할 수 있다.

기회는 특별한 사람만 독점하는가?

기회를 못 잡아서 가난한 사람은 없다. 남들이 재화를 독점하고 그 주변에 담장을 높다랗게 둘러쳤다고 해도 기회는 반드시 온다. 물론 어떤 사업 아이템은 진입 자체가 어려울지 모르지만, 다른 통로는 항상 열려 있다. 거대한 철도 사업이 독점적으로 운영될 때도 전기철도 사업은 아직 걸음마 단계였으니, 그쪽으로 눈만 돌리면 전망은 무궁무진했다. 하지만 그로부터 불과 몇 년 지나지 않아서 항공을 통한 교통 운송이 거대 산업이 되어 수십, 수백만 노동자에게 일자리를 제공해주었다. 왜 한쪽만 고집하는가? 지금 한창 잘 나가고 있는 분야에서 잘나가고 있는 사람들과 피 터지게 싸우지 말고 다른 세계로 눈을 돌려 보라.

만일 철강 산업 분야에서 일하는 근로자라면, 실제 그 철강 공장의 사장이 되기는 힘들다. 하지만 '확실한 방식'으로 행동하기 시작한다면, 곧바로 철강 산업을 떠나서 3~4만 평 땅을 산 다음에 과수원을 경영할 수 있다. 혹자는 땅을 살 여력이 없다고 말할지도 모르지만 나는 자신 있게 말할 수 있다. '확실한 방식으로 행동하면 반드시 땅을 살 수 있다.'

시대가 변하면 기회의 조류는, 우리가 몸담고 있는 사회가 다다른 진화의 단계와 사회 구성원 전체의 요구에 따라 제각기 다른 방향으로 흐르게 된다. 농업과 관련 산업이 호황을 누릴 때도 있었고, 공업과 관련 산업이 호황을 누릴 때도 있었다. 조류를 거슬러 헤엄을 치려고 애쓰는 사람보다 조류를 타는 사람이 더 풍성한 기회를 얻는다.

따라서 개인이든 계층이든 공장 노동자라고 해서 기회를 아예 박탈당하지는 않는다. 노동자는 자기 사장한테 억압받고 있지도 않고, 재벌에 의해 착취당하고 있지도 않은 것이다. 하나의 계층으로 본다면 노동자들은 '확실한 방식'으로 행동하지 않기 때문에 지금 그 자리에 있는 것이다.

노동자 계급도 '확실한 방식'으로 행동하기 시작하는 순간, 상류 계층이 될 수 있다. '부자 과학의 원리'는 다른 모든 사람과 마찬가지로 노동자들에게도 적용되는 것이기 때문이다. 그러므로 노동자들은 바로 이 법칙을 배워야 한다. 지금 행동하는 방식 그대로 행동한다면 언제까지나 지금 있는 그 자리를 떠나지 못한다. 그러나 개인으로서의 노동자가 자기 계급의 정신적 게으름이나 무지 때문에 노동 계급으로 머물러 있을 수밖에 없다면, 그건 말이 안 된다. 노동자도 언제든 부자가 되는 기회의 조류를 탈 수 있으며, 바로 이 책이 그 방법을 알려줄 것이다.

재화의 공급 부족으로 가난하게 지내야 하는 사람은 이 세상에 아무도 없다. 재화는 모두에게 다 돌아갈 만큼 충분하다. 미국에서 나는 건축 자재만으로도 백악관만 한 건축물을 지구상의 모든 가구에 지어줄 수 있고, 집약농법을 활용하면 미국의 농토에서 나는 원료만으로도 모두에게 최고급 옷감으로 옷을 지어주고 사치스러운 음식을 먹일 수 있다. 눈에 보이는 물자의 공급도 실질적으로 고갈되지 않으며, 눈에 안 보이는 물자의 공급은 정말로 '무궁무진'하다. 이 땅에서 우리가 보는 삼라만상은 한 가지 근본 물질에서 나왔으며, 이 근본 물질은 모든 것을 지어낼 수 있다.

새로운 형체가 항상 생성되는 가운데 낡은 형체가 항상 소멸되지만, 모든 물체는 '절대적 한 가지'가 때와 장소에 맞게 모습을 드러낸 결과이다. '무형 물질' 혹은 '근본 물질'의 공급은 실로 무한하다. 우주도 여기서 생성되지만, 이 '무형 물질' 혹은 '근본 물질'은 우주를 형성하고도 오히려 남았다. 보이는 우주의 모든 형체들 내부에 존재하고, 우주의 모든 형체들 자체에 속속들이 존재하고, 우주의 모든 형체들 사이사이에 존재하는 무수한 공간에는 '근본 물질' 내지 모든 사물의 원형질이 들어차 있다. 지금까지 생성된 모든 실체보다 수천, 수만 배 큰 실체가 형성된다고 하더라도 우주의 원형질은 절대 소진되지 않을 것이다. 그러므로 자연이 피폐하다거나 활용할 재료가 충분치 못해서 가난한 경우란 있을 수 없는 것이다.

자연은 결코 고갈되지 않는 재화의 창고이며, 따라서 절대 바닥을 드러내는 일이 없다. '근본 물질'은 창조 에너지와 함께 살아 숨 쉬며, 항상 더욱 많은 형체를 생성해내고 있다. 건축 자재의 공급이 한계에 이르게 된다면 더욱 많은 건축 자재가 생성될 것이며, 토양이 소진되어 먹고 입고 할 재료를 생산할 터전이 없어진다면 지력이 다한 토양이 재생되거나 새로운 토양이 생겨날 것이다. 광산에서 모든 금과 은을 다 파냈다 하더라도, 우리가 여전히 금과 은을 필요로 하는 사회 발전 단계에 머물러 있다면, 더 많은 금과 은이 '무형의 본질'에서 흘러나와 생산될 것이다. '무형의 본질'은 인간의 욕구에 반응하므로 절대 인간 쪽에서 무언가가 없어서 불편한 일은 없다.

이것은 집단으로서의 인간에게도 그대로 적용된다. 다시 말해 개개인이 아닌 인류 전체의 관점에서 보았을 때, 인간은 항상 넘치도록 부유하다. 만일 어떤 개인이 가난하다면, 그것은 당사자가 부자가 되는 '확실한 방식'을 따르지 않기 때문이다.

'무형의 본질'에는 지능이 있다. 이 지능은 생각하는 실체로서 살아 움직이고, 항상 더욱 큰 생명력을 지향해야만 한다. 더욱 풍요롭게 살고자 노력하는 것은 생명력에 잠재된 자연스럽고 본질적인 충동이다. 스스로 커지는 것은 지능의 본성이고, 스스로의 경계를 넓혀서 스스로를 더 충만하게 표현하고자 노력하는 것은 의식의 본성이다. 형체를 가진 우주는 '무형의 살아 있는 실체'가 형체를 갖추어 스스로를 더욱 완전하게 표현하면서 탄생했다.

우주는 항상 더 충만한 생명력과 더 완전한 기능을 향하여 움직이는 거대 생명체이다. 자연은 생명의 진보를 위해 생성되었으므로 자연을 움직이는 동력 또한 생명의 증대이다. 이 때문에 생명을 보살피는 모든 것은 무한히 공급된다. 창조주가 스스로를 부정하고 자신의 손으로 만든 이 세상을 먼지나 티끌로 만들어버리지 않는 한 이 세상에 결핍이란 있을 수 없다.

우리는 절대 재물의 결핍으로 가난한 것이 아니다. 나는 앞으로 이 책에서 '확실한 방식'으로 생각하고 행동하는 사람이 '무형의 실체'가 공급하는 재화까지 통제할 수 있음을 더욱 분명하게 보여줄 것이다.

부자 과학의 제일 원리

생각은 '무형의 실체'에서 유형의 재화를 산출할 수 있는 유일한 힘이다. 모든 사물이 형성되는 모태는 생각하는 실체이다. 이 실체 안에서 어떤 형체를 생각하면 그 형체가 태어난다.

'근본 물질'은 그 생각에 따라 움직인다. 자연에서 우리 눈에 보이는 모든 형체와 과정은 '근본 물질'에 존재하는 생각이, 보이는 세계로 드러난 것이다. '무형의 실체'가 어떤 형체를 생각하면 그 형체를 취하고, 어떤 동작을 생각하면 그 동작을 만든다. 이것이 바로 삼라만상이 창조된 방식이다. 우리는 '한 생각'의 세계에 살고 있으며, '한 생각' 세계는 '한 생각' 우주의 일부이다. 움직이는 우주를 생각하자, 이 우주가 '무형의 실체'를 관통해서 퍼져나갔으며, 그 생각에 따라 움직이면서 생각하는 원소가 행성계의 형태를 취했고, 그 형태가 계속 유지되었다. '생각하는 실체'는 자신이 생각하는 형상을 취하고, 그 생각에 따라 움직인다. 태양계의 원운동이라는 개념을 생각해낸, '생각하는 실체'는 태양계라는 천체의 형태를 취하고, 자신의 생각대로 태양계를 움직이고 있다. 서서히 자라나는 참나무의 형태를 생각해낸, '생각하는 실체'는 그에 따라 서서히 움직이고 결과적으로 그런 나무를 만들어낸다.

창조의 과정에서 '무형의 원소'는 자신이 수립한 행동 강령을 따라 움직이는 듯하다. 예를 들어 참나무를 생각한다고 해서 즉각적으로 다 자란 참나무가 만들어지는 것이 아니라, 이미 수립된 성장 계획에 따라 그 참나무를 생성하는 데 필요한 힘을 작동시키는 것이다. '생각하는 실체' 안에서 어떤 형태에 관한 생각을 할 때마다 그 형태의 창조가 이루어지는데, 보통은 이미 수립된 성장과 행동의 일정표를 따른다.

어떤 구조를 갖춘 집 한 채를 생각했는데, 그 생각이 '무형의 실체'에 각인된다고 해도, 당장 그 집이 뚝딱하고 지어지는 것은 아니다. 그 생각은 이미 건축 자재 시장에서 움직이고 있는 창조 에너지를 조율하여 생각하는 그 집을 신속하게 짓도록 만드는 것이다. 만일 창조 에너지가 작용할 통로가 없다면, 그 생각 속의 집은 유기물의 세계와 무기물의 세계에서 서서히 벌어지는 여러 과정을 기다리지 않고 '원시 물질'에서 바로 만들어질 것이다.

어떤 형태에 대한 생각이 '근본 물질'에 각인되기만 하면 그 형태의 창조가 이루어진다. 인간은 생각하는 중심이며, 생각을 창안할 수 있다. 인간이 자기 손으로 빚어내는 모든 형태는 우선 먼저 인간의 생각에 존재해야 한다. 생각에 어떤 형태가 떠오르기 전까지는 그 형태 자체가 아예 존재할 수 없는 것이다.

지금까지 인간은 오로지 손으로 할 수 있는 작업에만 노력을 쏟아왔으며, 그에 따라 눈에 보이는 형태의 세계에 육체노동을 투입해서 이미 존재하는 형태를 바꾸거나 고치려고 했다. 다시 말해서 '무형의 본질'에 생각을 각인해서 새로운 형태를 창조하려는 노력은 전혀 기울이지 않았던 것이다.

어떤 형태에 대한 생각을 가졌을 때, 인간은 자연의 갖가지 형태로부터 물질을 취해서 자기 마음속에 있던 그 형태의 이미지를 만든다. 인간은 여태까지 '무형의 지능'과 협력하고 '창조주'와 함께 일하는 데 거의 관심을 두지 않았다. 그리하여 자신도 '창조주가 하는 대로' 할 수 있다는 사실을 꿈조차 꾸지 못했다.

다시 말해서 인간은 육체노동으로 기존의 형태를 조금 바꾸거나 뜯어고치기만 했을 뿐, 자기 생각을 '무형의 실체'에 전달해서 '무형의 실체'에서 무언가를 만들어낼 수 있다는 데는 관심조차 두지 않았던 것이다. 나는 인간이 그렇게 할 수 있다는 사실을 되도록 많은 사람에게 입증하고, 또 그 방법까지 알려주고 싶다. 우선 다음의 세 가지 근본 명제를 잘 살펴보자.

우선, 만물이 창조되어 나오는 '무형의 원형질'이 존재한다. 겉으로 보기에 다양한 모든 요소는 한 가지 요소의 각기 다른 발현에 불과할 따름이다. 생물계와 무생물계에 존재하는 무수히 많은 형태는 모두 동일한 원료에서 생성되었다. 이때 이 원료는 생각하는 원료로, 그 안에 생각 하나가 들어서면 그 생각에 담긴 형태가 창조된다. 생각하는 원료에 깃든 생각은 갖가지 형상을 낳는다. 인간은 생각하는 중심으로, 자기 생각을 생각하는 원형질에 전달할 수 있다면, 근본적인 생각을 일으킬 수 있으며, 자신이 생각하는 모든 것을 창조할 수 있다. 이상을 요약하면 다음과 같다.

> **하나, 만물이 창조되어 나오는 '무형의 원형질'이 존재한다. 최초 상태에서 이 '무형의 원형질'은 우주에 속속들이 스며들어 우주를 관통하고 우주의 공간을 구석구석 가득 채우고 있다.**
> **둘, 이 원형질에 깃든 생각은 그 생각에 의해 모양을 갖춘 모든 것을 낳는다.**
> **셋, 인간은 자기 생각을 무형의 실체에 각인하여 그 생각에 담긴 모든 것에 만들 수 있고, 자기가 생각하는 모든 것을 실제로 존재하게 만들 수 있다.**

혹시 사람들이 이런 주장을 증명할 수 있느냐고 물어본다면, 나는 서슴지 않고 논리와 경험을 동원하여 물론 증명할 수 있다고 대답할 준비가 되어 있다. 형태와 생각 사이의 관계를 돌이켜 보자. 우리는 하나의 '생각하는 근본 실체'가 존재하고, 이로부터 인간은 자기가 생각하는 형태를 만들어낼 수 있는 힘을 가지고 있다는 논리적 결론에 이르게 되었다. 내 실험을 통해 볼 때 이와 같은 추론은 사실이며, 이것이 가장 강력한 증거이다.

이 책을 읽은 어떤 사람이 책에 나온 대로 행동해서 부자가 된다면, 그 자체가 내 주장을 지지하는 증거가 되지만, 책에 나온 대로 행동한 모든 사람이 부자가 된다면 그것은 누군가가 이런 과정을 거쳐서 실패하지 않는 이상 매우 적극적인 증거가 될 수 있다. 다시 말해서 이 과정이 실패할 때까지 나의 이론은 진리라는 것이다.

나는 앞서 '확실한 방식'으로 행동하는 사람들이 부자가 되고, 그러기 위해서는 '확실한 방식'으로 생각할 수 있어야 한다고 말했다. 인간의 행동 방식은 자신이 생각하는 방식의 결과이다. 자기가 원하는 방식으로 행동하려면 원하는 방식으로 생각하는 법을 배워야 하며, 그것이야말로 부자가 되는 길에 들어서는 첫걸음이다.

생각하는 모든 것을 생각한다는 것은 현실 세계의 겉모습에 현혹되지 않고 '참된 진리'를 생각한다는 뜻이다. 사람은 누구나 자기가 생각하고 싶은 것을 생각하는 자연스럽고 내재적인 힘을 가지고 있다. 그렇지만 그처럼 생각하고 싶은 것을 생각하기 위해서는 겉모습이 제안하는 형태를 생각할 때보다 훨씬 더 많은 노력이 투입되어야 한다. 현상계의 겉모습에 따라 생각하는 것은 쉽지만, 현상계의 겉모습에 현혹되지 않고 참된 '진리'를 생각하는 것은 대단히 힘들고 어떤 작업을 할 때보다 큰 힘과 노력을 필요로 한다.

대부분의 사람들은 가급적 어떤 일관된 생각을 지속적으로 하지 않으려고 한다. 어쩌면 이것이야말로 이 세상에서 가장 힘든 작업일지 모른다. 참된 '진리'가 현상계의 다양한 겉모습과 반대일 때 일관된 생각은 특히나 힘든 일이다. 눈에 보이는 세계의 모든 현상은 관찰자의 마음속에 그것과 상응하는 형태를 만들어내는 경향이 있다. 참된 '진리'에 대한 생각을 꽉 붙들고 놓지 않아야만 이러한 과정을 막아낼 수 있다.

질병이라는 겉모습을 바라보면 어느 틈엔가 관찰자의 마음속에 질병이라는 형태가 자리를 잡고, 아무런 질병이 없다는 참된 '진리'를 지속적으로 생각하지 못하는 한 결과적으로 몸에 질병이 생긴다. 질병은 형상계의 겉모습일 뿐이고 진리이자 실상은 건강인 것이다.

가난이라는 겉모습을 바라보면, 가난이란 없으며 오로지 풍요만이 있다는 진리를 지속적으로 생각하지 않는 한, 어느 틈엔가 관찰자의 마음속에 그 겉모습에 상응하는 가난이라는 형태가 자리를 잡게 된다. 질병으로 둘러싸인 상황에서 건강을 생각한다거나 가난의 극한에서 풍요를 생각하려면 엄청난 힘이 필요하지만, 이 엄청난 힘을 획득하는 사람은 '인생의 지휘자'가 된다. '인생의 지휘자'는 자기 운명을 정복하고 자기가 원하는 모든 것을 가질 수 있다.

이 엄청난 힘은 오로지 기본적인 사실, 곧 만물이 생성되는 '생각하는 실체'가 있다는 사실을 항상 생각해야만 획득할 수 있다. 그러면 이 실체에 담긴 모든 생각이 형태가 되고, 인간은 자기 생각을 이 실체에 각인시켜서 생각을 형상화하고 마침내 눈에 보이는 사물로 만들 수 있다는 진리를 깨달아야 한다.

이 진리를 깨달았을 때, 우리는 모든 의심과 공포를 던져버리게 된다. 왜냐하면 창조하고 싶은 대로 창조하고, 갖고 싶은 대로 갖고, 되고 싶은 대로 될 수 있다는 사실을 알고 있기 때문이다. 부자로 가는 첫 단계로, 여러분은 여기 제4장에서 제시된 세 가지 근본적인 원리를 믿어야 한다. 우주에 관한 다른 모든 관념은 치워버리고 오로지 이 일원론적 진리 하나만을 갖도록 하라. 항상 마음속에 품어서 습관적인 생각이 되도록 하라. 여기 제시한 이 신조를 읽고 또 읽으라. 단어 하나하나를 기억에 남기고, 스스로 확고하게 믿게 될 때까지 그 단어 하나하나에 대해 명상하라. 의심이 솟아나면, 악마로 간주하고 의심을 던져 버리라. 반대하는 말에 귀를 기울이지 말고, 여기 나온 진리와 다르게 말하는 종교 의식에도 참여하지 말라. 다른 관념을 가르치는 책도 멀리 하라. 믿음에 혼란이 생기면 지금까지 기울였던 모든 노력이 허사가 되고 말기 때문이다.

여기 나온 내용이 왜 진리냐고 묻지도 말고, 도대체 어떻게 진리가 될 수 있느냐고 따지지도 말고, 그냥 받아들이고 믿으라.

부자가 되는 과학은 여기 나온 이 신념을 절대적으로 받아들이는 데서부터 시작한다.

생명의 본성

가난이 신의 뜻이고, 가난해야만 신의 목적이 달성된다는 낡은 관념은 최후의 한 조각까지 남김없이 쓸어버려야 한다. 삼라만상 자체이고 삼라만상에 깃들어 있으며 당연히 우리의 내면에도 살고 있는 '지혜로운 실체'는 의식을 가진 '살아 있는 실체'이다. '지혜로운 실체'는 의식을 가진 '살아 있는 실체'이므로 모든 살아 있는 지능의 자연스럽고 내재적인 욕구, 곧 생명력의 증대라는 열망을 가지고 있다. 모든 살아 있는 생명체는 자기 생명의 확장을 끊임없이 추구해야 한다. 생명이란 살아 있다는 자체만으로도 스스로를 증대시켜야 하기 때문이다.

땅에 떨어진 한 알의 씨앗은 싹으로 돋아나 활동을 시작해서 살아가는 동안 수백 알의 씨앗을 낳는다. 결국 생명은 살아가는 행위를 통해 스스로를 증식시키는 것이다. 생명은 영원히 더 많아진다. 생명은 살아 있는 한 그렇게 해야만 한다.

지능도 마찬가지로 지속적인 성장이 필요하다. 생각을 하나 하면 또 다른 생각을 하나 더 하게 된다. 의식은 끊임없이 넓어진다. 한 가지 사실을 학습하면 또 다른 사실을 학습하게 된다. 지식도 끊임없이 늘어난다. 재능을 기르면 또 다른 재능을 기르고 싶다는 욕구가 마음속에서 솟구친다. 이와 같이 우리는 더 많이 알고, 더 많이 행동하고, 더 많이 늘어나려 하고, 끊임없이 스스로를 드러내려는 생명의 충동을 거부할 수 없다.

더 많이 알고, 더 많이 행동하고, 더 많이 늘어나기 위해서는 사용할 재화가 많아야 한다. 재화를 사용해야만 더 많이 배우고 더 많이 움직이고 더 많이 자랄 수 있기 때문이다. 우리는 부자가 되어야 한다. 그래야만 더 많이 알고 더 많이 행동하고 더 많이 늘어날 수 있다.

부유해지려는 욕망은 충만을 추구하는 더 큰 생명을 바라는 능력일 따름이다. 모든 욕망은 드러나지 않은 가능성을 움직이려는 노력이다. 더 많은 돈을 바라게 만드는 동력은 식물을 자라게 만드는 동력과 똑같다. 그것은 바로 보다 충만하게 드러나기를 바라는 생명이다.

'하나의 살아 있는 실체'는 모든 생명에 잠재된 이 내재적 법칙에 따르고 있다. '하나의 살아 있는 실체'는 더 많이, 더 크게 살려는 욕망으로 가득 차 있기 때문에 항상 무언가를 창조하려고 한다.

'하나의 살아 있는 실체'는 우리의 내면에서 더 많이, 더 크게 살기를 바란다. 그러므로 이 절대자는 우리가 사용할 수 있는 모든 것을 우리가 소유하기를 진심으로 바라고 있다.

여러분이 부자가 되는 것이야말로 창조주의 욕망이다. 만일 여러분이 인생의 수단을 무한정 통제할 수 있다면, 창조주는 여러분의 내면에서 더욱 크고 넓고 많이 살 수 있다.

우주는 여러분이 갖고 싶어하는 모든 것을 갖기를 바란다.

자연은 여러분의 계획에 호의적이다. 삼라만상은 당연히 여러분의 것이다. 이 말이 진리임을 믿으라. 단, 여러분의 목적이 창조주의 목적과 조화를 이루어야 한다.

여러분은 단순히 관능적인 만족이 아닌, 진정한 삶을 원해야 한다. 삶은 기능의 경연장이며, 따라서 개인은 육체적으로나 정신적으로나 영적으로 넘치지 않고 사용할 수 있는 모든 기능을 제대로 사용할 때, 비로소 진정한 삶을 영위하게 된다.

여러분은 동물적인 욕구의 충족을 위해 돼지처럼 살려고 부자가 되기를 바라지 않는다. 그것은 삶이 아니다. 모든 육체적 기능의 활용은 삶의 일부이다. 육체의 충동이 정상적이고 건강하게 드러나지 못하면 어느 누구도 완벽하게 삶을 영위할 수 없다.

여러분은 오로지 정신적인 만족을 누리거나, 지식을 얻거나, 야심을 채우거나, 남들보다 돋보이거나, 유명해지려고 부자가 되기를 바라는 것이 아니다. 이 모든 것은 물론 삶의 합법적인 일부이지만, '머리'의 쾌감만을 위해 사는 사람은 피상적인 삶을 살 뿐이며 따라서 자기 운명에 절대 만족하지 못한다.

여러분은 오로지 남들의 행복을 위해, 그러니까 자신을 희생하고 인류를 구원하거나, 박애와 희생의 즐거움을 경험하려고 부자가 되기를 바라는 것이 아니다. 영혼의 기쁨은 삶의 일부일 뿐이며, 따라서 다른 영역의 만족보다 더 낮지도 더 못하지도 않다.

여러분이 부자가 되기를 바라는 이유는 먹고 마시고 즐길 수 있을 때 즐기고, 아름다운 것을 주변에 두고 멀리 경치를 관조하며, 마음의 양식을 얻고 지성을 계발하고, 누군가를 사랑하고 남들에게 친절하게 대하며, 세상 사람들이 진리를 발견하도록 도와주는 데 일익을 담당하려는 것이다.

하지만 기억해야 한다. 남을 위하는 극단적인 이타주의는 극단적인 이기주의보다 더 낫지도 않고 더 고상하지도 않다. 둘 모두 올바른 길이 아니다.

신이 남들을 위해 희생하기를 바란다거나 그렇게 해서라도 신의 뜻에 맞춘다거나 하는 관념은 버려야 한다. 신은 우리에게 아무것도 요구하지 않는다.

창조주는 여러분이 스스로나 타인을 위해 자기 자신을 최대한 활용하기를 바란다. 남들을 더욱 많이 도와주려면 자기 자신을 최대한 활용해야만 하기 때문이다.

스스로를 최대한 활용하려면 부자가 되어야만 한다. 재화를 획득하는 일을 가장 먼저 생각하고 가장 열심히 생각하는 것이야말로 정당하고 칭찬받을 만하다.

그러나 '무형의 실체'가 바라는 것은 모두를 위한 욕망이라는 사실을 기억해야 한다. 창조주는 모두에게 더 풍요로운 생명력을 선사하기를 바라는 것이다. 모두의 내면에서 똑같이 재화와 생명을 추구하기 때문이다.

'지혜로운 실체'는 여러분에게 쓰라고 재화를 가져다주지만, 어느 누구에게 빼앗아서 여러분에게 선물하는 것이 아니다.

경쟁이라는 생각을 없애야 한다. 여러분은 새롭게 무언가를 창조하는 것이지, 이미 창조된 것을 두고 남과 경쟁하는 것이 결코 아니다.

남에게서 무언가를 가져올 필요도 없고, 신경을 곤두세우고 흥정을 벌일 필요도 없으며, 남을 속이거나 이용할 필요도 없다. 또 일한 것보다 적은 임금을 주고 사람을 착취할 필요도 없다.

남의 재산을 탐내거나 구차한 눈빛으로 바라볼 필요도 없다. 내가 가질 수 없는 것을 가진 사람은 아무도 없다. 그러니 남의 재물을 굳이 빼앗을 필요가 있겠는가?

여러분은 경쟁자가 아닌 창조자가 되어야 한다. 여러분이 원하는 모든 것을 갖게 되는 것은 다른 모든 사람이 지금 가진 것보다 더 많은 재화를 소유하게 되는 경우에만 일어난다. 즉, 나도 부자가 되고 남도 부자가 되는 것이다.

나는 방금 위에서 말한 것과 정반대의 방식으로 엄청 돈을 번 사람들을 잘 알고 있기에, 한마디 덧붙이고 싶다. 엄청난 부자가 된 재벌들은 순전히 비범한 경쟁력을 무기로 그런 경지에 이르렀는데, 그것은 산업의 진보를 통해서 인류를 전반적으로 발전시키려는 창조주의 위대한 목적과 그네들의 노력이 무의식적으로 연결된 결과였다. 거대한 부를 축적한 록펠러(미국의 석유 재벌), 카네기(스코틀랜드 출신의 산업자본가로 강철왕이라 불림), 모건(미국의 금융자본가) 등은 사실상 자신도 모르게 생산적인 산업을 체계화하고 조직화하는 데 필요한 창조주의 대리인 역할을 한 셈이었다. 그 결과로 이들의 경제 활동은 모두를 위한 생명력의 증대에 엄청나게 기여할 수 있었다. 이제 그네들의 역할은 끝났다. 그네들은 '생산'을 조직화했지만, 20세기 중반에 그네들을 대신해 나타난 (창조주의) 대리인들은 '분배의 시스템'을 조직화해서 거부가 되었다.

억만장자는 마치 선사시대의 파충류와 흡사하다. 다시 말해서 그들 억만장자는 진화 과정에서 필요한 역할을 수행하지만, 자신들을 만들어낸 바로 그 동력 때문에 소멸하고 만다. 이들

거부는 진정으로 부유했던 적이 없었음을 명심해야 한다. 기록을 통해 이런 계층 사람들의 사생활을 들여다보면, 이들이야말로 가장 비굴하고 처량한 가난뱅이였다.

경쟁을 통해 획득한 재화는 결코 만족스럽지도, 영원하지도 않다. 그런 재화는 비록 오늘 나의 소유물이라도 내일은 타인의 소유물이 된다. 만일 과학적이고 확실한 방법으로 부자가 되고자 한다면, 경쟁이라는 관념에서 하루 빨리 빠져나와야 한다. 그리고 단 한 순간도 공급이 제한되어 있다고 생각해선 안 된다. 돈이란 전부 은행이나 재벌가에서 '장악'하고 있다고 생각하기 시작하는 순간, 여러분은 곧바로 경쟁에 물든 마음을 갖게 되고, 그 결과로 창조의 힘도 자취를 감추고 만다.

이 지구상에는 아직도 세상의 빛을 보지 못한 수백만, 수천만 금의 황금 덩어리가 산속에 묻혀 있음을 기억해야 한다. 설령 지금 그만큼의 황금이 남아 있지 않다고 해도 걱정할 필요는 없다. 필요하면 '생각하는 실체'가 필요한 만큼의 황금을 창조할 것이기 때문이다.

새로운 금광을 찾기 위해 수천 명의 인력이 투입되어야 한다고 해도 필요한 황금은 반드시 나에게 온다.

눈에 보이는 공급만을 보지 말고 항상 '무형의 실체'에 담긴 무한한 재화를 보라. 그리고 이들 무한한 재화는 받아들여 사용할 수 있는 능력을 갖추었을 때 그 즉시 여러분의 손으로 들어온다는 사실을 명심하라. 눈에 보이는 재화를 장악해서 여러분에게 돌아갈 몫을 가로막을 수 있는 사람은 이 세상에 존재하지 않는다.

서둘러 구입해 두지 않으면 집을 지을 명당자리가 모조리 남의 차지가 되고 말리라는 생각은 절대 하지 말라. 거대 회사나 다국적 기업이 조만간에 이 지구상의 모든 영토를 다 차지하고 말지 모른다는 염려도 물론 기우이다. 그런 상황은 절대 벌어지지 않는다. 여러분은 지금 남이 소유한 재화를 얻으려고 애쓰고 있는 것이 아니다. 여러분은 지금 자기가 원하는 것을 '무형의 실체'로부터 창조하려는 것이고, 여기서 나오는 공급은 무한하기 때문이다.

돈이 모이는 이치

앞에서 '신경을 곤두세우고 흥정을 벌일 필요가 없다'라고 한 말은 흥정이나 거래 자체가 아예 불필요하다는 뜻이 아니라, 공짜로 무언가를 얻는 그런 불공평한 거래는 할 필요가 없다는 뜻이다. 여러분은 자신이 얻는 것보다 더 많이 상대방에게 줄 수 있다.

물론 화폐가치로는 상대방에게서 얻는 것보다 더 많이 줄 수 없지만, 사용가치로는 상대방에게서 얻는 화폐가치 이상을 줄 수 있다. 이 책에 들어간 종이와 잉크, 기타 원료 가치는 여러분이 이 책을 구입하느라고 지불한 돈의 화폐가치보다 작을 수 있다. 하지만 이 책에 담긴 아이디어 덕분에 여러분이 책값 이상을 벌게 되었다면, 이 책을 판매한 사람은 여러분에게 책 값을 훨씬 뛰어넘는 사용가치를 준 셈이다.

만일 문명사회에서 한 상인이 100만 원 상당의 화폐가치를 지니는 어떤 화가의 작품을 가지고 있다고 하자. 그런데 인디언들이 거주하는 캐나다 북부의 한 부락으로 가서 뛰어난 상술을 발휘하여 이 그림을 50만 원 상당의 모피를 받고 물물교환을 했다면, 그런 거래는 인디언을 속인 '나쁜' 거래이다. 인디언에게는 그 그림이 아무런 쓸모가 없고, 따라서 그 인디언의 삶에 전혀 보탬이 되지 않기 때문이다.

그런데 만일 5만 원밖에 안 되는 총을 모피와 맞바꾸었다면, 그 상인은 '좋은' 거래를 한 것이다. 총을 구입한 인디언은 이 총을 사용해서 더 많은 모피를 얻고 더 풍족한 식량을 얻게 된다. 그러므로 이런 거래는 여러모로 인디언의 삶에 도움을 주고 결과적으로 부자로 만들어줄 것이기 때문이다.

경쟁에서 창조의 차원으로 한 단계 올라설 때, 우리는 사업상의 각종 거래를 냉정하게 따져볼 수 있다. 그리하여 어떤 물건을 파는데 그 거래를 통해 내가 얻는 것보다 더 많은 가치를 상대의 삶에 더해줄 수 없다면, 즉시 거래를 그만두어야 한다. 만일 상대를 밟고 일어서야만 가능한 사업이라면, 당장 빠져나와야 한다.

언제든 거래를 할 때는 누구에게든 내가 얻는 화폐가치보다 큰 사용가치를 주도록 하라. 그러면 모든 사업상의 거래가 이루어질 때마다 여러분은 이 세상에 사는 여러 사람의 삶에 보탬을 주고 있는 것이다.

만일 여러분이 직원을 부리고 있다면, 임금으로 지불하는 것보다 더 큰 화폐가치를 얻어내야 하지만, '진보의 원리'가 충족될 수 있는 방향으로 사업을 제대로 조직해서 진보를 희망하는 모든 직원이 매일 조금씩 진보할 수 있도록 배려해야 한다.

이 책을 읽고 여러분이 도움을 받듯이, 여러분의 직원들도 사업에 참여해서 도움을 받도록 큰 틀을 짜야 한다. 말하자면 사업체를 일종의 사다리로 만들어서, 직원들이 직접 한 발, 두 발 밟고 올라가는 수고로움만 견딘다면 스스로 타고 올라가서 부자가 될 수 있는 그런 직장으로 운영해야 한다. 물론 기회가 주어졌는데도 기회의 사다리를 타고 올라가지 못한다면, 그건 전적으로 당사자 자신의 문제이다.

끝으로 주변 환경 어디에나 스며들어 있는 '무형의 실체'로부터 재화를 창조해낼 수 있다고 해서, 당장 그 재화가 공기 중에서 형체를 띠고 눈앞에 떡하니 나오는 것은 아니다.

예를 들어 재봉틀을 원한다고 하자. 지금까지 내가 한 말은, '생각하는 실체'에 재봉틀에 대한 생각을 각인하고 기다리면 손끝 하나 까딱하지 않아도 잠시 뒤에 재봉틀이 앉아 있는 방에서 만들어져 나온다는 뜻이 절대 아니다. 재봉틀을 원한다면, 재봉틀이 만들어져서 나에게 다가오고 있다는 강한 확신을 가지고, 재봉틀에 관한 심상(心象)을 단단히 붙들고 있으라는 것이다. 일단 재봉틀에 관한 생각이 형성되었다 싶으면, 그 재봉틀이 지금 이리로 오고 있다는 철석같은 믿음을 가져야 한다. 혹시라도 다른 의심일랑 추호도 가져서는 안 된다. 그런 생각을 해서도 안 되고, 그런 말을 내뱉어도 안 된다. 이미 내 것이라고 믿고 주장하라.

그러면 재봉틀이 당사자의 마음 작용에 따라 '최고 지성'의 힘으로 눈앞에 나타나게 될 것이다. 만일 여러분이 제주도에 살고 있다면, 서울이나 부산에 사는 어떤 사업자가 괜찮은 거래를 제안해 와서 원하는 재봉틀을 얻게 된다. 그렇게 되면, 전체적인 그림으로 봐서 모두에게 이로운 거래가 되는 것이다.

만물이 생성되어 나오는 하나의 '생각하는 원형질'이 우주에 속속들이 스며들어 우주를 관통하고 만물과 교류하면서 만물에 영향을 미치고 있다는 사실을 항상 기억하라. 보다 충만한 생명과 보다 나은 삶을 바라는 '생각하는 실체'의 욕구는 모든 재봉틀이 존재하도록 창조 활동을 일으킨다. 또한 '생각하는 실체'의 욕구는 사람들이 그렇게 되기를 믿고 '확실한 방식'으로 행동한다면, 수백만 대의 재봉틀을 더 창조해낼 수 있다.

여러분은 집에 재봉틀을 들여놓을 수 있고, 그것을 사용해서 자신과 타인의 삶을 보다 나은 방향으로 이끌 수 있다면, 원하는 모든 것을 확실하게 얻을 수 있다. '너희에게 천국을 주시는 것이 곧 아버지 하느님의 기쁨'이라는 성경 말씀을 의심치 말라.

'근본 실체'는 여러분의 내면에 있는 모든 잠재력이 살아 숨쉬고, 필요한 모든 것으로 소유하여 가장 풍요로운 삶을 영위할 수 있기를 원한다.

필요한 재화를 갖고 싶다는 욕망이 보다 완벽한 표현을 바라는 '전지전능한 창조주'의 욕망과 전혀 다르지 않다는 사실을 자신의 의식에다가 확고하게 고정시키면, 여러분의 신념은 그 누구도 깨트릴 수 없는 것이 된다.

언젠가 어떤 꼬마가 피아노 앞에 앉아 건반에서 나오는 아름다운 화음을 연주하려고 무진 애를 쓰는 광경을 본 적이 있었다. 진짜 음악을 연주할 수 없다는 자신의 무능에 속이 상하고 약이 바짝 오른 상태였다. 왜 화가 나느냐고 물었더니 꼬마는 이렇게 대답했다. "내 안에 있는 음악은 분명히 느껴지는데, 손가락이 말을 안 들어요." 꼬마의 내면에서 울리는 그 음악이야말로 모든 생명의 모든 가능성을 담은 '근본 실체'의 충동이었다. 그러니까 이 꼬마의 내면 음악에 담겼던 모든 것이 이 꼬마를 통해서 스스로를 드러내려고 했던 것이다.

창조주는 인류를 통해 살고 일하고 즐기려 애쓰신다. 그리하여 창조주는 다음과 같이 말씀하신다. "멋진 건물을 세우고, 성스러운 화음을 연주하고, 영광스러운 그림을 화폭에 담을 손을 바라노라. 또한 나의 심부름을 다닐 발과, 나의 아름다움을 감상할 눈과, 나의 전능한 진리를 말하고 놀라운 노래를 부를 혀를 바라노라."

잠재된 모든 능력은 인간을 통해서 드러나고자 한다. 창조주는 음악을 연주할 줄 아는 사람이 피아노나 다른 악기를 갖기를 바라시고, 자신의 재능을 최대한으로 계발할 도구를 갖기를 바라신다. 또한 아름다움을 감상할 줄 아는 사람이 자신의 주변에 아름다운 것을 두기를 바라시고, 진리를 분간할 줄 아는 사람이 여행하고 관찰할 기회를 놓치지 않기를 바라신다. 그리하여 의상의 멋을 감상할 줄 아는 사람이 아름답고 우아하게 옷을 입고, 맛난 음식을 즐길 줄 아는 사람이 성찬을 시식하기를 바라신다.

창조주는 이 모든 것을 바라시는바, 그것은 당신 자신이 그 모든 기쁨을 즐기고 감상하시기 때문이다. 다시 말해 음악을 연주하고 노래를 부르고, 아름다움을 즐기고, 진리를 선포하고, 멋진 옷을 입고, 맛난 음식을 먹고 싶은 사람은 바로 창조주 당신 자신인 것이다. 사도 바울은 이렇게 말했다. "너희의 안에서 너희가 바라고 행하도록 하시는 이가 바로 하느님이시니라."

앞서 창조주가 피아노를 치는 꼬마를 통해 표현하고자 했던 것과 마찬가지로, 부자가 되려는 욕망은 우리를 통해 표현하고자 하는 '무한 존재', 곧 창조주 자체이다.

그러므로 주저하지 말고 크게 요청해야 한다.

각자의 역할은 특정한 생각에 초점을 맞추어 그 욕망을 창조주에게 드러내는 것이다.

많은 사람들은 가난과 자기희생이 창조주를 기쁘게 해드린다는 낡은 관념에 얽매여 있기 때문에 이런 생각이 제대로 스며들기 어렵다. 이런 사람들은 가난을 창조주가 꾸미는 계획의 일부 혹은 자연계의 불가피한 현상으로 간주하고, 창조주가 이미 당신의 일을 마무리하고 할 수 있는 모든 일을 다 하셨다고 생각한다. 또한 모두에게 골고루 돌아갈 물자가 충분하지 않으므로 대다수 사람들이 가난하게 살아가야 한다는 관념을 가지고 있다. 이들은 이런 잘못된 생각에 붙들려 부자가 되려는 욕망을 부끄럽게 여기고 그저 안락하게 사는 데 필요한 재화 이상을 구하려 하지 않고 되도록 소박하게 살려고 노력한다.

자기가 원하는 것을 마음속에 분명하게 그릴 수 있어야 그 대상에 대한 창조적인 생각이 '무형의 실체'에 각인된다는 이야기를 들은 어떤 학생의 경우가 생각난다. 이 학생은 매우 가난해서 임대주택에 거주하면서 하루 벌어서 하루 살기에 바쁜 나머지, 모든 재화가 자기 것이라는 사실이 전혀 마음에 와닿지 않는 상태였다. 그래서 이 문제를 곰곰이 생각해본 학생은 자기 방의 바닥에 깔 새 양탄자와 추운 겨울 내내 집을 따뜻하게 해줄 연탄난로를 보내달라고 요구하기로 결심했다. 이 학생은 이 책에 나온 지시대로 행동한 결과, 몇 달 지나지 않아 원하던 물건을 모두 손에 넣을 수 있었다. 그러자 더 많은 것을 달라고 요구하면 좋았을 거라는 생각이 들었다. 그리하여 살고 있는 집을 구석구석 돌아다니면서, 여기는 돌출 창문을 설치하고 저기는 방도 하나 더 들였으면 좋겠다는 식으로, 집안의 여러 가지 시설 개선 계획을 세운 다음, 마음에 그리는 이상적인 주택이 될 때까지 생각하고 또 생각했다.

이 학생은 마음속에 전반적인 그림을 꽉 붙든 상태에서 부자가 되는 '확실한 방식'으로 살면서 한 걸음씩 자기가 원하는 것을 향해 움직이기 시작했다. 지금은 그 집을 자기 소유로 바꿔놓고, 자기가 꿈꾸었던 이미지대로 집을 재건축하고 있다. 그러면서 더 큰 믿음을 가지고 더 큰 목표를 향해 나아가고 있다. 그 모든 것이 자기 믿음에 따라 이 학생에게 실제로 생긴 일이었다. 물론 그러한 '기적'은 여러분 모두에게도 가능한 일이다.

감사하고, 또 감사하라

바로 앞에서 예로 든 실화를 통해서 독자 여러분은 자신이 원하는 것이 무엇인지를 '무형의 실체'에 전달하는 일이 부자가 되기 위한 첫걸음이라는 사실을 알았을 것이다. 이것은 사실이며, 자신이 원하는 심상을 '무형의 실체'에 전달하려면 자기 자신이 '무형의 실체'와 조화로운 관계를 맺어야 한다. 이처럼 조화로운 관계는 대단히 기본적이고 중요한 문제이기 때문에, 나도 여기서 특별히 지면을 할애해서 설명하고, 이어서 여러분이 창조주와 완벽하게 합일된 우주심(宇宙心)을 탄생시킬 수 있도록 믿고 따를 수 있는 지침을 알려주려고 한다.

정신적인 조정과 보상의 전반적인 과정은 한마디로 요약할 수 있는데, 그것은 바로 '감사'이다.

첫째는 만물이 창조되어 나오는 모태가 되는 하나의 '지혜로운 실체'가 존재한다고 믿고, 둘째는 이 '지혜로운 실체'가 여러분이 원하는 모든 것을 가져다준다고 믿으며, 셋째는 마음속 깊은 곳에서 진정으로 감사하다는 느낌을 가지고 여러분 자신을 그 '지혜로운 실체'와 연결시키는 것이다.

많은 사람들은 다른 모든 면에서 아주 올바르게 살아가는데도 감사를 몰라서 가난하게 지낸다. 이들은 창조주에게서 선물을 받고 나서 감사하는 마음을 잊은 탓에 자신들을 창조주와 연결해주었던 끈을 잘라버리고 만 것이다. 재화의 근원과 가까이 살면 살수록 더 많은 재화를 얻게 된다는 것은 이해하기 어렵지 않다. 또한 항상 감사하는 사람이 그렇지 않은 사람보다 창조주와 더 밀접한 관계를 맺고 있다는 것도 이해하기 어렵지 않다.

재물이 나에게 왔을 때, 감사하는 마음을 창조주에게 확고하게 표현하면 할수록, 우리는 더 많은 재물을 더 빨리 얻게 된다. 이유는 단순하다. 사람은 감사하는 심리적 태도를 통해 축복의 원천과 더욱 가깝게 만날 수 있기 때문이다.

감사를 통해 온 마음이 우주의 창조 에너지와 더욱 아름다운 조화를 이루게 된다는 생각이 낯설게 다가온다면, 차분하게 잘 생각해 보라. 그러면 이 생각이 진실이라는 것을 알게 될 것이다. 여러분이 이미 소유한 재물을 비롯한 모든 좋은 것은 특정한 법칙에 따라 행동한 결과로 여러분의 소유가 된 것이다. 다시 말하지만 감사하는 마음을 통해서 여러분은 재물이 다가오는 길로 들어서게 되며, 창조적인 생각과 멋진 조화를 이루게 되는 동시에, 경쟁적인 생각의 나락으로 떨어지지 않게 된다.

감사하는 마음이 있어야만 우주의 흐름 전체에서 시야가 벗어나지 않고, 재화의 공급이 제한되어 있다는 잘못된 생각에 빠지지 않는다. 감사의 법칙은 분명히 존재하며, 따라서 추구하는 결과를 얻으려면 이 법칙을 준수해야만 한다. 감사의 법칙은 작용과 반작용이 항상 크기가 같고 방향이 반대라는 자연의 원리이다.

창조주를 찬양하면서 감사하는 마음을 넓히면, 힘이 풀려나면서 감사의 대상에 도달하게 되고, 그 반작용으로 감사하는 주체를 향해 즉각적인 움직임이 발생한다.

'창조주에게 가까이 다가가라. 그러면 창조주도 그대에게 가까이 다가올 것이다.' 이는 심리적으로 진리이다.

감사하는 마음이 강력하고 지속적이라면, '무형의 실체'에서 비롯되는 반작용도 역시 마찬가지로 강력하고 지속적이다. 그리하여 여러분이 원하는 모든 것이 항상 여러분을 향해 움직여 오게 될 것이다. 언제나 감사하는 마음가짐을 보였던 예수의 일생을 잘 생각해보라. "아버지시여, 항상 저의 말을 들어주시니 감사합니다." 감사야말로 창조주의 힘과 연결되는 유일한 수단이기 때문에, 감사하는 마음이 없다면 절대 강력한 힘을 발휘할 수 없다.

그렇다고 해서 감사의 가치가 장래에 더 많은 축복을 가져온다는 사실에만 있는 것은 아니다. 감사하는 마음이 없다면, 곧바로 사물과 상황을 현상 그대로 바라보는 불만족스러운 생각에 사로잡히게 되고 만다.

눈에 보이는 현상에 불만을 갖기 시작하는 순간, 그 사람은 딛고 설 땅을 잃어버리게 된다. 평범하고 일상적이고 가난하고 초라하고 보잘것없는 대상에 관심을 기울이면, 우리의 마음은 이런 대상의 형태를 취하게 된다. 그런 다음, 이들의 형태 혹은 심상(心象)은 '무형의 실체'에 전달되어, 급기야 평범하고 일상적이고 가난하고 초라하고 보잘것없는 대상이 나에게 진짜로 오게 된다.

마음이 열등한 대상에 머물도록 풀어놓는 순간, 그 마음이 열등해지고 그 마음의 주인 역시 열등한 잡동사니들로 둘러싸이고 만다. 반대로, 우수한 대상에 관심을 기울이는 순간, 그 관심의 주인은 우수한 것들로 둘러싸이고, 결과적으로 우수한 존재가 된다.

우리의 내면에 도사린 '창조의 힘'은 우리가 관심을 기울이는 형태 그대로 우리의 모습을 주조한다. 우리는 '생각하는 실체'이며, 따라서 '생각하는 실체'는 항상 스스로가 생각하는 형태를 띠게 되기 때문이다.

감사하는 마음을 최고, 최상의 대상에 묶어두면, 마음이 최고, 최상이 되어 최고, 최상의 형태를 띠게 되며, 마침내 최고, 최상의 대상을 가져오게 된다.

믿음도 감사에서 태어난다. 감사하는 마음은 끊임없이 선(善)을 기대하고, 기대감은 믿음이 된다. 자기 마음에 바친 감사의 반작용은 믿음을 낳으며, 외부로 향하는 온갖 감사의 파동은 믿음을 크게 드높인다. 감사의 감정이 없는 사람은 살아 있는 믿음을 오래 간직할 수 없고, 살아 있는 믿음이 없으면 앞으로 보게 되듯이 창조적인 방법으로 부자가 될 수 없다.

그렇기 때문에 자신에게 찾아오는 모든 일에 감사하는 심성을 기르고 한시도 쉬지 않고 감사하다는 마음을 표현해야 한다. 그리고 모든 것이 '나'의 진보에 기여했으므로 감사의 목록에는 내 주변에 존재하는 이 세상 모든 것이 담겨 있어야 한다.

돈이 많은 재벌이나 금융계의 큰손이 저지른 악행이나 단점을 끄집어내는 데 시간을 낭비하지 말라. 이 세계에 벌여놓은 이들의 조직은 역으로 여러분이 잡을 수 있는 기회를 마련해주었으며, 따라서 여러분이 획득한 모든 것도 사실 이들 덕분에 가능했던 것이다.

부패한 정치인들에게 분노하지 말라. 만일 이들이 없다면, 여러분은 무정부 상태에 빠질 테고, 그렇게 된다면 여러분의 기회도 대폭 줄어들 것이다.

창조주는 오랫동안 인내심을 가지고 지금 우리가 누리고 있는 산업과 정부를 탄생시켰고, 언제나 바른 방향으로 당신의 역사(役事)를 진행하신다. 언젠가 그네들의 역할이 끝나면 틀림없이 재벌과 금융가의 큰손은 물론 부패한 정치인들을 몰아내실 것이다. 이들은 지금 여러분이 부자가 될 수 있는 사다리 역할을 하면서 여러분이 부자가 되는 일을 돕고 있다. 이 점을 잊어서는 안 된다. 그러므로 여러분은 이들에게 감사해야 한다. 그러면 만물에 깃들인 재화와 조화로운 관계를 맺게 되고, 만물에 깃들인 재화가 다시 여러분을 찾아올 것이기 때문이다.

확실하게 생각하라

잠시 56페이지로 시선을 옮겨서 마음속으로 자기가 거주하는 주택의 발전적인 모습을 생각했던 학생의 이야기를 다시 생각해보자. 독자 여러분은 아마도 이 이야기에서 부자가 되는 첫걸음에 관한 좋은 아이디어를 얻을 수 있었을 것이다. 그건 다시 말해서 자기가 원하는 것에 대한 명확한 심상(心象)을 가져야 한다는 것이다. 만일 자기가 원하는 것에 대한 심상이 없다면, 절대 그에 대한 관념을 전달할 수 없기 때문이다. 무언가를 주려면 먼저 자기가 가지고 있어야 한다. 그런데 사람들은 자기가 하고 싶고 갖고 싶고 되고 싶은 대상에 대한 심상이 막연하고 흐릿하기 때문에 '생각하는 실체'에 갖고 싶고, 하고 싶고, 되고 싶은 대상을 각인하는 데 성공하지 못한다.

그저 막연하게 '좋은 일'을 하기 위해 부자가 되겠다는 정도의 욕망으로는 충분치 않다. 그런 정도의 욕망은 누구나 가지고 있다. 만일 여러분이 어떤 메시지를 친구에게 무선으로, 이를테면 편지로 보내고자 한다면, 알파벳을 마구잡이로 조합해서 보내놓고 친구더러 알아서 해독을 하라고 해서도 안 되고, 사전에서 아무 단어나 뽑아서 나열해놓아서도 안 될 것이다. 반드시 뜻을 가진 문장으로 조리 있게 적어서 보내야 한다. 마찬가지로 '무형의 실체'에 원하는 바를 각인하려면, 원하는 것이 무엇인지가 조리 있는 진술로 이루어져야 한다는 점을 잊지 말라. 그러려면 자기가 무엇을 원하는지를 분명하게 알지 않으면 안 된다. 그러므로 형체가 없는 갈망이나 막연한 욕망을 보내서는, 창조적인 힘을 행동으로 옮길 수 없고, 따라서 절대 부자가 될 수 없다.

앞서 소개했던 학생처럼 자신이 원하는 것을 점검해 본 다음, 원하는 것에 대한 명쾌한 심상을 가지고 그 욕망이 실현되었을 때를 상상해 보라.

예를 들어, 뱃사람이 자기가 정박할 항구를 마음속에 늘 품고 있듯이, 여러분은 바로 그 뚜렷한 심상을 항상 마음속에 간직하고 있어야 한다. 비유컨대 조타수가 나침반에서 항시 눈을 떼지 않듯이, 여러분도 항시 고개를 목표 쪽으로 돌리고 있어야 한다.

그렇다고 정신을 집중하는 훈련을 한다거나, 특별한 기도를 올린다거나, 묵상에 잠긴다거나, 특수한 의식을 행할 필요는 없다. 그런 행위도 그 나름대로 괜찮지만, 꼭 필요한 것은 자신이 원하는 것이 무엇인지를 알고 그것이 생각 속에 완전히 자리 잡을 때까지 차분하게 기다리는 행동이다. 여가 시간이 있으면 가능한 한 오래도록 심상을 고정하는 데 사용하라.

만일 진정으로 부자가 되기를 원하지 않아서, 마치 나침반의 바늘이 항상 극점을 가리키는 것처럼 부자가 되려는 욕망을 마음속에 강력하게 붙들어 놓을 수 없다면, 이 책에 제시된 지침을 따라봐야 별 소용이 없다.

여기 나오는 수단은 부자가 되려는 욕망이 아주 강해서 정신적으로 게을러지려 하고 쉬운 것만을 바라는 정신 자세를 충분히 극복할 수 있는 사람들을 위한 것이다.

원하는 심상을 분명하고 명확하게 그리면 그릴수록, 그 심상과 함께 살아가면서 아주 세부적인 사항까지 구체적으로 떠올릴 수 있을 정도로 오래 생각하면 생각할수록, 여러분의 욕망은 더욱 강해지고, 욕망이 강해질수록 원하는 심상에 마음이 더 확고하게 고정될 수 있을 것이다.

그러나 심상을 분명하게 바라보는 것만으로 끝나는 것은 아니다. 만일 거기서 모든 행동을 멈춘다면, 그 사람은 다만 꿈을 꾸는 몽상가에 불과하고, 따라서 구체적인 성취를 도와주는 힘은 거의 얻을 수 없을 것이다. 명확한 심상의 뒤에는 그 심상을 실현해서 눈에 보이고 손에 잡히는 구체적인 대상으로 만들려는 목표 의식이 있어야 한다. 그리고 이 목표 의식 뒤에는 그 심상의 대상이 반드시 자기 것이라는 흔들리지 않는 굳은 신념, 다시 말해서 원하는 것이 지극히 가까운 거리까지 다가와 있어서 손만 뻗으면 된다는 불굴의 신념이 있어야 한다.

정신적으로 '새집'에 살면, 마침내 정말로 물리적으로도 '새집'에 살게 된다. 그러므로 정신의 영역에서 원하는 것을 마음껏 즐기도록 하라.

"너희가 기도할 때 무엇이든 믿고 구하는 것은 다 받게 되리라."

원하는 것이 항상 자기 주변을 떠나지 않는다고 생각하라. 그리고 그것을 소유하고 활용하는 자신의 모습을 그려 보라. 정신적인 소유권을 가졌다면, 단 한 순간도 그것이 진실이라는 믿음을 절대 포기하지 말라.

또한 앞에서 감사에 대해 말한 것을 잊지 말라. 꿈이 현실이 되었을 때 감사하는 그만큼 항상 감사하라. 상상 속에서만 자신의 소유인 것에 대해서 창조주에게 감사할 줄 아는 사람이 야말로 진정한 믿음을 가진 사람이다. 그런 사람은 자기가 원하는 것이 무엇이든 그 바람을 이룰 수 있고, 따라서 부자가 될 것이다.

원하는 것을 달라고 반복적으로 기도할 필요도 없고, 매일같이 창조주에게 말할 필요도 없다. "이교도가 하는 것처럼 반복하지 말라. 아버지 하느님께서는 너희가 달라기 이전에 이미 너희가 무엇을 바라는지 알고 계시니라." 예수는 제자들에게 이렇게 말했다.

기도에 대한 응답은 신념을 얼마나 말했느냐에 따라 결정되는 것이 아니라 얼마나 열심히 신념대로 움직였느냐에 따라 결정된다. 특별한 안식일을 정해놓고 그날만 창조주에게 원하는 것을 말하고 나머지 다른 날은 창조주를 잊어버려서는 안 되고, 특별한 시간을 정해두고 그 시간만 골방에 틀어박혀 기도하고 다음 기도 시간까지 마음을 풀어놓아서도 안 된다.

말로 하는 기도는 심상을 명확하게 잡아주고 신념을 강화하는 데 효과가 있지만, 원하는 것을 가져다주는 것은 주문(呪文)의 반복이 아니다. 부자가 되는 데 필요한 것은 '달콤한 기도 시간'이 아니라, '끊임없는 기도'이다. 여기서 말하는 기도란 반드시 눈에 보이는 형태로 창조되도록 하고야 말겠다는 목표 의식과 스스로 그렇게 하고 있는 중이라는 신념을 가지고 자신이 정립한 심상을 꾸준히 지켜나가는 행동을 뜻한다.

"믿으면 받으리라."

일단 심상이 분명하게 형성되었다면 남은 문제는 받는 일이다. 심상이 확고하게 자리를 잡았다면, 창조주에게 경건한 기도를 통해 바로 그 순간부터 마음속으로 원하는 것을 받아야 한다. 새집에 살고, 좋은 옷을 걸치고, 멋진 차를 타고, 낭만적인 여행을 마음속에서 즐겨라. 그리고 스스로 원했던 이 모든 것을 실제로 가졌다고 생각하고 말하라. 원하는 환경과 바람직한 경제 상황을 원하는 모습 그대로 상상해 보라. 상상 속의 환경과 경제 상황을 그대로 나날의 삶에서 체험하라. 그러나 단순한 몽상가나 공상가로 그쳐서는 안 된다. 상상이 현실이 되고 있다는 굳은 신념과 상상을 실현하고야 말겠다는 뚜렷한 목표 의식을 흔들리지 말고 지켜야 한다. 상상을 활용해서 과학자가 되느냐, 아니면 그냥 상상만 하고 마는 몽상가가 되느냐는 바로 그 상상을 다루는 신념과 목표 의식이다. 이것을 잊어서는 안 된다. 이 사실을 알았다면, 이제 '의지'를 적절하게 활용하는 법을 배울 차례이다.

의지의 활용법

과학적으로 말해서 부자가 되려면, 자기 의지를 자기 자신에게만 온전하게 투입해야 한다. 여러분은 그렇게 하지 않을 권리가 없다. 자신의 의지를 다른 사람에게 투입해서 자기가 바라는 행동을 하게 하는 것은 정의롭지 못하다.

정신력으로 사람에게 행동을 강요하는 것은 물리력으로 행동을 강요하는 것과 마찬가지로 명명백백한 잘못이다. 물리적인 힘으로 다른 사람들에게 자기를 위한 일을 하도록 강요하는 행위가 사람을 노예로 취급하는 것이라면, 정신적인 힘으로 그렇게 강요하는 행위도 마찬가지로 사람을 노예로 취급하는 것이다. 차이가 있다면 수단만 다를 뿐이다. 또 물리적인 힘으로 사람들에게서 물건을 빼앗는 행위를 강도 짓이라고 한다면, 정신적인 힘으로 그렇게 하는 행위 역시 강도 짓이다. 원리상으로는 이 둘 사이에 전혀 차이가 없다.

우리는 설령 '그 사람을 위한 행위'라고 해도 자신의 의지력을 다른 사람에게 사용할 권리가 없다. 무엇이 '그 사람을 위한 행위'인지 도저히 알 수 없기 때문이다. 부자가 되는 과학은 어떤 방식으로든 자기 힘을 타인에게 행사하도록 요구하는 일이 절대 없다. 그렇게 할 필요성이 눈곱만큼도 없다. 남에게 자신의 의지력을 강요하려는 모든 시도는 결국 자신의 목표 의식까지 망치고 만다.

자신의 의지력을 사물에 적용해서 그 사물이 자기한테 오도록 할 필요도 없다. 그런 행위는 창조주를 힘으로 압박하는 참으로 어리석고 불손한 태도이다. 좋은 재물을 보내 달라고 창조주에게 억지를 부릴 필요가 없는 것은, 굳이 의지력을 사용해서 태양을 떠오르게 할 필요가 없는 것과 마찬가지이다.

적대적인 신을 정복하려고 의지력을 사용할 필요도 없다. '무한 실체'는 우리에게 지극히 우호적이어서, 우리가 원하는 것을 어서 빨리 주고 싶어 안달하는 존재이다.

부자가 되려면 자신의 의지력을 자기 자신에게 사용하기만 하면 된다. 무슨 생각을 하고 무슨 행동을 해야 하는지를 안다면, 그다음은 자신의 의지력을 온전히 투입해서 바르게 생각하고 바르게 행동하는 단계이다. 그것이야말로 의지력을 적절하게 사용해서 자신이 원하는 것을 얻는 행동, 곧 필요한 단계를 차곡차곡 밟아 나가도록 스스로를 붙잡아두는 행동이다. 요컨대 의지를 사용해서 '확실한 방식', 즉 '부자가 되는 방식'으로 생각하고 행동하라는 것이다.

의지나 생각 혹은 정신을 허공에다 투영하여 다른 사람이나 사물에 영향을 주려고 애쓰지 말라. 마음을 편안하게 가지라. 마음이야말로 많은 일을 성취해낼 수 있다. 마음을 활용하여 자기가 원하는 것에 대한 심상을 만들고 나서, 신념과 목표 의식을 가지고 그 심상을 끝까지 지키도록 하라. 이때 의지는 마음이 '올바른 방식'으로 움직이도록 이끌어주는 역할을 수행한다.

신념과 목표 의식이 꾸준하고 지속적일수록, 여러분은 그만큼 더 빨리 부자가 될 것이다. 그래야만 부정적인 인상으로 긍정적인 인상을 상쇄하거나 중화시키지 않고 '무형의 실체'에 오직 긍정적인 인상만을 각인할 수 있기 때문이다. 신념과 목표 의식으로 둘러싸인 심상은 '무형의 실체'에 각인되어 더욱 멀리 온 우주를 구석구석 채우게 된다. 이처럼 '무형의 실체'에 찍힌 심상이 퍼져나가게 되면, 모든 것은 그 심상이 실현되는 방향으로 움직이기 시작한다. 살아 있는 모든 생명체와 모든 사물, 심지어는 아직 창조되지 않은 존재까지, 여러분이 원하는 것을 태어나게 하는 방향으로 합심하여 움직인다. 모든 힘이 그런 방향으로 작용하고 모든 물질이 여러분을 향해 다가오게 된다. 제각기 다른 곳에 있는 사람들의 마음이 이러한 기운의 영향을 받아서, 여러분의 욕망을 실현하는 데 필요한 일을 하게 된다. 그리하여 모든 사람들이 무의식적으로 여러분을 위해 움직이게 된다.

그러나 '무형의 실체'에 부정적인 인상을 던지기 시작하는 순간, 이 모든 과정은 갑자기 멈추고 만다. 신념과 목표 의식이 여러분의 욕망 성취를 위하여 합심하여 움직이는 상황을 만들어내듯이, 의심이나 불신은 그런 상황을 일거에 날려버릴 수 있다. '정신과학'을 활용하여 부자가 되려고 애쓰는 많은 사람들이 실패하는 이유가 바로 여기에 있다. 지금 이 순간에도 사람들은 의심과 공포, 근심과 걱정에 주의를 기울이느라 자신도 모르게 '지혜로운 실체'의 영역에서 일어나는 긍정적인 흐름에서 자꾸만 멀리 떨어져 나오고 있는 중이다. 모든 희망의 약속은 믿는 사람의 것이다. 이제 여러분은 예수가 그렇게도 믿음과 신념을 끈질기게 강조했던 이유를 어느 정도 알게 되었을 것이다.

신념은 무엇보다도 중요하다. 그렇기 때문에 우리는 자기 생각을 잘 다스려야 한다. 신념은 무엇을 바라보고 무엇에 대해 생각하느냐에 따라 크게 달라지므로, 우리는 자신의 관심을 잘 다스려야 한다. 바로 여기서 의지의 역할이 중요해진다. 의지야말로 자신이 어디에 관심을 기울일 것인가를 결정하는 사령탑이기 때문이다.

부자가 되고자 한다면, 가난과 빈곤을 연구하지 말아야 한다. 원하는 것과 반대되는 대상을 생각하면 원하는 것은 절대 생겨나지 않는다. 질병을 연구하거나 생각한다면, 절대 건강을 얻을 수 없다. 마찬가지로 죄를 연구하거나 생각해서는 절대 정의를 증진할 수 없다. 그러므로 가난과 빈곤을 생각해서는 절대 부자가 될 수 없는 것이다.

질병을 다루는 과학으로 탄생한 의학은 질병을 크게 늘렸고, 죄를 다루는 과학으로 탄생한 종교는 죄를 크게 조장했으며, 빈곤을 다루는 과학으로 탄생한 경제학은 이 세상을 온통 부족하고 비참한 모습으로 가득 채웠다. 가난에 대해서는 이야기하지도 말고 알아보지도 말며, 아예 관심조차 두지 말라. 무엇때문에 가난하게 되었는지 전혀 알려고 하지 말라. 여러분은 가난이나 빈곤과 전혀 무관하다. 진정으로 관심을 가져야 할 문제는 바로 가난과 빈곤의 치유책이다.

소중한 시간을 자선사업에 헛되이 쓰지 말라. 모든 자선사업은 가난을 박멸하기 위한 목적을 갖고 있지만 오히려 가난을 더욱 확고하게 만들기 쉽다. 그렇다고 해서 냉혈한이 되라거나 못 가진 이들의 비명소리를 외면하라는 뜻은 아니다. 다만 인습적인 방식으로 빈곤을 퇴치하려 들면 안 된다는 뜻이다. 부자가 되는 것만이 빈곤한 사람들을 진정으로 도울 수 있는 최선의 방안이다.

마음속에 빈곤과 관련된 심상을 가득 채운 상태에서 어떻게 부자가 되는 심상을 지킬 수 있겠는가! 빈민가에 사는 사람들의 비참한 모습이나 아동 노동력 착취 현장 등을 세세하게 보여주는 책이나 신문을 절대 읽지 말라. 마음속을 빈곤이나 고통과 관련된 우울한 심상으로 채워주는 것은 무엇이든 간에 읽지도 말고 보지도 말라. 이런 모든 내용을 안다고 해서 빈민을 구제하는 데는 전혀 도움이 못 된다.

가난을 없애려면 마음속에 가난한 모습을 담아둘 것이 아니라, 가난한 사람들의 마음속에 부유한 모습을 담아주어야 한다. 마음속을 가난한 사람들의 불행한 모습으로 채우지 않는다고 해서, 가난한 사람들의 불행을 외면하는 것은 아니다. 다시 말하지만 가난과 빈곤을 없애려면, 가난에 대해 생각하는 부자들의 수효를 늘릴 것이 아니라, 부자가 되겠다는 신념을 가진 사람들의 수효를 늘려야 한다.

가난한 사람들에게 필요한 것은 자선이나 자비가 아니라, 영감이다. 자선이나 자비는 기껏해야 가난한 사람들이 그대로 가난 속에서 살아가도록 빵 한 조각을 더 나눠줄 뿐이거나, 한두 시간 잠시라도 가난을 잊게 만들 따름이다. 하지만 영감이 있으면 가난한 사람들이 불행에서 벌떡 일어서서 가난을 떨치고 나올 수 있다. 가난한 사람들을 돕고 싶다면, 스스로 부자가 되어서 그네들도 부자가 될 수 있다는 사실을 입증하도록 하라.

이 세상에서 영원히 가난을 추방하는 유일한 방법은 이 책의 가르침을 손수 실천하는 사람들의 수효를 꾸준히 늘려나가는 것뿐이다.

사람들은 경쟁이 아닌 창조에 의해 부자가 되는 방식을 배워야 한다. 경쟁으로 인해 부자가 되는 사람들은 한결같이 자기가 타고 올라간 성공의 사다리를 발로 차 없애서 남들이 사용할 수 없도록 하지만, 창조에 의해 부자가 되는 사람은 모두가 수천, 수만 명이 자신을 따라올 수 있도록 길을 열어주고 그렇게 하도록 기꺼이 영감을 던져준다. 가난에 동정 어린 시선을 보내지 않고, 가난에 대해 생각하거나 말하지 않고, 가난을 이야기하는 사람들의 말을 귀담아듣지 않는다고 해서, 그 사람을 두고 차가운 가슴을 가졌다거나 아예 감정이 없는 사람이라고 매도해서는 안 된다. 의지력을 활용해서 가난이라는 주제에서 벗어나, 신념과 목표 의식을 가지고 모든 관심을 오로지 자기가 원하는 심상에만 집중하도록 하라.

의지력을 낭비하지 말라

만일 부자가 되겠다는 분명한 심상을 진정으로 지키고 싶다면, 절대 반대되는 이미지에 관심을 기울이지 말아야 한다.

과거에 돈 문제로 곤란한 일을 겪었더라도 그 문제에 대해 생각하지도 말고 말하지도 말라. 부모의 가난이나 불우했던 유년기의 생활에 대해 말하지 말라. 어떤 주제가 되었든 이런 내용을 입에 올리거나 머릿속에 떠올리는 순간, 당사자는 가난한 사람이 되고 그때까지 잘 굴러오던 재화도 중도에 막히고 만다. "죽은 자들이 그들의 죽은 자들을 장사 지내게 하라."(마태 8:22)

가난이나 빈곤과 같은 것은 모두 뒤로 밀어버리라. 여러분은 지금 우주의 정확한 이론을 진리로 받아들여, 행복을 바라는 모든 희망을 그 이론의 실현 가능성에 걸고 있다. 그럴진대 이와 상반되는 온갖 이론에 귀를 기울인다 한들 무슨 소용이 있겠는가?

이 세상이 곧 종말을 맞는다고 떠드는 종교 서적을 읽지 말고, 이 세상이 악의 구렁텅이를 향해 돌진하고 있다고 말하는 염세주의자의 책도 읽지 말라. 이 세상은 악의 구렁텅이로 빠져들고 있는 것이 아니라, 창조주의 조화로운 세계로 돌아가고 있다. 그것은 정말로 놀라운 변화이다.

물론 지금 이 세상에 만족스럽지 못한 상황이 도처에 도사리고 있다는 말은 사실이지만, 그렇다고 틀림없이 언젠가는 지나가고 말 상황을 연구하고 조사한들 무슨 소용이 있을 것인가? 만일 그런 상황을 연구하고 조사한다면, 오히려 그런 상황은 연구하고 조사하는 동안 스쳐 지나가지 않고 결과적으로 더 오래 계속될 뿐이다. 혁신적인 진보의 물결 덕분에 지금 사라져가고 있는 상황에 왜 군이 시간과 관심을 투자해야 하는가? 할 수 있는 한 진보의 물결을 더욱더 세차고 빨리 흐르게 해야 안 좋은 상황이 조기에 정리될 수 있다.

특정한 국가나 지역에서 일어나는 일이 제아무리 끔찍하다 하더라도 거기에 관심을 둔다면, 그것은 시간과 기회를 빼앗는 결과만 가져올 따름이다.

오로지 이 세상이 부유하게 되는 것만을 생각하고 또 생각하라. 이 세상이 막 빠져나오고 있는 가난과 빈곤을 생각하지 말고, 힘차게 다가가고 있는 부유한 세계를 생각하라. 이 세상이 부유해지도록 도울 수 있는 유일한 방법은, 경쟁이 아닌 창조를 통해, '나 자신'이 부자가 되는 것이다.

가난과 빈곤은 무시하고, 오로지 재물과 재화만을 생각하라. 가난한 사람들에 대해 생각하거나 이야기할 때마다, 그네들도 부자가 되고 있는 중이며, 따라서 동정의 대상이 아니라 축하의 대상이라고 생각하라. 그러면 모든 사람들이 영감을 얻어서 가난에서 벗어날 수 있는 탈출구를 찾게 될 것이다.

재물과 재화에만 온전히 시간과 관심을 투자하라고 해서, 비열하거나 인색해지라는 뜻은 절대 아니다. 진정으로 부자가 된다는 것은 모든 것을 포괄하므로 인생에서 가장 고귀한 목표이다.

경쟁의 차원에서 본다면 부자가 되기 위한 노력이란 타인을 짓밟고 올라서는 무자비한 쟁탈전이지만, 창조의 차원에서 본다면 이 모든 것이 일순간에 변하고 만다.

위대한 인격, 영혼의 개화, 봉사와 숭고한 노력으로 가능한 모든 것은 결국 부자가 되면 자연히 획득된다. 다시 말해서 이 모든 경지는 재화를 적절하게 사용하기만 하면 성취할 수 있기 때문이다. 예컨대 몸이 건강하지 못하다면, 부자가 되어 불리한 상황을 개선할 수 있다. 재정적인 고민에서 해방된 사람들만이, 위생 문제에 대해 아무런 걱정 근심이 없이 사는 수단을 가진 사람들만이 건강을 소유하고 건강을 지킬 수 있기 때문이다.

도덕적으로나 영적으로 위대한 경지는 실존을 위한 경쟁적인 전쟁을 초월한 사람들만 성취할 수 있다. 창조적인 생각의 차원에서 부자가 되는 사람들만이 경쟁이 가져오는 퇴폐적인 영향에서 벗어날 수 있다. 만일 내 가슴이 가족의 행복에만 맞춰져 있다면, 높은 차원의 생각이 퇴폐적 영향에서 벗어나 자유로울 때 비로소 사랑이 활짝 꽃을 피운다는 사실을 잊지 말라.

다시 말하지만 부자가 되는 일보다 더 위대하고 더 고상한 목표는 없다. 오로지 재화와 재물에만 관심을 두고, 부자가 된다는 심상을 흐리는 모든 것을 밀쳐 버리라. 우리는 삼라만상의 밑바닥에 존재하는 진리를 바로 볼 수 있어야 한다. 또한 우리는 겉보기에 잘못된 모든 상황의 이면에 스스로를 더 충만하게 드러내고 더 완벽하게 행복해지려는 창조주가 있음을 알아야 한다. 가난과 같은 상태는 없다. 존재하는 것은 오로지 부유한 상태뿐이다. 이것이 바로 진리이다.

자신들에게 마련된 충분한 재화가 있다는 사실을 몰라서 가난하게 살아가는 사람들이 있다. 이런 부류의 사람들을 깨우치는 최상의 방법은 여러분 자신이 충분한 재화를 소유하고 부유하게 살아가는 모습을 직접 보여주는 것이다.

가난에서 빠져나갈 탈출구가 있다고 느끼면서도 정신적으로 나태해서 그 길을 찾아서 직접 자기 발로 밟으려는 노력을 하지 못해서 가난하게 살아가는 사람들도 있다. 이런 부류의 사람들을 도와줄 수 있는 최선의 방법은, 부자가 된 여러분 자신의 행복한 모습을 직접 보여주는 것이다.

또 부자가 되는 법을 어느 정도 알고 있으면서도 형이상학이나 현학적인 이론의 미로에 갇혀 방향 감각을 잃고 어디로 가야 할지 몰라서 가난하게 살아가는 사람들도 있다. 이런 부류의 사람들에게 필요한 최상의 방법 역시 여러분 자신이 직접 부자가 되는 바른 길을 보여주는 것이다. 100가지 이론을 공부하는 것보다 한 번 실천하는 것이 더 낫다.

여러분이 이 세상을 위해 할 수 있는 최선은 자기 자신을 최대한도로 활용하는 일이다. 여러분은 창조주에게 봉사할 수 있다. 그리고 경쟁적 방식이 아니라 창조적 방식만 사용한다면, 부자가 되는 것보다 더 효과적으로 창조주에게 봉사하는 일이란 있을 수 없다. 한 가지만 덧붙이고자 한다. 우리는 이 책이 부자가 되는 과학의 각종 원리를 상세하게 알려준다고 확신한다. 그 말이 사실이라면, 여러분은 부자 과학이라는 주제에 관한 다른 책은 읽을 필요가 없다. 어쩌면 이 말이 조금 편협하고 자기중심적으로 들릴지 모르지만, 한번 생각해보라. 수학에서 더하기, 빼기, 곱하기, 나누기 말고 달리 또 다른 과학적 계산 수단이 있는가? 불가능하다. 또 두 점 사이에는 가장 가까운 직선거리만 있을 뿐이다. 과학적으로 생각하는 방법은 오직 한 가지밖에 없다. 그 한 가지 방법을 써야만 가장 빠르고 간단하게 목표에 도달하는 길을 만날 수 있다. 이 세상 어느 누구도 이 책에서 제시한 것보다 더 간단하고 단순한 '부자 과학의 체계'를 형식화하지 못했다. 여기 제시된 체계는 모든 부수적인 사항을 쏙 빼고 핵심만을 담았다. 이 책을 읽기 시작했다면, 다른 모든 이론은 여러분의 마음속에서 완전히 치워 버리도록 하라.

이 책을 가지고 다니면서 매일 읽고 내용을 암기하라. 그 대신 다른 '체계'와 이론은 일절 생각도 하지 말라. 만일 다른 체계나 이론을 생각하기 시작하면, 그때부터 의심이 생기고 자기 생각을 확신하지 못하게 되어 결국 실패하고 만다.

일단 부자가 되고 난 다음에는 무슨 체계를 따라도 좋고 무슨 이론을 연구해도 좋다. 하지만 원하는 것을 확실하게 얻었다는 확신이 들 때까지는 이 책의 원리만 생각하라.

세계에서 일어나는 뉴스 기사도 자신이 마음속에 그린 심상과 조화를 이루는 낙관적인 것만 읽고 보라. 신비주의나 심령술, 도(道) 따위는 일단 부자가 된 다음으로 미루라. 설령 죽은 사람들이 살아서 우리 곁에서 어슬렁거릴 수도 있지만, 그렇다고 해도 그대로 내버려 두고 자기 일에만 관심을 두도록 하라.

죽은 사람들의 혼령이 어디에 있든, 죽은 사람들은 그네들

나름대로 할 일이 있고 해결해야 할 문제가 있다. 그러니 우리에게는 죽은 사람들의 일에 간섭할 권리가 없다. 우리는 죽은 사람들을 도울 수 없거니와, 그네들이 우리를 도울 수 있을지도 대단히 의심스럽다. 아니, 죽은 사람들이 우리를 도울 수 있다고 해도 과연 우리가 그네들의 시간과 공간을 침범할 권리를 가지고 있을까? 죽은 사람들은 그대로 내버려 두고, 우리는 우리 자신의 문제를 풀어야 한다. 우리는 부자가 되는 문제만 생각하고 해결하면 된다. 시작부터 생각이 신비주의와 엉켜버리면, 마음속이 뒤죽박죽이 되어 희망도, 욕망도 모두 물거품이 되고 말 것이다. 지금까지 이야기한 내용을 종합하고 요약하면 다음과 같은 기본적인 원리가 추출된다.

하나, 우주 공간에는 만물이 생성되어 나오는 '생각하는 원형질'이 존재한다. 최초 상태에서 이 '생각하는 원형질'은 우주에 속속들이 스며들어 우주를 관통하고 우주의 공간을 구석구석 가득 채우고 있다.

둘, 이 '생각하는 실체'에 담긴 생각은 그 생각이 그리는 바로 그것을 낳는다.

셋, 인간은 자기 생각의 내용을 형성할 수 있고, 자기 생각을 '무형의 실체'에 각인해서 자기가 마음속에 그리는 생각의 내용을 창조할 수 있다.

넷, 이상과 같은 과정을 제대로 수행하려면, 경쟁심에서 빠져나와 창조심으로 나아가야 한다. 그 상태에서 자신이 원하는 대상에 대한 명백한 심상을 형성한 다음, 자기가 원하는 것을 얻고야 말겠다는 확고한 목표 의식과 자기가 원하는 것을 반드시 얻는다는 꿋꿋한 신념을 가지고 그 심상을 마음속에서 단단히 지켜야 한다. 그러므로 목표 의식을 흔들어놓는다거나, 심상을 흐리게 만든다거나, 신념의 불을 끈다거나 하는 모든 반대 세력을 철저하게 마음속에서 몰아내야 한다.

이제 '확실한 방식', 곧 '부자의 방식'으로 움직이는 행동 지침을 학습할 차례이다.

생각이 가져오면 행동이 받아야 한다

생각은 창조적인 힘, 혹은 창조적인 힘을 일으켜서 움직이게 만드는 추진력이다. '확실한 방식', 곧 '부자가 되는 방식'으로 생각하면 재물이 다가오지만, 생각만을 믿고 개인적인 행동에는 전혀 관심을 기울이지 않는다면 그건 안 된다. 만일 여러분이 생각을 구체적인 행동으로 연결시키지 못한다면, 과학을 내세우면서도 생각을 실천하지 못해서 좌절하고 만 여타의 사상가들과 별반 다를 바가 없다.

우리는 아직까지 자연 과정이나 사람의 노동을 거치지 않고 '무형의 실체'로부터 곧바로 물질을 창조할 수 있는 발전 단계에 이르지 못했다. 그러므로 우리는 생각에 더하여 당사자의 행동으로 그 생각을 실행에 옮겨야 한다.

여러분은 생각에 의해 산속 깊숙한 곳에 묻혀 있던 황금을 자신한테 오게 할 수 있지만, 그렇다고 황금이 스스로 채굴되고 정련된 다음에 금화로 주조되어 길거리를 굴러다니다가 제 발로 여러분의 주머니 속으로 들어올 리는 만무하다.

창조주의 추진력이 작용하는 가운데, 여러분을 둘러싼 주변 상황이 적절하게 안배되어 누군가가 그 힘에 이끌려 황금을 캐서 여러분에게 가져다주는 것이다. 물론 황금이 다른 사람들의 거래 관계를 통해 여러분에게 올 수도 있다. 그러므로 여러분은 황금이 자기에게 올 때 잘 받을 수 있도록 자기 역할을 잘 조직하고 수행해야 한다. 생각은 생물이건 무생물이건 모든 것을 움직여서 자신이 원하는 것을 가져오게 만들지만, 자신이 원하는 것이 왔을 때 그것을 제대로 받으려면 자신이 직접 필요한 활동을 해야 한다. 다시 말해서 여러분은 원하는 것을 훔치거나 자선 물품으로 받아서는 안 되고, 반드시 화폐가치 이상의 사용가치를 지불하고 받아야 한다.

생각을 과학적으로 활용하려면 원하는 것에 대한 뚜렷한 심상을 만든 다음, 원하는 것을 반드시 얻겠다는 확고한 목표 의식을 가지고, 원하는 것을 얻었다는 감사의 신념을 활성화해야 한다. 자신의 생각을 절대 신비하거나 주술적인 방식으로 '투사'하지 말라. 그런 노력은 낭비이며, 결과적으로 건강하게 생각하는 힘을 약화시키고 만다.

창조 과정을 인도하거나 감독하는 것은 우리의 역할이 아니다. 창조 과정에서 우리가 할 수 있는 것은 오로지 굳건한 목표 의식으로 무장한 심상을 간직하고 신념과 은혜를 저버리지 않는 역할이다.

그러나 원하는 것이 왔을 때 그 물질을 내 것으로 만들고, 심상에 간직된 물질을 만나서 그 물질을 제자리에 앉히려면, 반드시 '확실한 방식', 곧 '부자가 되는 방식'으로 행동하지 않으면 안 된다.

이것은 정말로 진리이다. 어떤 재물이 나한테 들어올 때를 잘 생각해보라. 그 재물은 다른 사람들의 수중에 있고, 그 재물의 소유자가 나한테 그 재물의 값어치와 상응하는 무언가를 요구할 것이다. 그렇다면 나는 그 소유자에게 그 사람 몫을 주어야만 내 몫을 가질 수 있다.

여러분의 주머니는 항상 돈이 마르지 않는 화수분이 될 수 없다. 바로 이 점, 생각과 행동의 결합이야말로 부자 과학에서 가장 중요한 핵심이다. 의식적으로든 무의식적으로든 자신들의 욕망을 강하고 끈질기게 추구해서 창조적인 힘을 움직여 놓고도, 정작 원하는 물질이 왔을 때 미처 받아들일 준비가 되어 있지 않아서, 그대로 가난하게 살아가는 사람들이 대단히 많다.

요컨대 원하는 것을 오게 만드는 것은 생각이고, 받게 만드는 것은 행동이다.

무슨 행동이든 중요한 것은 지금 당장 행동해야 한다는 사실이다. 우리는 과거 속에서 행동할 수 없기 때문에, 과거를 깨끗이 지워야만 심상이 또렷해진다. 미래는 아직 오지 않았기 때문에, 우리는 미래에 행동할 수도 없다. 미래의 어느 날에 일어날 만일의 사태에 대비해서 이러저러하게 행동하고 싶다고 미리 말해본들 무슨 소용이 있겠는가?

지금 종사하는 사업이 적당치 못하다거나 환경이 만족스럽지 못하다고 해서, 적당한 사업을 벌이고 만족스러운 환경이 갖춰질 때까지 행동을 미루겠다고 생각해서는 절대 안 된다.

마음을 미래에 둔 상태에서 현재 행동한다면, 마음이 양분되어 효과적인 행동이 될 수 없다. 현재의 행동에 온 마음을 오롯이 쏟아붓도록 하라.

창조적인 충동을 '근본 실체'에 전달하고 그냥 앉아서 손 놓고 결과만 기다린다면, 여러분은 절대로 원하는 결과를 얻지 못할 것이다. 지금 당장 행동하라. 지금 말고 다른 시간은 없고, 앞으로도 영원히 다른 시간은 없을 것이다. 원하는 것을 받아들일 준비를 하고 싶다면, 지금 당장 시작해야 한다.

그리고 무엇이 되었든 그런 행동은 지금 하고 있는 사업이나 직업에서 일어날 가능성이 높고, 현재 주변에 있는 사람이나 사물과 관련될 가능성이 크다. 지금 없는 자리에서 행동할 수 없고, 과거의 자리에서 행동할 수 없으며, 미래의 자리에서 행동할 수도 없다. 오로지 현재 있는 자리에서만 행동할 수 있다.

어제 한 일이 잘되었는지 걱정하지 말고 오늘 하는 일을 열심히 하라. 내일 할 일을 지금 하려 하지 말라. 내일 일이 닥쳤을 때 해도 시간이 많이 남아 있다. 신비술에 의지해서 통제할 수 없는 사람이나 사물에 영향을 미치려 하지 말라. 환경이 변하기를 기다리지 말고, 행동해서 환경을 변화시키라. 지금 처한 환경에 따라 행동하면 스스로 더 나은 환경에 처할 수 있다. 신념과 목표 의식을 가지고 더 나은 환경에 처한 스스로에 대한 심상을 지키되, 현재 환경에서 전심전력을 다해서 행동하라. 공상을 하느라 아까운 시간을 낭비하지 말고, 원하는 것에 대한 심상을 확고하게 간직한 채 지금 당장 행동하라. 무언가 새롭고 신기한 어떤 행동을 해서 부자가 되는 첫 단계를 밟으려 애쓰지 말라. 아마도 한동안은 지금까지 해왔던 일을 계속하는 것이 '행동'의 중심이 될 것이다. 하지만 지금부터는 이런 행동을 하되, 여러분을 틀림없이 부자로 만들어주는 '확실한 방식'으로 해야 한다.

지금 어떤 일에 종사하고 있는데, 그 일이 설령 자기한테 맞지 않는다는 느낌이 들더라도 절대 적당한 일거리를 찾을 때까지 기다리지 말고 지금 당장 행동하라. 자기가 있을 자리가 아니라고 좌절하거나 한탄하지 말라. 영원히 자기 자리를 찾지 못하는 사람도 없고, 영원히 불만스러운 일을 해야 하는 사람도 없다.

적당한 일자리를 찾겠다는 목표 의식과 그런 일자리를 꼭 찾게 된다는 신념을 가지고, 그런 일자리에 대한 심상을 간직하

라. 그렇지만 행동은 현재의 일자리 안에서 하도록 하라. 현재의 일자리를 발판 삼아 더 나은 일자리를 구하고, 현재의 환경을 발판 삼아 더 나은 환경을 획득하라. 신념과 목표 의식만 확고하다면, 자기한테 맞는 적당한 일자리에 대한 심상이 창조주에게 각인되어 그 적당한 일자리가 실제로 당사자에게 다가올 것이며, 부자의 방식으로 행동한다면, 여러분도 그 일자리를 향해 다가갈 것이다.

여러분이 지금 남의 밑에서 월급쟁이 노릇을 하고 있는데, 원하는 것을 얻으려면 직장을 옮겨야 한다고 느낀다면, 그 생각을 '우주'에 투사만 하고 무작정 창조주에게 의지해서 새로운 직장을 구하려 하지 말라. 그렇게 하면 여러분은 백발백중 실패를 맛보고 말 것이다. 원하는 직장에 다니고 있다는 심상을 뚜렷한 신념과 목표 의식으로 지키되, 행동은 지금 당장 해야 원하는 직장을 얻게 된다.

심상과 신념이 있으면 창조의 힘이 작동하기 시작해서 그 심상과 신념의 내용이 우리에게 다가오게 된다. 그러면 이때 주변 환경에 잠재되어 있던 여러 가지 힘이 행동으로 촉발되어 우리를 원하는 장소로 이끌어 준다. 이번 장을 마치면서 앞

에서 누누이 이야기한 부자 과학의 원리에 한 가지를 덧붙여
본다.

다섯, 원하는 것이 올 때 받으려면, 현재 환경에서 주변에 있

는 사람과 사물을 대상으로 지금 당장 행동해야 한다.

능률적인 행동이 성공을 부른다

　여러분은 앞서 언급한 방식으로 생각의 방향을 잡고, 지금 있는 자리에서 할 수 있는 행동을 시작해야 한다. 나아가서 지금 할 수 있는 모든 행동을 당장 해야 한다.

　진보하려면 현재 상태보다 더욱 커져야 한다. 지금 상태와 관련된 업무를 완벽하게 처리하지 못한 사람은 절대 현재 상태보다 진보할 수 없다. 이 세상은 현재의 자리를 채우고도 여력이 남는 사람들에 의해서만 진보를 이룩할 수 있다. 만일 모든 사람이 자기 자리를 제대로 채우지 못한다면, 이 세상은 그날부터 퇴보를 시작한다. 현재의 자기 자리를 제대로 채우지 못하는 사람들은 사회와 정부, 산업 등 모든 분야에 엄청 무거운 짐을 지우고 있는 셈이다. 세상의 진보가 늦어지는 것도 바로 이런 사람들 탓이다. 이런 사람들은 또한 지난 세대에 속해 있고 뒤떨어진 생활을 영위하며, 결국은 퇴보하는 경향이 보인다. 모두가 자기 자리보다 그릇이 작다면 그런 사람들이 모여 있는 사회는 절대 진보할 수 없다. 사회 발전은 물리적인 진보와 정신적인 진보가 결합되어 일어난다.

동물의 세계에서 진화를 일으키는 요인은 생명력의 과잉 현상이다. 어떤 기관이 현재의 기능만으로 자신의 생명력을 충분히 담을 수 없게 되면, 그 기관은 더 높은 차원으로 발달하며, 이렇게 해서 새로운 종(種)이 탄생하는 것이다.

자기 자리를 제대로 채우고도 남는 기관이 없었다면, 새로운 종은 결코 출현하지 않았을 것이다. 이 법칙은 우리 인간에게도 정확하게 똑같이 적용된다. 부자가 되려면 이 원리를 자신의 상황에 최대한 충실하게 적용해야 한다. 하루하루는 성공 아니면 실패이다. 원하는 것을 얻으려면 나날의 모임이 성공적이어야 한다. 매일이 실패의 연속이라면 절대 부자가 될 수 없지만, 반대로 매일이 성공의 연속이라면 부자가 되지 않을 수 없다. 오늘 할 수도 있는 일을 오늘 안 했다면, 여러분은 그 일에 관한 한 실패한 것이며, 결과는 상상보다 훨씬 끔찍할지 모른다.

우리는 가장 사소한 행위조차도 그 결과를 예측할 수 없다. 자기 자신을 위해 움직이기 시작한 갖가지 힘이 어떻게 작용하는지도 알지 못한다. 단순한 행위 하나에 엄청난 결과가 초래될 수도 있으며, 어쩌면 그 단순한 행위 하나가 거대한 가능성으로 들어가는 문을 여는 열쇠가 될지도 모른다. 우리는 창조주가 인간계와 물질계에서 나를 위해 준비하고 있는 모든 조합 역시 알지 못한다. 그리하여 지극히 사소한 행동 하나를 놓쳐서 원하는 것을 한참 뒤에 얻게 될 수도 있다.

날마다 그날 할 수 있는 모든 행동을 하되, 한계를 고려하라. 최단 시간에 최대의 성과를 내려고 무작정 일에 뛰어들거나 과로하지 말라. 내일 할 일을 오늘 해서도 안 되고, 한 주일 동안 할 일을 하루에 해서도 안 된다. 중요한 것은 처리한 업무의 분량이나 수효가 아니라, 각각의 업무를 처리할 때 투입되는 행위 하나하나의 능률이다.

각각의 행위는 그 자체로 성공 아니면 실패이다. 각각의 행위는 그 자체로 능률적이든가 아니면 비능률적이다. 모든 비능률적인 행위는 실패이며, 따라서 인생을 비능률적인 행위에 몽땅 소모한다면 그런 인생은 전체적으로 실패작이다.

모든 행위가 비능률적이라면, 그런 행위를 하면 할수록 상황은 더욱 악화된다. 반대로 모든 능률적인 행위는 그 자체로 성공이며, 따라서 삶의 모든 행위가 능률적이라면 인생 전체도 성공작일 수밖에 없다.

실패의 원인은 능률적인 방식으로 충분한 일을 처리하지 못하고, 비능률적인 방식으로 너무 많은 일을 처리한 데 있다.

만일 비능률적인 행위를 전혀 하지 않거나 능률적인 행위를 필요한 만큼 한다면, 여러분은 반드시 부자가 될 것이다. 이건 자명한 명제이다. 만일 모든 행위를 하나씩 능률적인 행위로 만들 수 있다면, 부자가 되는 일이 마치 수학처럼 엄밀한 과학의 문제로 환원된다는 사실을 알 수 있을 것이다. 그렇다면 문제는 각각의 행위를 과연 그 자체로 성공적인 행위로 만들 수 있느냐에 달려 있다. 여러분은 분명히 그렇게 할 수 있다.

창조주의 힘이 여러분을 기다리고 있으므로, 여러분은 그저 창조주의 힘을 각각의 행위에 투입하기만 하면 된다.

각각의 행동은 강력하거나 아니면 허약하다. 모든 행동이 강력하다면, 그 사람은 자신을 부자로 만들어주는 확실한 방식으로 행동하고 있는 것이다. 모든 행위를 강력하고 능률적으로 만들려면, 그 행위를 하는 동안 심상을 확고하게 붙잡고 신념과 목표 의식이 발산하는 힘을 모조리 그 행위에 투입해야 한다. 정신적인 힘과 당사자의 행동을 결합시키지 못하고 마음 따로 몸 따로 움직이는 사람들은 바로 이 국면에서 실패를 맞이하게 된다. 그런 사람들은 정신은 여기다가 쓰고 육체는 저기다가 쓴다. 그렇기 때문에 그런 사람들의 행위는 그 자체로 실패이고, 비능률이다. 반대로 전심전력을 다한 모든 행위는 아무리 평범하더라도 그 자체로 성공이며, 모든 성공은 또다른 성공으로 가는 디딤돌이므로 원하는 것에 다가서는 속도 역시 엄청나게 빨라질 것이다.

성공적인 행동의 결과는 차곡차곡 쌓인다. 만물에는 더욱 왕성한 생명을 향한 욕망이 담겨 있다. 그러므로 누군가 더 크고 더 넓은 생명을 향해 움직이기 시작할 때, 더 많은 물질이 저절로 그 사람에게 끌려오게 되고, 그 사람의 욕망은 두 배, 세 배로 늘어난다.

날마다 그날 할 수 있는 모든 행동을 하되, 능률적인 방식으로 움직이라. 각각의 행위를 하면서 심상을 굳게 지키라고 말한다고 해서, 내내 그 심상을 아주 세부적인 구석까지 봐야 한다는 뜻은 아니다. 상상력을 활용해서 심상을 구석구석 살펴보고 그 심상이 기억에 확고하게 각인될 때까지 찬찬히 생각하는 것은 여가 시간에 하면 된다. 신속한 결과를 원한다면, 여가 시간을 몽땅 이 작업에 할애하면 된다.

지속적으로 원하는 대상의 이미지를 찬찬히 생각하다 보면, 그 심상의 극히 작은 부분까지 마음속에 단단히 고정되어, '무형의 실체'에 완벽하게 전달된다. 그런 상태가 되면 일하는 시간에는 그냥 마음속에서 그 이미지만 떠올려도 금세 신념과 목표 의식이 강한 자극을 받게 되고, 또 그에 따라 최선의 노력을 기울이게 된다. 노는 시간에도 그 이미지를 찬찬히 생각하다 보면 의식이 그 이미지로 가득 차서, 급기야는 그 이미지를 즉각적으로 붙잡게 된다. 자, 이제 그렇게 되면, 여러분은 그 찬란한 장밋빛 미래에 열광한 나머지 그냥 그 이미지를 생각만 해도 존재 전체에 가장 강력한 에너지가 흘러넘치게 될 것이다.

욕망은 힘이다

어떤 일에서든 성공하려면 그 일에 필요한 상태로 개발된 각
종 능력을 갖추고 있어야 한다. 탁월한 음악적 재능이 없다면
그 누구도 음악 선생님으로 성공할 수 없고, 기계를 조작하는
능력을 일정 수준까지 개발해놓지 못했다면 그 누구도 기계공
업 분야에서 성공을 거둘 수 없다. 또한 장사 수완이 없다면 그
누구도 상인으로 성공할 수 없다. 그러나 특정한 직업에 필요
한 능력을 적절하게 개발된 상태로 소유하고 있다고 해서, 그
사람이 반드시 부자가 된다는 보장은 없다. 뛰어난 재능을 가
졌지만 가난하게 사는 음악가도 많고, 훌륭한 기계적 감각을

가졌으면서도 부자가 되지 못한 석공이나 목수도 많다. 또한 사람들을 잘 다루는 능력을 가졌지만 벌이는 일마다 실패하는 상인도 많다.

각기 다른 능력은 도구이며, 따라서 좋은 도구를 장만하는 것도 필수적이지만, 도구를 제대로, 바르게 사용하는 것도 중요하다. 날카로운 톱과 직각자, 대패 등을 갖추고 멋진 가구를 만드는 사람이 있는가 하면, 같은 도구와 연장을 가지고도 형편없는 가구를 만드는 사람도 있다. 그런 서투른 목수는 말하자면 도구를 성공적인 방식으로 다룰 줄 모르는 사람이라고 할 수 있다.

마음속에 담긴 다양한 능력은 부자가 되는 과정에서 반드시 사용해야 하는 도구이다. 그러므로 누구든지 일을 하면서 그 일에 필요한 정신적 도구를 잘 갖추고 있다면, 성공 가능성이 훨씬 높을 것이다.

일반적으로 가장 강력한 능력, 이를테면 '타고난' 재능을 사용하는 일에서 성공할 가능성이 가장 높다는 말은 타당하다. 그러나 이런 일반론에도 한계가 있다. 자기가 하는 일이 타고난 적성 때문에 절대 바꿀 수 없는 천직이라고 여기는 사람은 없을 것이다.

우리는 어떤 일에 종사하든 부자가 될 수 있다. 그 일에 필요한 재능이 없더라도, 그런 재능을 개발할 수 있기 때문이다. 이미 상당한 경지까지 개발된 재능을 가지고 있다면, 그런 재능이 필요한 직업에서 성공을 거둘 가능성이 더욱 높지만, 모든 기초적인 능력은 개발이 가능하므로 어떤 직업에서든 성공의 가능성은 있는 것이다. 누구에게나 기초적인 능력은 잠재되어 있다.

적성에 맞는 일을 하면 노력을 적게 들이고도 쉽게 부자가 되겠지만, 원하는 일을 하면 만족스럽게 부자가 될 것이다.

원하는 일을 하는 것이 곧 삶이다. 좋아하지도 않는 일을 끝없이 하고 좋아하는 일은 단 한순간도 할 수 없다면, 그런 삶에 진정한 만족이란 있을 수 없다. 원하는 일은 분명히 할 수 있다. 어떤 일을 하고 싶다는 욕망이야말로 그 일을 할 수 있는 힘이 잠재되어 있다는 증거이기 때문이다.

욕망은 곧 힘의 표현이다. 음악을 연주하고 싶은 욕망이 생긴다는 것은 음악을 연주할 수 있는 힘이 겉으로 드러나서 잘 닦이기를 바란다는 뜻이다. 마찬가지로 기계 장치를 발명하려는 욕망이 생긴다는 것은 내면에 잠재되어 있는 기계적인 재능이 바깥으로 드러나서 잘 닦이기를 바란다는 뜻이다.

개발 상태든 미개발 상태든 어떤 일을 감당할 능력이 없다면, 그 일을 하고 싶은 욕망도 생기지 않는다. 반대로 어떤 일을 하고 싶은 강력한 욕망이 생겼다면, 그것은 그 일을 감당할 수 있는 충분한 능력이 개발되어 올바른 방식으로 사용되기를 바라고 있다는 확실한 증거이다.

다른 모든 여건이 동일하다면, 최고로 개발된 재능이 있는 분야의 일을 선택하는 것이 최선이지만, 어떤 분야든 일을 하고 싶은 강한 욕구가 있다면 그 일을 궁극적인 목표로 선택해야 한다.

여러분은 얼마든지 하고자 하는 일을 할 수 있다. 나아가서 가장 마음에 들고 유쾌한 일에 종사하는 것은 권리이자 특권이다. 반면에 하고 싶지 않은 일을 억지로 할 필요가 없기 때문에, 진짜 자기가 하고 싶은 일을 하기 위한 연결 수단이 아닌 한 그 일은 하지 말아야 한다.

과거의 잘못 때문에 현재 바람직하지 않은 일이나 환경에 처해 있다면, 한동안 하고 싶지 않은 일을 하거나 그런 환경에 머물러 있을 수밖에 없겠지만, 그래도 그런 일이나 환경이 발판이 되어 진정으로 하고 싶은 일이나 환경을 만나게 된다는 사실을 깨닫는다면 원치 않는 일이나 환경을 한결 즐겁게 받아들일 수 있을 것이다.

자기가 바른 직업에 종사하지 못하고 있다는 느낌이 들더라도, 너무 성급하게 다른 직업으로 옮기려 하지 말라. 일이나 환경을 바꾸는 최상의 방책은 성장이다. 기회가 왔을 때 신중하게 생각한 결과, 그것이 바른 기회라고 느껴지면 갑작스러운 변화를 두려워하지 말라. 그렇지만 그 기회가 과연 바른 것인지 아닌지 의문이 든다면 너무 갑작스러운 행동을 취하지 말아야 한다.

창조의 차원에 들어서면, 절대 서두를 필요가 없고, 절대 기회가 부족한 경우도 없다. 경쟁의식에서 벗어나면 성급하게 행동할 필요가 전혀 없다는 사실이 이해가 될 것이다. 내가 하고 싶은 일을 다른 사람이 나서서 가로채는 사건 따위는 절대 벌어지지 않는다. 만일 어떤 공간이 다른 사람 차지가 된다 하더라도 실망하지 말라. 그렇게 되면 더 높은 자리로 이끌어줄 더 좋은 기회가 여러분 앞에 열릴 것이기 때문이다. 시간은 충분하다. 의심이 들거든 기다리라. 바람직한 이미지를 찬찬히 생각하면서 신념과 목표 의식을 튼실하게 다지도록 하라. 확신이 안 서고 결정을 내리기 어려울 때는 무엇보다 감사하는 마음을 갖도록 하라.

원하는 것에 대한 이미지를 하루, 이틀 동안만 찬찬히 생각하면서, 원하는 것을 얻고 있기 때문에 진정으로 감사하다는 마음을 가지면, 창조주와 매우 밀접한 관계를 맺게 되어 무슨 행동을 하든 실수를 저지르지 않을 것이다.

이 우주에는 알아야 할 모든 것을 아는 크고 넓은 마음, 곧 '우주심(宇宙心)'이 있어서, 만일 깊은 감사의 마음을 가졌다면, 그 사람은 생명의 진보를 향한 신념과 목표 의식의 도움을 받아서 이 '우주심'과 아주 가까운 관계를 맺을 수 있다.

실수는 성급하게 행동하거나 두려움과 의심을 안고 행동하거나, 혹은 모두에게 더 많은 생명을 선사하는 올바른 동기를 망각하는 데서 온다. 할 수 있는 일을 날마다 완벽하게 하되, 서두르거나 두려워하거나 걱정하지 말라. 서두르기 시작하는 순간, 여러분은 창조자가 아닌 경쟁자로 변해서 예전의 낡은 차원으로 다시 떨어지고 만다.

혹시 서두르고 있는 자기 모습을 발견한다면 그럴 때마다, 동작을 멈추고 원하는 것을 그린 이미지에 관심을 쏟으면서, 원하는 것을 얻고 있다는 사실에 감사하기 시작하라. 감사하면 할수록 더욱 강한 신념과 한층 새로워진 목표 의식을 갖게 된다.

진보한다는 인상을 주라

직업을 바꾸든 안 바꾸든, 우리의 행동은 지금 종사하고 있는 직업과 관련된 행동임에 틀림없다. 우리는 현재 몸담고 있는 직업을 건설적으로 활용하여 원하는 일에 가까이 다가갈 수 있다.

업무상 다른 사람들을 다루는 일이 꼭 필요한 경우, 모든 노력의 핵심은 '무언가 늘어나고 커지고 넓어지고 있다는 인상'을 다른 사람들의 마음속에 전달하는 것이다. '늘어나고 커지고 넓어지는 것'은 모든 사람들이 추구하는 목표이다. 다시 말해서 그것은 모두의 마음속에 들어 있는 '무형의 지능'이 보다 충만한 표현을 추구하려는 충동이라고 할 수 있다.

'늘어나고 커지고 넓어지려는 욕구', 곧 증대를 바라는 욕망은 자연계의 삼라만상에 깃들여 있는, 우주의 근본적인 충동이다. 인간이 벌이는 모든 활동은 증대를 바라는 욕망에 기반을 두고 있다. 그리하여 사람들은 '증대', 예컨대 더 많은 음식, 더 많은 의복, 더 좋은 주택, 더 많은 사치품, 더 많은 아름다움, 더 많은 지식, 더 큰 즐거움을 추구한다.

살아 있는 생명체는 모두 한결같이 지속적인 진보를 바라는 이와 같은 필요성 아래 놓여 있다. 생명력의 증대가 그치면, 그 즉시로 해체와 죽음이 일어나기 때문이다. 사람은 본능적으로 이런 사실을 알고 있어서, 영원히 '더 많은 그 무엇'을 추구한다. 이러한 항구적 증대의 법칙은 '달란트'의 비유에도 등장한다. "더 많이 얻는 자만이 조금이라도 갖고, 갖지 못한 자는 그 가진 것마저 빼앗기리라."

재물이 늘어나기를 바라는 통상적인 욕망은 죄악도 아니고 비난받을 잘못도 아니다. 그것은 그냥 더 풍족한 삶을 바라는 욕망이요, 열망일 따름이다. 이러한 욕망은 마음속 깊은 곳에서 우러나오는 본능이기 때문에, 누구든지 자신에게 삶의 수단을 더 많이 줄 수 있는 사람에게 끌리게 된다.

앞에서 언급한 '확실한 방식'을 따라가면, 여러분은 지속적으로 '증대된 그 무엇'을 얻게 되어, '증대된 그 무엇'을 주변 사람들 모두에게 주게 된다. 그렇다면 여러분은 이제 '증대된 그 무엇'을 사방으로 나눠주는 창조적인 중심이 된 것이다.

자신이 창조적인 중심이라는 점을 잊지 말고, 이 사실에 대한 확신을 나와 관련된 모든 사람에게 전달하라. 아무리 작은 거래라도, 예컨대 꼬마에게 사탕 막대기 하나를 판다고 하더라도, '그 무엇의 증대'라는 생각을 거래에 담아서 고객이 '그 무엇의 증대'라는 생각에 깊은 인상을 받도록 하라.

모든 활동에 '진보'라는 인상을 담아서 주변 사람들에게 전달하라. 그러면 그 사람들은 '아, 저 사람은 정말로 진보하고 있구나. 저 사람이야말로 나를 진보시키고 있어'라는 인상을 받게 된다. 아무런 사업상의 이해관계 없이 그냥 사교상 만나는 사람에게도 '증대'와 '진보'의 인상을 전해주도록 하라.

이와 같은 인상을 제대로 전달하려면, 나 자신이 '증대'와 '진보'의 방식대로 살고 있다는 확고한 신념을 굳게 지키면서, 이 신념이 모든 행동에 속속들이 스며들게 만들어야 한다.

자신이 진보하는 인격체이고, 또 모든 사람에게 진보와 성취의 열매를 나눠주고 있다는 굳은 신념을 가지고, 매사를 처리하라. 자신이 부자가 되고 있으며, 부자가 되는 과정에서 얻는 혜택을 모든 사람에게 나눠주고 있다고 진정으로 느끼라.

그러나 자신의 성공을 쓸데없이 자랑하거나 떠벌리지 말라. 진정한 신념은 절대 허풍을 떨지 않는다.

허풍을 떠는 사람을 보면, 그런 사람일수록 항상 남이 안 보는 데서는 두려워하거나 의심한다. 그냥 신념을 느끼도록 하라. 그리고 그 신념이 모든 인간관계에서 제대로 작용하여, 자기는 부자가 되고 있는 중이며 지금도 이미 부자라는 고요한 확신을 표정과 말투, 행동거지에서 자연스럽게 드러나도록 하라. 이런 느낌을 타인에게 전달하는 데 꼭 말이 필요한 것은 아니다. 사람들은 여러분을 만나면 그냥 '증대'와 '진보'의 분위기를 느끼고, 자연스럽게 여러분에게 다시 한번 이끌릴 것이다.

여러분을 만나면 자신들도 무언가 '증대되고 진보하고 있다'라는 느낌을 받도록 사람들에게 강력한 인상을 심어주도록 하라. 만일 여러분을 만난 사람들이 실제로 그런 느낌을 받는다면, 그것은 여러분이 그 사람들에게서 얻는 화폐가치보다 큰 사용가치를 돌려주고 있다는 뜻이다.

이런 활동에 대해 정직한 자부심을 가지고, 모두가 알게 하라. 그러면 절대 고객이 끊어지는 일이 없을 것이다. 사람들은 예전에 증대와 진보를 느꼈던 곳으로 모여들 것이며, 모두의 증대와 진보를 바라는 창조주는 전혀 일면식도 없었던 사람들을 여러분의 주변으로 보내줄 것이다. 이제 여러분의 사업은 급속도로 성장할 것이며, 예상치 못했던 엄청난 수익에 놀라움을 금치 못하게 될 것이다. 이처럼 사업이 번창하면서, 원한다면 적성에 더욱 잘 어울리는 분야를 찾아서 직업을 바꿀 수도 있다.

그러나 이 모든 과정을 지나면서 자신이 원하는 대상에 대한 심상을 잊지 말고, 자신이 원하는 것을 반드시 갖겠다는 신념과 목표 의식도 흔들려서는 안 된다.

여기서 동기와 관련된 주의 사항을 한 가지 언급하고 싶다. 다른 사람들에 대한 지배 권력을 추구하려는 검은 유혹을 경계하지 않으면 안 된다.

아직 충분히 성장하지 못한 인격을 가진 사람에게, 타인에 대한 지배 권력을 행사하는 것만큼 즐거운(?) 일은 없다. 자기

만족을 위해 남을 지배하려는 욕망은 이 세상에 저주를 가져왔다. 무수한 세월 동안 왕과 황제는 자신들의 지배권을 확장하기 위한 전쟁에서 온 세상을 피로 물들였다. 이들의 행동은 모두를 위해 더욱 풍요로운 삶을 추구한 것이 아니라, 오로지 자신들만을 위해 권력을 얻으려는 것이었다.

오늘날 산업과 비즈니스 세계를 움직이는 주된 동기도 이와 똑같다. 사람들은 돈이라는 군대를 징집해서 남들에 대한 지배를 목표로 한 미친 투쟁에 나서 수많은 생명과 영혼을 상품처럼 써 버렸다. 정치적인 제왕과 마찬가지로 기업가들도 권력욕에서 영감을 얻고 있다.

권위를 찾고 지배자가 되어 만인 위에 군림하는 자로 여겨지기를 바라는 유혹을 조심해야 한다. 지배를 추구하는 마음은 경쟁심이고, 경쟁심은 창조심이 아니다. 자신의 환경과 운명을 지배하기 위해, 동료들을 지배할 필요는 전혀 없다. 더 높은 지위를 쟁취하기 위한 투쟁에 몸을 담그는 순간, 운명과 환경에 정복되기 시작하면서 부자가 되는 일도 요행과 투기로 변질되고 말 것이다.

항상 발전하는 사람이 되라

앞 장에서 언급한 내용은 사람들뿐만 아니라 전문직 종사자와 임금 노동자 모두에게도 똑같이 적용된다. 의사든 교사든 아니면 성직자든 직업에 상관없이, 만일 여러분이 증대된 생명력을 다른 사람들에게 선사하고 또 그런 사실을 당사자들이 느낄 수 있게 만든다면, 여러분의 주변은 항상 사람들로 넘쳐날 것이며, 여러분 자신은 곧 부자가 될 것이다. 스스로 위대하고 성공적인 치유자라는 심상을 지켜나가면서, 굳건한 신념과 목표 의식을 가지고 그러한 심상의 완벽한 실현을 향하여 일하는 의사는 앞 장에서 언급한 대로 '생명의 근원'과 밀접한 관계를 맺게 되어 놀라운 성공을 거두게 되며, 동시에 환자들이 너도 나도 이 의사에게 진료를 받으려고 줄을 서게 될 것이다. 사실 의사야말로 이 책의 가르침을 현장에서 가장 효율적으로 활용할 기회를 가진 직업인이라고 할 수 있다. 수많은 의사가 서로 다른 의학 분야에서 활동하고 있지만, 치유의 원칙은 모두에게 보편적이기 때문이다. 자신이 성공한 사람이라는 분명한 이미지를 간직하고 신념과 목표 의식 및 감사의 법칙에 따르는 '항상 발전하는 의사'는 자신이 맡는 모든 환자를 치료할 수 있다.

종교 분야를 보자. 이 세상은 풍요로운 삶을 다루는 진정한 과학을 신도들에게 가르쳐줄 성직자를 애타게 찾고 있다. 부자가 되는 과학을 완벽하게 익히고, 아울러 행복해지고 위대해지고 사랑을 받는 방법까지 연단에서 가르칠 수 있는 성직자라면, 그런 사람 주변은 항상 몰려드는 신도들로 넘쳐날 것이다. 이것이 진정 세상이 원하는 성직자의 모습이다. 진정한 성직자가 생명의 증대를 선사하면, 신도들은 기쁘게 이 '선물'을 받고 이 '선물'을 준 사람에게 지원을 아끼지 않을 것이다.

교육자도 마찬가지이다. 생명의 진보에 대한 확고한 신념과 목표 의식을 가지고 학생들에게 영감을 줄 수 있는 선생님은 절대 제자들이 없어서 교단을 떠나는 가슴 아픈 일을 당하지 않는다. 이런 선생님은 학생들에게 생명의 진보라는 믿음을 주는 것이 곧 자기 삶의 일부인 관계로, 남이 아무리 그런 활동을 그만두라고 해도 결코 그만두지 않는다. 교사와 성직자와 의사에게 적용되는 원리는 변호사와 치과의사와 부동산 중개업자와 보험 대리인에게도 똑같이 적용된다. 아니 이것은 모든 사람에게 똑같이 적용되는 원리이다.

앞에서 언급한 바 있듯이 정신과 행동이 제대로 결합되면 절대 실패할 수 없다. 꾸준히 인내심을 가지고 이 지침을 정확하게 따르는 사람은 누구나 부자가 된다. '생명 증대'의 법칙은 중력의 법칙만큼이나 수학적으로 정확하게 작용한다. 그러므로 부자 과학은 정확하고 엄밀한 과학이다. 임금 노동자도 마찬가지이다. 자기가 지금 남의 직장에서 임금을 받고 일하고 있고, 또 임금이 워낙 박하고 생활에 쫓기다 보니 성장과 발전의 기회도 전혀 보이지 않는다고 해서 부자가 될 가능성이 없다고는 절대 생각하지 말라. 원하는 것에 대한 분명한 심상을 만든 다음에, 확고한 신념과 목표 의식을 가지고 행동하기 시작하라. 할 수 있는 일을 날마다 남김없이 하라. 그리고 하는 일마다 완벽하게 성공적으로 처리하라. 그리하여 매사에 성공의 힘과 부자가 되겠다는 목표 의식을 불어넣으라.

그러나 일을 하면서, 회사의 책임자가 훌륭한 업무 성과를 알아보고 혹시 승진의 기회를 주지나 않을까 하는 기대를 하면서, 윗사람들의 비위나 맞추려고 일한다는 생각은 절대 하지 말라. 자기가 가진 최고의 능력으로 자기 자리를 채우고 또 자기 일에 만족하는 '좋은' 일꾼은 회사 책임자의 입장에서 볼 때 엄청나게 귀중한 자원이다. 그렇다면 그런 부하는 현재 직위 이상의 가치가 있기 때문에 승진시키고 싶지 않을 것이다.

성장과 발전을 이루려면, 현재 있는 자리보다 커지는 것 이상의 무언가가 필요하다. 확실하게 성장하고 발전하는 사람은 자기 자리에 비해 엄청나게 커진 상태에서 자기가 원하는 개념에 대한 분명한 이미지를 가지고 원하는 존재가 될 수 있다고 믿는 사람이다.

단순히 윗사람을 기쁘게 할 목적으로 현재의 자리를 채우는 이상으로 일하려 하지 말고, 자기 자신을 발전시키겠다는 생각을 가지고 일하라. 일하기 전이나 일하는 동안이나 일하고 나서나, 항상 '증대'와 '성장', '발전'이라는 신념과 목표 의식을 절대 내려놓지 말라. 윗사람이든 아랫사람이든 동료든 아니면 사회 친구든, 관계를 맺는 모든 사람이 여러분에게서 뿜어져 나오는 신념과 목표 의식의 힘을 느끼게 하라. 그러면 모든 사람이 여러분에게서 '성장'과 '증대', '발전'의 분위기를 감지하게 될 것이다. 이제 사람들은 여러분의 힘에 끌려오며, 현재의 일자리에서 '성장'과 '진보', '증대'의 가능성이 없다면, 곧바로 또 다른 일자리를 얻을 기회를 찾게 될 것이다.

법칙에 따라 움직이는 '성장하고 발전하는 사람'에게 틀림없이 기회를 제공하는 '절대자'가 존재한다. 창조주의 다른 이름인 이 '절대자'는 여러분이 확실한 방식으로 행동할 때 여러분을 반드시 돕는다. 그것이 바로 창조주 자신의 속성이기 때문이다. 주변 환경이나 산업 사회의 여건을 보더라도 여러분을 끌어내릴 수 있는 힘은 그 어디에도 없다. 만일 철강 업계에 몸담아 부자가 될 수 없다면, 농장에서 일해서 부자가 될 수 있다. 확실한 방식으로 움직이기 시작하면, 철강 업계의 '손아귀'에서 벗어나 농장을 얻거나 아니면 원하는 다른 분야로 자리를 옮기게 될 것이다.

2,000~3,000명의 직원이 동시에 확실한 방식으로 움직이기 시작한다면, 철강 업계는 곧 곤경에 처하고 말 것이다. 그런 직원들에게 좀 더 좋은 기회를 주든지, 사업을 접든지 둘 중 하나를 선택해야 하기 때문이다. 꼭 어떤 업계를 위해서만 일을 해야 하는 사람은 없다. 업계가 직원들을 무기력한 상태에서 붙잡아둘 수 있는 경우란, 무지해서 부자 과학을 모르거나 태만해서 부자 과학을 실행하지 못하는 직원들이 많을 때밖에 없다.

한 번에 원하는 모든 것을 달성할 수 있는 기회를 기다리지 말라. 지금의 처지보다 나은 기회가 오고 스스로 자연스럽게 그 기회에 이끌린다면, 그 기회를 잡아야 한다. 그것이 더 큰 기회로 가는 첫걸음이 될 것이다. 발전하는 삶을 영위하는 사람에게 기회의 부족이란 있을 수 없다. 우주의 만물은 그런 사람을 위해 존재하고 그런 사람의 행복을 위해 움직이도록 되어 있다. 그런 사람은 확실한 방식으로 생각하고 행동하기만 하면 반드시 부자가 될 것이다. 그러므로 임금 노동자도 이 책을 주의 깊게 읽고, 자신 있게 이 책에서 말하는 행동 지침을 실행해야 한다. 절대 실패하지 않을 것이다.

몇 가지 주의 사항과 결론

재화의 공급이 제한되어 있다는 관념에 사로잡힌 많은 사람들은 부자가 되는 정밀한 과학이 있다는 생각에 조소를 금치 못할 것이다. 이들은 사회와 정부 제도가 바뀌어야만 부자가 되는 사람들의 수효가 늘어날 것이라고 주장한다. 하지만 이런 생각은 사실이 아니다.

현재 지구상에 존재하는 대부분의 정부가 대중을 빈곤에 허덕이게 만들고 있다는 말은 사실이지만, 이것은 대중이 확실한 방식으로 생각하고 행동하지 못하기 때문에 벌어지는 상황이다.

만일 대중이 이 책에서 말한 내용에 맞추어서 앞으로 나아가기 시작한다면, 정부나 산업계도 이런 흐름을 막지 못한다. 오히려 모든 제도가 전향적인 움직임에 맞추도록 조정될 수밖에 없다.

만일 사람들이 '진보하는 마음'을 가지고 부자가 될 수 있다는 신념 하에서 부자가 되겠다는 확고한 목표 의식으로 앞으로 나아간다면, 이런 사람들을 빈곤에 묶어둘 수 있는 장애물은 아무것도 없다.

개개인은 언제든 어떤 정부에서든 확실한 방식으로 행동하기 시작해서 부자가 될 가능성이 있다. 그리하여 상당한 수효의 개인들이 그렇게 행동한다면 그때까지 자신들을 제약하던 각종 제도가 개선되어 다른 사람들을 위한 길이 열리게 된다.

경쟁 차원에서 부자가 되는 사람들이 많아지면 많아질수록 다른 사람들의 상황은 더욱 악화된다. 반대로 창조 차원에서 부자가 되는 사람들이 많아지면 많아질수록 다른 사람들의 상황은 더욱 호전된다.

대중을 경제적으로 구원하려면, 상당히 많은 사람들이 이 책에 나온 과학적인 수단을 실행하여 부자가 되는 수밖에 없다.

그렇게 되면 부자가 된 사람들이 자기 방식을 직접 보여주면서, 진정한 삶을 바라는 욕망과 그런 욕망이 실제로 달성 가능하다는 신념, 또 그런 욕망을 성취하겠다는 목표 의식을 가지고 주변 사람들에게 영감을 주게 된다.

당분간은 그 무엇도 부자가 되는 것을 방해할 수 없다는 사실을 알아두면 그것으로 족하다. 창조적인 생각의 차원에 들어서면, 여러분은 이 모든 장애를 넘어서 또 다른 세계의 시민이 될 것이다.

그러나 생각이 창조의 차원을 벗어나면 안 된다는 점을 잊어서는 안 된다. 단 한 순간도 공급이 제한되어 있다고 생각하거나 경쟁 차원의 도덕률에 따라 행동해서는 안 된다. 낡은 사고 방식의 덫에 걸릴 때마다, 즉시 고치도록 하라. 경쟁심에 불탈 때, '우주심'은 어느 틈엔가 자취를 감추고 말기 때문이다. 여러분이 걱정해야 할 것은 내일 닥칠지도 모르는 비상사태가 아니라, 오늘 할 일을 완벽하게 성공적으로 처리하는 방법이다. 오늘 당장 행동 노선을 변경해야만 난관을 피할 수 있다는 사실이 명백한 경우가 아니라면, 사업 전선에 어렴풋이 나타나는 난관을 극복하려고 고민할 필요는 없다.

어느 정도 떨어져서 보면 난관이 아무리 거대하게 보이더라도, 여러분이 확실한 방식으로 행동하기 시작하면, 가까이 다가갈수록 난관이 점차 사라져갈 것이다. 어떤 열악한 여건이 앞을 가로막는다고 해도, 엄격하게 과학적인 방식에 따라 부자가 되고 있는 사람은 절대 무너지지 않는다. 부자 과학의 법칙을 따르는 사람은, 마치 2 곱하기 2가 어김없이 4가 되듯이, 반드시 부자가 된다.

언젠가 닥칠지 모르는 재난과 장해, 공황, 불리한 사업 여건 따위에 근심 어린 눈길을 보내지 말라. 그런 사건이 당장 눈앞의 현실이 되기에는 아직 시간이 충분하고, 또한 모든 역경에는 그것을 극복할 방책도 함께 담겨 있기 때문이다.

말을 조심해야 한다. 스스로에 대해서든 하는 일에 대해서든 어떤 문제에 대해서도 절대 낙담하는 말을 하면 안 된다. 그리고 실패의 가능성을 받아들이지 말고, 실패할지도 모른다는 식으로는 절대 말하지 말라.

시대가 어렵다거나 사업 환경이 안 좋다고 말하지 말라. 경쟁적인 차원에 머물러 있는 사람들에게는 시대가 어렵고 사업 환경이 안 좋을지 모르지만, 여러분에게는 그렇지 않다. 여러분은 원하는 것을 창조할 수 있고, 이미 두려움을 넘어선 상태이다.

남들이 어려운 시절을 겪고 사업이 지지부진할 때, 오히려 가장 거대한 기회가 나타난다. 이 세상을 '성장하고 발전하는 거대한 존재'로 생각하고 바라보도록 스스로를 훈련하라. 그리하여 항상 '성장'과 '진보'와 '증대'의 관점에서 말하라. 그렇게 하지 않는다면, 그런 언행은 신념을 부정하는 것이고, 신념을 부정하는 것은 다시 신념을 상실하는 것이다.

절대 좌절했다는 느낌을 용납하지 말라. 어느 때 어떤 수확을 얻기를 기대했는데 막상 그때가 되었는데도 원하던 것을 얻지 못했다면, 실패처럼 비칠지 모른다. 그러나 그런 실패는 다만 겉으로 보기에만 실패라는 신념을 가지라.

확실한 방식으로 행동하라. 그러면 당장은 원하던 것을 얻지 못하지만, 시간이 지나면 그보다 훨씬 나은 보답을 받게 될 것이며, 겉보기에 실패처럼 보이던 상황이 실상은 엄청난 성공이었음을 알게 될 것이다.

이 책에서 이야기하는 부자 과학을 공부하던 학생이 하나 있었다. 이 학생은 한때 대단히 만족스러운 모종의 사업을 마음속으로 구상하고 사업 실행을 위해 몇 주일 동안 열심히 정지 작업을 벌였다. 그런데 시련이 닥쳤다. 어찌 된 일인지 설명조차 불가능한 이유 때문에 일이 틀어졌다. 마치 무슨 보이지 않는 손이 은밀하게 자신의 사업을 막는 것처럼 느껴질 정도였다. 그러나 이 학생은 실망하지 않고, 오히려 자신의 욕망이 꺾인 것에 대해 창조주에게 감사했다. 다시 몇 주일이 더 지나자 예전보다 훨씬 좋은 기회를 만나게 되었다. 만일 첫 번째 거래가 성사되었다면 이런 좋은 기회는 절대 얻을 수 없었을 것이라는 데 생각이 미치자, 자기 자신보다 자신을 더욱 잘 아는 '우주심'이 작은 기회에 얽매여 큰 기회를 놓치지 말라고 자기한테 작은 시련을 주었다는 사실을 깨닫게 되었다.

신념과 목표 의식을 가지고 감사하는 마음으로 날마다 할 수 있는 모든 일을 하되, 일마다 최대한 성공적으로 처리하라. 그러면 언뜻 실패처럼 보이는 일도 모두 이 학생의 경우처럼 궁극적으로 커다란 성공을 가져올 것이다. 실패를 맞이했다면 그것은 충분히 요청하지 않았기 때문이다. 계속해서 요청하라. 그러면 지금 당장 추구하던 것보다 훨씬 큰 성과가 반드시 찾아올 것이다. 잊지 말라. 원하는 일을 할 만한 재능이 없어서 실패하는 경우는 없다. 이 책에서 말한 대로 꾸준히 행동해 나간다면, 원하는 일에 필요한 재능을 완벽하게 갖추게 될 것이다.

재능을 개발하는 것은 이 책의 범위를 넘는 일이지만, 그것도 부자가 되는 과정만큼이나 확실하고 단순하다. 바라던 자리에 오를 때 혹시나 능력이 부족해서 실패하지 않을까 하는 두려움 때문에 주저하거나 흔들리지 말라. 계속 나아가서 드디어 그 자리에 이르렀을 때, 그때는 어느덧 필요한 능력이 갖추어져 있을 것이다. 정식 교육을 채 1년도 받지 못했던 링컨이 대통령으로서 가장 빛나는 업적을 남긴 것은 바로 '근원 능력'의 작용이다. '근원 능력'은 모두에게 열려 있다. 충만한 신념을 가지고 계속 밀고 나가도록 하라.

이 책을 공부하면서, 모든 개념을 정복할 때까지 곁에 두고 친구처럼 여기도록 하라. 이 신념이 마음속에서 굳게 뿌리를 내릴 때까지 취미활동이나 오락거리를 멀리 하고 이 신념과 상반되는 내용을 강요하는 강연이나 설교를 되도록 듣지 않도록 하라. 비관적인 관점을 보이거나 서로 싸움을 일삼는 문학 작품을 읽지 말고, 그런 주제를 가지고 논쟁을 벌이지 말라. 여가 시간이 나거든 이루고자 하는 이미지를 찬찬히, 깊이깊이 생각해보라. 그리고 감사하는 마음을 일으키고 이 책을 반복해서 읽으라. 여기는 부자가 되는 과학에 대해 알아야 할 모든 내용이 담겨 있기 때문이다.

요약

　우주의 공간에는 만물이 생성되어 나오는 '생각하는 원형질'
이 존재한다. 최초 상태에서 이 '생각하는 원형질'은 우주에 속
속들이 스며들어 우주를 관통하고 우주의 공간을 구석구석 가
득 채우고 있다. 이 '생각하는 실체'에 담긴 생각은 그 생각이
그리는 바로 그것을 낳는다.

　인간은 자기 생각의 내용을 형성할 수 있고, 자기 생각을 '무
형의 실체'에 각인해서 자기가 마음속에 그리는 생각의 내용
을 창조할 수 있다.

　이러한 과정을 제대로 수행하려면, 경쟁심에서 빠져나와 창

조심으로 나아가야 한다. 그렇지 않으면 항상 창조적이고 절대 경쟁적인 모습을 보이지 않는 '무형의 지능'과 조화를 이룰 수 없다.

인간은 자신에게 내려온 축복에 대해 생생하고 진지한 감사의 마음을 가질 때 '무형의 실체'와 완벽한 조화를 이루게 된다. 감사는 인간의 마음과 창조주의 마음을 하나로 통합하여, 인간의 생각을 '무형의 실체'가 받아들이도록 만들어준다. 창조의 차원을 벗어나지 않으려면 깊고 끊임없는 감사의 감정을 통해 스스로를 '무형의 지능'과 하나로 만들어야 한다.

우리는 갖고 싶고, 하고 싶고, 되고 싶은 것에 대한 투명하고 명확한 심상을 만들어야 한다. 그리고 이 심상을 생각 속에서 굳게 지키면서, 모든 욕망을 자신에게 허락해준 데 대해 창조주에게 깊이 감사하라.

부자가 되려는 사람은 여가 시간이 나면 자신의 심상을 찬찬히 생각하면서, 욕망의 실체가 서서히 자신에게 다가오고 있다는 사실에 대해 진정으로 감사해야 한다. 흔들리지 않는 신념과 경건한 감사가 동반된다면, 심상에 대한 생각과 관조는 아무리 자주 해도 결코 지나치지 않는다. 이것이 바로 생각을 '무형의 실체'에 각인하고, 그에 따라 창조의 힘이 움직이기 시작하는 과정이다. 창조 에너지는 기존의 자연적인 성장 통로와 기존의 산업 사회 제도를 통해 작용한다. 이 책에 제시된 지침을 따르면서 굳은 신념을 가진 사람은 자신의 심상에 포함된 모든 욕망을 반드시 이루게 된다.

원하는 것이 자신에게 올 때 그것을 제대로 받으려면 현재의 자기 자리를 채우는 것 이상으로 행동하는 적극성을 보여야 한다. 물론 마음속으로는 자기가 만든 심상의 실현을 통해 부자가 되겠다는 목표 의식을 항상 가지고 있어야 한다.

날마다 할 수 있는 모든 일을 하되, 매사에 최선을 다해 가장 성공적으로 처리해야 한다. 누구와 거래하든 그 사람이 받는 화폐가치를 훨씬 초과하는 사용가치를 주어야, 둘의 관계가 더 큰 생명을 낳을 수 있다. 그리고 '발전한다는 생각'을 굳건하게 지켜서 '증대'의 인상이 관계를 맺는 모든 사람에게 제대로 전달될 수 있어야 한다.

이 책에 나온 지침을 실행하는 사람들은 틀림없이 부자가 될 것이다. 이 사람들이 받는 재화의 규모와 내용은, 원하는 것에 대한 심상이 얼마나 명확한가, 목표 의식이 얼마나 확고한가,

신념이 얼마나 꾸준한가, 감사하는 마음이 얼마나 깊은가와 정확하게 비례한다.

마음은 어떻게 움직이는가
The Science of Being Well

마음: 그것은 무엇인가?

힘에 이르는 길

보이지 않는 힘: 진리란 무엇인가?

마음:
그것은 무엇인가?

생명과 기관

이 책에서는 다음과 같은 두 가지 중요한 문제를 다루게 될 것이다. 첫째, 마음은 물리적인 기능의 결과인가? 둘째, 마음은 물리적인 기능을 떠나서 존재할 수 있는가? 이 두 가지 문제는 대단히 근본적인 것이어서, 정신 치료라든가 건강한 심리 상태 등의 과학적 기반을 확보하기 위해서는 반드시 해결되어야 한다.

만일 마음이 기능적인 행동의 결과라면, 논리적으로 볼 때 이런 결론이 나온다. 즉, 마음을 통제하려면 우선 기능적인 행동을 통제해야 하고, 마음을 창조하려면 기능적인 행동을 창조해야 하고, 마음을 바꾸려면 기능적인 행동을 바꾸어야 한다는 것이다. 그리고 만일 마음이 기능적(물리적)인 행동을 떠나서 존재할 수 없다면, 육신의 모든 물질적 기능이 필연적으로 정지되는 물리적인 죽음 이후에 존재의 지속성을 희망하는 것은 아무런 의미가 없게 된다.

지능에서 주목할 첫째 사항은 그것이 필연적이고도 내재적으로 생명과 연관되어 있는 것처럼 보인다는 사실이다. 여하한 지능도 생명과 동떨어진 물질이나 힘의 영역에 존재하는 것은 없다. 조금만 주의 깊게 살펴보면, 지능이 없는 생명은 있어도 생명이 없는 지능은 그 어디에도 없다는 결론에 이르게 된다. 일부 생명체에는 지능이 없는 일정한 조건이 존재한다. 그 이외의 조건에서는 생명체가 감각을 갖고 지능을 갖게 된다. 그렇다면 지능은 특정한 조건의 결과인가, 아니면 모든 생명체에 본래부터 내재하되 특정한 조건에서만 겉으로 드러나는 고유한 특징인가?

생명은 에너지의 형태를 띤 일종의 힘이다. 생명은 전기나 열만큼이나 분명하고 독립적인 형태의 에너지이다. 생명은 일을 하는데, 일을 하는 모든 것은 힘이다. 이 점을 절대적으로 분명하게 짚어둘 필요가 있다. 신체 에너지는 전기도 아니고, 열도 아니고, 지금까지 알려진 여하한 형태의 물질적인 힘도 아니다. 신체 에너지는 활력 혹은 생명이다. 생명은 이른바 '힘의 상관'이라는 보편 법칙의 예외처럼 보인다는 점에서, 다른 모든 형태의 에너지와 다르다.

그렇다면 '힘의 상관'이란 무엇인가? 열과 빛과 전기는 서로 변환이 가능하다. 즉, 어느 한 가지 형태가 다른 형태로 옷을 갈아입을 수 있다는 것이다. 이 셋 모두는 생명의 조건을 마련하는 데 필요할 수 있지만, 셋 중의 어느 하나도 생명으로 전환될 수 없다. 우리는 열과 빛과 전기 혹은 이들 셋과 기존의 여하한 물질과의 결합으로도 결코 생명을 만들어낼 수 없다. 생명은 오로지 생명에서만 나온다. 모든 살아 있는 존재는 종자에서 나오고, 종자에는 생명이 담겨 있다. 오늘의 생명은 어제의 생명이었던 것의 연속일 뿐이다.

생명은 자발적으로 발생하거나 다른 힘들의 우연하거나 의

도적인 결합에서 비롯된 것으로 보이지 않는다. 예전에 생명이 없던 곳에서 생명이 시작되었다는 주장은 입증되지 않는다. 또한 어떤 새로운 생명이 말 그대로 새롭게 탄생했다는 주장도 마찬가지로 입증되지 않는다. 오로지 살아 있는 기관(유기체)에서만 생명이 관찰되지만, 그렇다고 해서 생명이 기관에 의해 만들어진다는 것은 아니다. 만일 생명이 기관에 의해 만들어진다면, 그런 기관은 생명 이전에 존재하지 않으면 안 된다. 기계는 제작되기 이전까지는 힘을 발생시킬 수 없고, 모든 부분에서 완벽하지 못하다.

만일 어떤 나무가 스스로 생명을 만들어낸다면, 그 나무는 생명 이전에 이미 존재하고 있다가, 마치 발전기가 전기를 만들어내듯이, 행동을 개시해서 생명을 만들어내야 한다. 씨앗에는 기관이 존재하지 않는다. 존재하는 것은 오직 생명뿐이고, 그 생명이 나무를 만들어낸다. 달걀에도 기관이 존재하지 않는다. 존재하는 것은 오직 생명뿐이고, 그 생명이 병아리를 만들어낸다. 나무가 생명을 만들어내는 것이 아니라, 생명이 나무를 만들어내는 것이다. 마찬가지로 기관이 생명을 만들어내는 것이 아니라, 생명이 기관을 만들어내는 것이다. 기관은 제대로 기능을 수행해서 생명을 발생시킬 수 있도록 완벽하게 창조되지 않았다. 생명은 기능적인 행동에 앞선다. 생명은 기능의 결과가 아니라 기능의 원인이다. 특정한 일련의 과정이 기관 내부에서 일어나기 때문에 기관이 살아 있는 것이 아니라, 기관이 살아 있기 때문에 그런 과정이 기관 내부에서 일어나는 것이다. 앞서 알아본 것처럼, 살아 있는 사물은 생명을 창조하지 않고, 생명을 받아들인다.

지능을 표출하는 기관은 지능을 발생시키는가, 아니면 지능을 받아들이는가? 마음은 과연 기능적인 행동의 결과인가? 마음이 기능적인 행동의 결과라는 사실을 믿는다면, 우리는 다음과 같은 생각하기 어려운 명제도 받아들일 필요가 있다. 만일 이런 학설이 진실이라면, 의식이 없는 힘이 의식을 가진 힘이 되는 명확한 경계선이 있어야 한다. 문제의 핵심은, 죽은 존재가 살아나게 되는 분명한 경계 지점이다. 이런 경계선은 생각할 수 없다. 전기나 열이 갑자기 지능을 갖게 되거나 생각할 수 있는 존재가 되는 극적인 상황을 상상할 수 있겠는가? 전기의 흐름이 스스로의 진로를 생각하고 계획할 수 있다고 상상해

보라. 그러면 생각의 기원을 설명하는 유물론적 관점이 얼마나 받아들이기 힘든 이론인가를 곧 깨닫게 될 것이다. 만일 생각이 어떤 노력을 필요로 한다면, 그러니까 힘의 소비를 요구한다면, 이때 생각하는 주체는 '힘'인데, 과연 어떤 힘일까? 이 힘은 언제부터 생각하기 시작했고, 무엇이 이 힘을 생각할 줄 모르는 힘에서 생각할 줄 아는 힘으로 변화시켰을까? 생각하는 과정에서 일어나는 에너지의 소모에 대한 증거는 뚜렷하다.

우리는 생각하는 과정에서 들어가는 지속적인 노력을 잘 알고 있다. 이런 노력은 물리적인 노력 혹은 육체적인 노동과 흡사하다. 물론 어떤 때는 육체노동 이상으로 힘이 든다. 사실 육체적으로 게으름을 피우지 않는 많은 사람들도 어떤 주제에 관해 연속해서 이어지는 생각을 하는 데 필요한 막대한 노력 앞에서는 몸을 웅크리는 경우가 적지 않다. 생각을 하면 노력이 들고, 힘든 생각을 하고 나면 맥이 빠지게 되는데, 우리는 이런 현상을 통해서 생각을 하면 힘이 소모된다는 사실을 알고 있다. 또한 생각이 그 뒤에 모종의 추진력을 가지고 있다는 주장을 결정적으로 입증하는 것처럼 보이는 다음과 같은 현상이 존재한다. 즉, 생각은 힘이 없으면 다른 장소로 '갈' 수 없고 전이될 수 없다. 힘의 소비를 동반하지 않는 텔레파시는 익히 알려진 에너지 법칙의 반례가 될 것이다. 무선 전보 장치는 힘을 사용하지 않는다면 무선으로 자극을 전송할 수 없다. 마찬가지로 생각의 자극도 힘을 사용하지 않으면 전송이 불가능하다. 그러므로 생각하는 것은 힘이다. 그렇다면 그것은 과거에 생각하지 못하다가 나중에 생각하게 된 힘인가, 아니면 항상 생각하는 지능이었던 힘인가?

이제, 이렇게 한번 생각해보자. 만일 생각이 기능의 결과라면, 그 기능을 일으킨 힘은 생각할 줄 아는 힘이어야 하는데, 그 힘은 생각할 줄 모른다. 그 힘은 그냥 맹목적으로 기능적인 행동을 유발하고, 이어서 생각이 생겨난다는 것이다. 기능적인 행동 이전에는 지능이 존재하지 않는다. 어떻게 결과가 원인을 앞설 수 있겠는가! 그러므로 논리적으로 보면, 지능은 기능적인 행동으로 변화하거나 혹은 기능적인 행동을 검열하거나 통제할 수 없다. 앞서도 말했듯이 결과가 원인을 통제한다는 것은 절대 불가능하기 때문이다. 그렇다면 어떤 일정한 조건 아래에서 생각이 인체에서 일어나는 기능을 통제하는 것인가? 만일 그렇다면, 생각은 자신이 통제하는 기능에 의해 만들어져야 하는데, 그것은 불가능하다. 더욱이 생각이 생각할 줄 모르는 힘에 의해 주도되는 일련의 과정에서 빚어진 결과라면, 어떻게 생각 자체가 지능으로 움직이는 방향성을 가질 수 있겠는가? 만일 지금 생각을 하고 있는 힘이 생각할 줄 모르는 힘이라면, 생각하는 능력은 도대체 어디서 오는 것인가? 왜 우리의 생각은 뱃속에서 소화되는 내용물처럼 변화하지 않는 것인가?

잉거솔Ingersoll은 이렇게 말했다. "세상에는 빵 한 조각이 생각이 되는 멋진 화학적 기술이 있다." 만일 그 말이 사실이라면, 뱃속의 일정한 화학적 조건에서 일어나는 변화가 그에 상응하는 생각의 변화를 낳을 수 있을 것이다. 육식을 하는 사람은 채식을 하는 사람과 다르게 생각해야 하고, 모든 육식주의자들은 실질적으로 같은 생각을 해야 한다. 실제로 이런 견해의 사실성을 입증하려는 시도가 적잖게 이루어졌다. 그렇지만 나로서는 그 증거가 그다지 결정적이지 않고, 그저 '자기 전에 고기파이를 먹으면 할머니의 유령이 보인다'는 옛 속담이나 다시 한번 확인하는 정도가 아닐까 싶다. 만일 생각이 물리적인 기능의 결과라면, 기능이 동일하고, 동일한 직업에 종사하며 동일한 일반적 조건 아래에 있는 모든 사람이 동일한 일반적 생각을 하고 있어야 하지 않겠는가?

일부 '과학적' 사회주의자들 역시 이런 견해를 입증하고자 노력하여, 사람이 어떤 종류의 기계를 가지고 일하는가를 알기만 한다면, 그 사람이 중얼거리는 기도로부터 그가 밤에 무슨 일을 하는지도 알아낼 수 있다고 선언하는 단계까지 가기도 했다. 그러나 이들의 이론에 대한 심오한 논쟁에도 불구하고, 자본가들처럼 생각하는 노동자들이 있는가 하면 노동자들처럼 생각하는 자본가들이 있음을, 우리는 너무나 잘 알고 있다. 나아가서 성자들처럼 생각하는 변호사들도 있고, 악마처럼 생각하는 성직자들도 있다. 실질적으로 동일한 조건 아래에서 서로 다른 사람들이 떠올리는 이런저런 생각의 특징에서 드러나는 엄청난 다양성은, 생각이 생각할 줄 모르는 힘에 의해 야기되는, 말하자면 기능적인 행동의 결과라는 관념에 정면으로 위배된다. 다음 장에서 우리는 '두뇌가 기능적인 행동에 의해서 생각을 산출할 수 있는지', 또 '마음 자체가 두뇌 작용의 결과이거나 혹은 모든 신체 기관이 벌이는 복합적인 작용의 결과일 수 있는지' 등의 주제에 대해 이야기할 것이다.

생각의 메커니즘

사람은 누구나 마음의 기원에 관한 한, 유물론자 아니면 심령론자 둘 중의 하나이다. 다시 말해서 우리는 인간의 마음이 생각하지 못하는 물질에 의해서 산출되어 일정한 상태와 조건으로 변한 것으로 믿든지, 아니면 생각이 감각으로 지각할 수 있는 순수한 형태의 물질과 동떨어져서 생각하는 기관으로 존재하는 독립적인 실재라고 믿는다는 뜻이다. 심리학의 연구에 따르면, 우리는 다음과 같은 두 가지 견해 중의 하나를 받아들여야 한다. 그 하나는 '마음이 신체의 기능적 행동에 의해서 산출된다'는 것이고, 다른 하나는 '마음이 신체에 의해 산출되지 않는 독립적인 실재'라는 것이다.

여기서 나는 이런 질문을 던지고 싶다. "마음은 기능적인 행동의 결과인가?"

만일 마음이 기능적인 행동의 결과라면, 무의식적인 힘이 의식적인 힘으로 변하는 명확한 경계선, 즉 생각을 못하는 어떤 실체가 생각하기 시작하는 경계 지점이 있어야 한다. 다시 말해서 지능이 없고 맹목적이던 물리적 힘이, 지능을 갖추고 스스로를 이끌어가는 힘으로 변하는 지점이 있어야 한다는 것이다. 이것은 상상하기 어렵다. 전류가 갑자기 생각하기 시작한다거나 어디로 흘러갈지를 스스로 알아서 결정한다고 한번 생각해보라. 그러면 아마도 생각의 기원에 관한 유물론의 이론이 수용하기 어렵다는 사실을 이해하게 될 것이다. 우리는 유물론자에게, 생각을 못하는 힘이 생각하기 시작하는 점이 정확히 어디인지를 보여 달라고 요구할 권리가 있다.

기능적인 행동이 생각하는 힘이라는 사실은 의심의 여지가 없다. 생각에는 에너지의 소모가 필요하다. 우리는 생각에 지속적이고 일관된 노력이 들어간다는 점을 잘 알고 있다. 이런 노력은 물리적인 노력 혹은 육체적인 노동과 흡사하고, 어떤 때는 육체노동 이상으로 힘이 든다. 사실 육체적으로 게으름을 피우지 않는 많은 사람들도 어떤 주제에 관해 연속해서 이어지는 생각을 하는 데 필요한 막대한 노력 앞에서는 몸을 웅크리는 경우가 적지 않다. 생각을 하면 노력이 들고, 힘든 생각을 하고 나면 맥이 빠지게 되는데, 우리는 이런 현상을 통해서 생각을 하면서 힘을 소모한다는 사실을 알고 있다. 또한 생각이 그 뒤에 모종의 추진력을 가지고 있다는 주장을 입증하는 다른 일련의 현상도 존재한다. 텔레파시는 널리 용인된 자연 현상인데, 이 현상은 만일 생각의 배후에 추진력이나 투사력이 없다면 불가능할 것이다. 무선 전보 장치는 힘을 사용하지 않는다면 무선으로 자극을 전송할 수 없고, 생각도 힘을 사용하지 않고는 텔레파시로 전달될 수 없다. 그러므로 생각하는 것은 힘이다. 생각하지 못하는 힘이 과연 급작스럽게 생각하는 존재로 변할 수 있는가? 만일 그럴 수 있다면, 언제 어떻게 생각을 시작할 수 있는가?

만일 생각이 두뇌의 기능 수행에서 나오는 결과물이라면, 기능적 행동을 일으키는 힘은 생각할 줄 아는 힘이어야 하지만,

이 힘은 생각을 못한다. 그저 맹목적으로 기능적인 행동을 일으키고, 그에 따라 생각이 산출된 것이다. 기능적인 행동 이전에는 지능이 있을 수 없다. 그리고 지능이 기능적인 행동으로 변하거나 혹은 기능적인 행동을 검열하고 통제하는 것은 분명히 불가능하다. 만일 그렇게 할 수 있다면, 그것은 결과를 원인의 앞에 갖다놓는 오류와 다를 바가 없다. 만일 심장과 위, 간, 신장 등을 움직이는 동일한 힘이 두뇌를 움직인다면, 이 모든 기관의 기능 수행은 절대적으로 지능의 손길, 내지는 통제를 벗어나 있다고 말할 수밖에 없다. 이 모든 기관의 행동이 이루어지고 난 시점까지 지능이 존재할 수 없기 때문이다.

마음이 기능적인 행동을 통제한다는 사실은 중요한 의미가 있다. 마음은 의식적으로든 무의식적으로든 모든 기능적 행동을 통제한다. 알프레드 스코필드 박사Alfred T. Schofield는 자신의 저서 《마음의 힘The Force of Mind》에서, 마음이 소아마비와 종양, 화농, 부종, 치명적 공수병, 사망에 이르는 기관(氣管) 협착을 유발하고, 사실상 거의 범주의 기능성 질병을 일으킨 확실한 다수 사례와 함께, 신체 기관 구조의 변화를 가져오는 적잖은 임상 사례를 인용하고 있다. 스코필드 박사는 여기서 한 걸음 더 나아가 이들 질환을 유발할 수 있는 마음이 이들 질환을 치료할 수도 있음을 보여주고 있다. 만일 이러한 주장이 움직일 수 없는 사실이라면, 마음이 이들 기능에 절대적인 힘을 행사하기 때문에, 마음이 그러한 제반 기능의 결과라는 이야기는 가능하지 않다.

생각에 관한 유물론자의 역학적 견해는 또 있다. 역학을 연구하는 사람은 누구나 우리가 투입하는 만큼의 에너지를 얻지 못한다는 사실을 잘 알고 있다. 마찰이나 내부 저항 등의 요인으로 일정한 에너지 손실이 발생하기 때문이다. 따라서 증기기관은 소모되는 석탄에 담긴 잠재 에너지의 일부만을 발생시킬 뿐이다. 석탄이 가진 힘의 대부분은 실제 일을 할 수 있는 에너지로 모습을 드러내기 이전에 다양한 방법으로 손실된다. 최고의 발전기는 가동 시 소비 에너지의 95퍼센트를 되돌려준다. 나머지 5퍼센트는 증기력에서 전기 에너지로 변환되는 과정에서 손실을 입는다. 어떤 유형이든 기계가 할 수 있는 일은 자연의 잠재 에너지를 운동 에너지로 변화시키는 것이다. 자신이 받아들이는 모든 잠재 에너지를 운동 에너지로 변환할 수 있는 기계는 없다. 인체 역시 이 법칙의 예외가 될 수 없다. 만일 인체가 운동 에너지를 발현한다면, 인체는 일하는 힘으로 변환시키는 잠재 에너지를 받아들인다. 만일 생각이 인체에서 산출된다면, 우리는 모종의 잠재 에너지를 받아들여, 생각으로 변환시킨다. 이와 같은 명제에는 탈출구가 없다.

여기서 우리는 유물론자들의 논법에 뻔질나게 등장하는 위(胃)를 만나게 된다. 생각하는 힘이 음식에서 나오는가? 그리고 잉거솔이 말했듯이 정말로 "세상에는 빵 한 조각이 생각이 되는 멋진 화학적 기술"이 존재할까? 만일 그런 기술이 존재한다면, 위가 두뇌에 생각하는 힘을 공급한다는 논리가 성립한다. 가장 그럴듯한 가설은, 생각하는 힘이 잠재 에너지 형태로 두뇌에 공급되었다가, 다시 두뇌에서 생각으로 변하는 흐름이다. 생각을 하고 두뇌에 완성된 생각을 공급하는 주체가 위라고 주장하는 사람은 본 적이 없다. 만일 유물론적 심리학이 사실이라면, 석탄의 잠재 에너지가 증기기관에 의해 발전기에 공급되듯이, 음식의 잠재 에너지도 위라는 기관에 의해 두뇌에 공급된 다음, 이 에너지가 두뇌라는 기관에 의해 생각으로 변한다고 보아야 한다. 만일 이런 논리가 사실이라면, 역학적 에너지 불변의 법칙에 따라 두뇌가 발생시킬 수 있는 에너지가 많아야 위에서 받아들인 에너지 총량의 95퍼센트에 불과하다는 사실을 기억해야 한다. 결과적으로 두뇌의 힘은 항상 위의 힘보다 작아야 한다는 것이다.

여기서부터 역학상의 난점이 시작된다. "우리가 알기로는 두뇌가 위를 움직이는 힘을 갖고 있다. 우리는 왜 과식을 하면 머리가 멍하고 몸이 둔하다는 느낌이 들까? 유물론자조차도 그것이 위의 과도한 부담을 덜어주기 위한 일에 힘이 너무 많이 들기 때문에 생각을 위한 힘이 남아 있지 않기 때문이라는 점을 잘 알고 있다. 그런데도 두뇌가 위에 힘을 공급하는가? 두뇌가 위에 힘을 공급하지 않는다면, 위에 과도한 부담이 걸렸을 때 어떻게 두뇌가 호출되어 그런 상태를 확인할 수 있을까? 만일 위가 빵을 생각으로 변환한다면, 도대체 지나치게 많은 빵이 생각을 중단시킨다는 논리가 어떻게 가능할 수 있을까? 혹자는 그 반대가 타당하므로, 많이 먹을수록 생각도 더 잘할 수 있다고 주장하기도 한다. 유물론에 입각한 심리학에서는, 두뇌가 힘을 가지고 음식물을 소화시킨다거나, 정신과 육체의 모든 에너지가 위에서 나온다는 논리가 위 자체를 움직이는 힘을 설명할 수 없다는 주장을 전적으로 부정한다.

이것은 그래도 최악의 난점이 아니다. 만일 두뇌가 행사하는 힘의 원천이 위라면, 두뇌가 어떤 식으로든 위를 통제하거나 작동시키기란 전적으로 불가능하다. 힘의 전달을 지배하는 법칙이 두뇌의 통제를 가로막을 것이기 때문이다. 예를 하나 들어보자. 만일 어떤 발전기가 엔진에다 대고 이렇게 말한다고 상상해 보자.

"어이, 나 좀 봐. 내가 너를 잠시 동안 움직이겠어. 내가 시동을 걸고 싶을 때 시동을 걸고, 시동을 끄고 싶을 때 시동을 끌 거야. 물론 전진과 후진도 시키지. 어쨌든 모든 방식으로 너를 통제할 거야."

이게 말이 되는가? 발전기는 엔진에서 힘을 받아들이고, 자신이 받아들인 에너지의 95퍼센트밖에 되돌려줄 수 없으며, 그런 역학적 법칙이 지배하기 때문에 제2차 기계는 제1차 기계를 통제할 수 없다. 조금 일반적으로 말해서, 다른 기계를 움직이게 하고 멈추게 하거나 통제할 수 있는 기계는 힘을 공급하고 있는 기계가 되어야 한다. 영양 현상에 익숙한 사람이라면 위를 움직이게 하고 멈추게 하는 것이 바로 두뇌의 힘 내부에 있다는 견해에 아무도 이의를 제기하지 않을 것이다. 생각은 침과 소화액의 분비를 유발한다. 생각은 또한 구토를 일으키거나 소화를 급작스럽게 중단시켜 체하게 만들 수 있다. 생각은 최악의 소화불량증을 유발할 수 있다.

이쯤에서 독자 여러분은 경험상 위가 발전기이고 두뇌가 발전기를 돌아가게 하는 엔진이라는 사실을 알게 되었을 것이다. 빵을 생각으로 변환시키는 화학적 기술은 존재하지 않는다. 또한 정신 작용은 소화의 원인이지 결과가 아니다. 이제, 우리는 유물론의 입장을 더 이상 깊이 파고들지 않고, 다음 장에서 이와 상반되는 명제, 곧 '마음이 육체에 의해 생성되지 않는 독립적인 실재'라는 견해에 대해 알아보기로 한다.

정신의 창고

이 장에서는, 윌리엄 한나 톰슨William Hanna Thomson, M. D., LL. D.이 펴낸《두뇌와 개성Brain and Personality》에 나온 내용을 인용하여 다소 무거운 주제를 다루려고 한다. (독자 여러분도 이름 끝에 붙은 'M. D.'와 'LL. D.'라는 의학박사와 법학박사 학위를 보면 이 사람이 '대단한 자격증을 소유한, 지극히 정통적인 인물'의 반열에 속한다는 것을 알 수 있을 것이다.) 하지만 톰슨이 정말로 과학적인 책을 썼다는 점은 그 자격증과 아무런 상관이 없다. 그가 내놓은 주장의 본질은, 두뇌가 정신을 만드는 것이 아니라 정신이 그 나름의 목적을 위해 두뇌를 만든다는 것이다. 이는 다시 말해, 두뇌가 사고를 생성하는 것이 아니라 사고가 두뇌를 생성한다는 뜻이다. 그는 두뇌를 "정신의 물질적 기관"이라고 부른다.

특정한 능력과 재능의 발휘가 두뇌 특정 부분의 발달에 상응한다는 것은 오랫동안 하나의 믿음처럼 굳어져 있었다. 사실 전혀 근거가 없는 것도 아니지만, 소위 골상학이라고 하는 과학이 바로 이 생각에 기초를 둔 것이었다. 앞으로 좀더 밝히겠지만, 두개골 모양이나 두뇌 특정 영역의 발달이 필연적으로 개인의 성격과 능력과 운명을 결정한다는 것은 사실이 아니다. 그러나 정신의 모든 기능이 두뇌의 어떤 명확하고 특별한 영역의 물질적인 전체성에 전적으로 좌우된다는 것은 사실이다. 실례로, 두뇌에는 말을 담당하는 중추가 있다. 그런데 이 영역을 다친 사람은 예전처럼 읽을 수도 있고 들리는 말을 이해할 수는 있어도 말은 할 수 없다. 읽기가 이루어지는 영역은 이 언어 중추와는 전혀 별개의 다른 부분이다. 반대로 사람이 이 부분(읽기를 담당하는 영역)을 다치게 되면 읽는 방법은 잊어버려도 말하는 능력은 완벽하게 유지하게 된다.

두뇌는 훗날 꺼내고 싶은 것을 저장하는 레코드판과 같은 곳이다. 사람은 읽는 것을 배우기 훨씬 이전에 말하는 것부터 배워, 귀에 들리는 단어의 소리를 두뇌에 축적한다. 그 뒤에 읽는 것을 배울 때는, 인쇄된 단어나 필기된 단어의 외형을 두뇌의 다른 곳에 새겨둔다. 이런 것들을 수용하여 두뇌에 기록하는 것이 정신이다. 두뇌의 어떤 부분에 손상이 생기면 거기에 등록된 기록이 파괴되고 생존을 위해 그 기록에 의존하는 능력이나 재능이 마비된다. 이런 부상은 과식 때문에도 생기고, 중

풍의 일반적인 원인이기도 한 미세 동맥의 파열 때문에도 생길 수 있다. 톰슨은 많은 경우를 인용하고 있는데, 이 중에는, 읽는 능력은 완전히 잃었지만 말하는 능력과 듣는 능력은 완벽하게 유지하고 있는 여성도 있고, 하루아침에 말하는 능력뿐만 아니라 읽는 능력을 모두 잃었으면서도 말을 듣는 능력은 완벽하게 가지고 있는 남성도 있었다.

이상하게 들릴지 모르지만, 그는 대형 거래에서 모든 종류의 숫자를 읽고 계산하고 산정해 내는 능력을 보임으로써 두뇌 안에는 산술적인 계산을 위한 영역이 말을 위한 영역과 전혀 다른 곳에 존재한다는 점도 입증해 보였다. 그는 한마디 말도 할 수 없고 자신의 서명조차 읽을 수 없는 상황에서도 7년 동안 훌륭하게 대처한 것이었다.

음표의 기록 장소 또한 다른 것처럼 보인다. 음표를 읽는 능력을 모두 상실했으면서도 그밖에 다른 모든 것을 읽는 능력은 그대로 유지하고 있는 음악가와, "워드 블라인드word blind" 즉 말하는 능력은 모두 잃었으면서도 음표를 읽을 수 있는 음악인이 기록상으로도 여럿 등장하기 때문이다. 어느 한 사람이 음악인이 된다면, 그는 그저 자신의 두뇌 어느 특정한 부분에 특정한 지식을 새겨 넣은 사람이다. 이 점에 대해 유념하자. 나중에 다시 언급하게 될 것이다.

우리가 배우는 언어의 저장소는 그 각각의 언어에 따라 다르다. 톰슨이 인용한, 프랑스어, 라틴어, 그리스어를 동시에 구사할 수 있는 영국인의 경우를 살펴보자. 그는 영어에는 문맹이지만 프랑스어는 완전히 떠듬떠듬, 라틴어는 조금 더 낫게, 그리스어는 제법 잘하는 사람이었다. 이는 그가 "영어 기억은 완전히 파괴되고 프랑스어 기억은 손상을 입었으며 라틴어 기록은 그보다 덜 손상을 입었지만 그리스어 기억은 완벽할 정도로 말짱하다는 사실을 보여주는 것"이다. 이 모든 것은, 두뇌가 그 뒤에 숨겨진 개성을 위한 기록이나 전달 도구라는 사실을 입증하는 것이 아닐까?

나는 두뇌가 사고의 근원이 아니라, 피아노가 그것을 연주하는 연주자의 도구인 것처럼, 단지 사고하는 사람의 도구일 뿐이라는 확실한 증거를 모으기 위해 노력하고 있다. 이 일을 마치고 나면 이 기본적인 사실로부터 끌어낸 실제적인 결론이 어떤 것일지, 나는 분명히 확신하고 있다. 생각을 하는 동안에는 두뇌의 반쪽만이 사용되며 다른 반쪽은 생각이나 인식에 관여하지 않는다는 것은 기정사실이다. 아주 많은 대부분의 오른손잡이에게, 사고 작용은 전적으로 두뇌의 왼쪽 부분에서 이루어진다. 그리고 모든 인식은 이 왼쪽 반구에 기록된다. 두뇌의 오른쪽이 손상되면 왼쪽의 일부 근육에 마비 증상이 일어난다. 하지만 기억을 잃는다거나 문맹이 되거나 위에 언급한 어떤 정신적 현상도 나타나지 않는다. 왼쪽의 두뇌는 사고와 인식의 보유를 위해 사용되며 또한 신체의 오른쪽 부분의 운동을 제어하는 데 쓰인다. 반면 오른쪽 두뇌는 신체의 왼쪽 부분의 운동을 제어하는 데 쓰인다. 그러나 사고 작용이나 인식의 보유에는 관여하지 않는다. 왼손잡이는 이와 반대이다.

이제, 이로부터 이끌어낸 결론은 사람은 태어날 때 특정한 능력 등을 기록하는 두 개의 빈 '레코드판'을 가진다는 것이다. 새로 태어난 아이는 말하거나 쓰거나 생각하는 방법을 알 수 없다. 그 아이가 두뇌에 말하는 영역을 생성할 때까지는 말을 할 수 없을 것이다. 또, 두뇌에 쓰는 영역을 생성할 때까지는 글을 쓸 수 없을 것이다. 아이는 태어나자마자 그 즉시 자신을 표현할 수 있는 두뇌의 생성 작업에 들어간다. 두뇌의 반구(半球) 어느 쪽이든, 그 목적에 따라 사용할 수 있으므로, 아이는 자신의 욕망을 표현하기 위해 자연스레 한쪽을 사용하여 몸짓을 하기 시작한다. 언어의 시작은 몸짓이다. 그리고 두뇌의 어느 한쪽이 먼저 지능의 영역으로 사용되어 스스로 활동을 시작하게 되면 언어중추 역시 그곳에서 발달하는 것이 당연하다. 사고 중추가 오른손잡이인 경우에는 두뇌 왼쪽에 있고 왼손잡이인 경우에는 그 반대인 것도 바로 이 때문이다.

두뇌의 형성력은 어느 특정한 나이까지는 그대로 유지된다. 따라서 사고중추에 손상이 생겨도 다른 한쪽에 새로운 지식중추가 재생되기 시작한다. 이는 젊은 사람이 대뇌에 손상을 입어 특정한 능력이나 재능을 잃은 경우에 흔히 나타난다. 그들은 다른 쪽의 두뇌에 새로운 중추가 발달함으로써 나중에 이러한 능력을 회복한 것이다. 45세 이후에는 이런 일이 좀처럼 일어나지 않는데, 이는 이 나이를 넘긴 대부분의 사람들이 과식으로 두뇌를 석회 물질로 막히게 하고 음식 쓰레기로 가득 차게 하여 두뇌의 형성력을 파괴하기 때문이다. 45세를 넘긴 사람이라도 매일 약 360그램 미만의 실속 있는 식사를 한다면, 분명 75세에도 15세 때처럼 새로운 아이디어를 받아들일 것이다. 하지만 두뇌가 쓰레기로 가득한 하나의 단단한 덩어리라면 그렇게 되지 않을 것이다. 과식을 한다는 것은 자신만의 방법으로 '주정뱅이'가 되어 50대에 이미 과거인이 되는 것과 같다. 그렇다면 자신의 레코드판을 부드럽고 잘 돌아가도록 닦아야 하지 않겠는가?

이 모든 사실은 자식의 문제에 대해 새로운 빛을 던져준다. 여기, 아이가 요람에 누워 있다. 아직 아이의 두뇌가 형성되었다는 인상이 전혀 들지 않는다. 과연 이 아이가 음악가가 될까? 웅변가나 시인, 자선가, 자동차 정비사 아니면 살인자가 될까? 이는 이 아이의 내부에 숨겨진 신비한 개별적 특성이 그 두뇌에 어떤 내용을 기록하느냐에 따라 달라진다. 그 방향의 시작은 어디일까? 그 방향에는 특정한 경향이 있다. 그 경향은 아이를 특정한 방향으로 강력하게 끌어당기는, 선대로부터 내려오는 것이다.

그러나 단편적인 유전 성향은 두뇌에 정반대의 사실들을 기록함으로써 극복할 수 있다는 사실도 알아둘 필요가 있을 것이다. 그것은 아이를 "훈련"시키는 문제, 다시 말해 "아이의 정신을 개발"하는 문제가 아니다. 진짜 문제는 아이가 스스로 올바른 두뇌를 형성하는 노력을 기울이도록 할 수 있느냐, 없느냐이다. 아이가 음악중추를 발달시킨다면 음악가가 될 것이고, 언어중추를 발달시킨다면 웅변가가 되어 레코드판에 자신이 쓴 것을 표현할 것이다. 아이는 다른 사람들의 머릿속에 어떤 것을 각인시키는 것보다, 자신의 머릿속에 각인시키는 것이 훨씬 쉽다는 사실을 분명 알게 될 것이다. 보통의 두뇌를 갖고 태어났다고 미술이나 음악, 웅변 혹은 정비 분야의 전문가가 될수 없다는 것은 사실이 아니다. 믿음이 있는 사람들에게는 모든 것이 가능하다. 두뇌가 비어있다는 것은 새겨 넣기를 기다린다는 뜻이다. 그러므로 아이는 스스로 원하는 것을 그 위에 기록할 것이다. 이것은 여러분과 나, 나아가서 아이들에 관한 문제이기도 하다.

나쁜 습관 고치기

아이의 문제는 우리가 그를 구원할 수 있느냐 혹은 신이 그를 구원할 수 있느냐가 아니라, 우리가 아이를 다독여 스스로를 구원하도록 할 수 있느냐이다. 두뇌의 개발 문제에서 대상(代償), 즉 대리 보상은 없다. 다른 사람이 수영을 대신 배워 줄 수 없는 것처럼, 어떤 공부도 다른 사람이 대신 배워 줄 수는 없다. 어떤 것이든 머릿속에 새겨 넣는 일은 모두 스스로의 노력으로 이루어져야 하는데, 그러한 노력은 오랫동안의 지속적인 인내가 필요한 경우가 많다.

아이가 말을 배우는 데는 오랫동안의 지속적인 노력이 필요하다. 어떤 단어가 두뇌의 기록판에 마침내 제대로 등록되는 데는 수년 동안의 반복이 필요한 경우가 적지 않다. 어떤 기록을 쓰는 데에는 가끔 셀 수 없을 정도의 반복이 필요한 경우도 있다. 어떤 기록은 얻기가 비교적 쉬운 것도 있다. 말을 배우고자 하는 욕망이 없다면, 아이는 절대 말을 배울 수 없다. 아이는 원하는 것이 있으면 그것을 달라고 하고, 알고 싶은 것이 있으면 질문을 하려고 노력한다. 이런 반복적인 노력을 통해 아이의 두뇌 속에 있는 단어의 저장소에 단어가 기록되는 것이다. 나이가 먹은 사람이 새로운 언어를 배울 때도 그 과정은 정확하게 동일하다. 단어는 두뇌 속의 제자리에 자리를 잡을 때까지 하나씩 저장되는 것이다.

어떤 사람들은 외국어를 배우는 것이 어렵다고 말한다. 그런데 이는 곧 그 일이 그네들에게 별로 매력적이지 않아서 그에 필요한 만큼의 집중적인 노력을 기울이지 않으면서 그냥 마지못해 그 일을 한다는 의미와 같다. 마찬가지로, "음악을 배우기가 어렵다"라고 하는 사람은 음악을 배울 욕심이 별로 강하지 않아 그에 필요한 집중력을 발휘하지 못하면서 그에 필요한 지식이 머릿속에 쌓일 때까지 그냥 배우기만 한다. 보통의 두뇌를 가진 사람은 누구나, 배워야 할 것이 있다면 배울 수 있다. 다른 사람에게 가능한 것은 자기 자신에게도 가능한 것이다. 그것은 의지의 문제이다. 우리에게 가장 부담을 안겨주는 유전적 특성이란 욕망의 특성이다. 별로 원하지 않는 일은 하기도 어렵거니와 하는 데도 시간이 오래 걸린다. 의도하는 것을 석판 위에 쓸 수 있는 것처럼 분명 머릿속에도 쓸 수 있을 것이다.

그러나 두뇌의 개발만큼 집중적인 노력과 엄격한 자제력이 요구되는 일은 없다. 외국어를 배우기 시작하여 간신히 말을 할 수 있을 정도로 조금 배우고 나서는 하던 노력을 포기하여 전혀 모르는 예전의 상태로 되돌아가 버리는 사람처럼, 대부분의 사람들은 이 때문에 여러 가지 일에서 실패하고 만다. 두뇌의 기록을 완벽하게 만드는 데는 그에 상응하는 노력이 필요하다. 노력이 부족하면 그 기록은 단편적이고 불완전한 것이 되고 만다.

개성의 실체는 두뇌라는 도구를 통해 그대로 드러난다. 사람은 머릿속에 이미 기록되어 있는 것만을 표현할 수 있다. 사람의 행동은 두뇌의 기록을 통해 지시나 명령을 받으므로 머릿속에 기록되어 있는 것이 곧 그 사람의 겉모습일 것이다. 망치로 나무에 톱질을 할 수는 없다. 두뇌의 음악과 관련된 지식을 저장하는 곳에 피아노를 연주할 수 있는 지식이 쌓일 때까지, 어느 누구도 손가락으로 피아노를 연주할 수 없다. 고귀하고 성스러운 욕망의 기록을 머릿속에 저장하지 못한 사람은 고매하고 고귀한 개성을 보여줄 수 없다. 머릿속에 어떤 도구를 저장하느냐에 따라 자신의 모습이 표현되는 것이다. 레코드판을 빠르게 돌릴 수도 있고 느리게 돌릴 수도 있지만, 그 위에 녹음되지 않은 것을 틀게 할 수는 없다. 어느 누군가가 여러분에 대한 의견을 레코드판에 녹음해 놓았다면, 여러분 자신이 설령 그 의견이 잘못되었다는 사실을 알아도 그 레코드판을 향해 제대로 말하라고 할 수는 없다. 가능한 수단이 있다면 다시 녹음하는 것뿐이다.

여러분이 자기 자신에 대한 의견을 두뇌에 기록해두었다면, 그 기록을 바꾸기 전까지는 절대 다른 사람이 될 수 없다. 이미 만들어진 기록을 파괴하거나 없앨 필요는 없다. 어떤 사람이 영어와 독일어를 배운다고 가정해보자. 그러면 영어와 독일어에 대한 두 가지 지식이 두뇌 속의 서로 다른 자리에 저장될 것이다. 독일어를 배우기 위해 영어에 대한 지식을 지워버릴 필요는 없다. 만약 영국에서 태어난 사람이라면 어렸을 때는 영어를 배웠겠지만, 커 가면서 영어 대신에 독일어를 지속적으로 사용한다면 일정한 시간이 지난 다음에는 영어보다 독일어를 더 유창하게 구사하게 될 것이다. 또 일정한 시간이 지나 독일어가 더 편하게 느껴지면 독일어를 더 많이 사용하고 생각도 독일어로 하게 될 것이다. 그러므로 두뇌에 기록된 어떤 습관이나 특성을 더 이상 사용하고 싶지 않을 때는 그것을 대체해 사용할 수 있는 보다 나은 다른 기록을 만들기만 하면 되지, 달리 없앨 필요는 없다.

이제, 다음 내용이 아주 중요하다. 그 내용이 틀리지 않다면 우리에게는 모든 것이 가능하기 때문이다. 우리는 스스로가 개발하고 싶어하는 능력이나 재능을 개발할 수 있다. 스스로가 원하는 사람이 될 수도 있다. 우리는 스스로가 형성하고 싶어하는 습관을 형성할 수 있다. 습관을 형성한다는 것이 무슨 의미인지를 이해하라. 그것은 어떤 습관을 버리라고 하는 것이 아니라 '반대습관'을 형성하라는 뜻이다. 이미 언급한 것처럼, 몸에든 마음에든 나쁜 습관이 형성되어 있다면, 그렇다고 해서 그 습관의 원인이 되는 생각이 기록된 두뇌의 일정 장소를 파괴할 필요는 없다. 또 다른 장소에 그 반대의 생각을 기록한 다음, 그것으로 자신을 표현하라. 자신이 다음과 같은 생각을 갖고 있다고 가정해보자. '나는 키가 작고 힘이 약하다. 구부정한

허리에 가슴까지 빈약하여 거울조차 바라보기 두렵다. 곧 죽고 싶다.' 이것이 사실이 아니기를 바란다면, 두뇌의 또 다른 장소에 '나는 키가 크고 늘씬하며 용감하다. 나는 원하는 만큼 살수 있다'고 기록해야 할 것이다. 그렇게 기록을 하고 나서 예전의 장소가 아니라 새로운 장소를 통해 자신을 표현하라. 시간이 지나면, 새로운 장소를 사용하는 동작이 아주 쉽게 느껴질 것이다. 그리고 예전의 장소는 사용하고 싶어도 사용할 수 없을 만큼 녹이 슬게 될 것이다.

이제, 생존과 목표 달성의 철학에 대해 과학적으로 정확하게 설명하고 그 과정을 상세하게 기술하려고 한다. 중년의 사람도 젊은 사람만큼이나 많은 것을 성취할 수 있으며 누구든 아직 너무 늙지는 않았다는 사실을 입증하면서, 이 장을 마치고자 한다. 늙은 사람이 쉽게 배우지 못하고 여러 가지를 자주 잊어버리는 이유는, 몸의 관리에 필요한 것 이상으로 과식을 하여 그 노폐물이 두뇌를 꽉 틀어막기 때문이라는 것을 이미 앞 장에서 밝힌 바 있다. 메치니코프(Metchnikoff, 러시아 태생의 프랑스인으로 동물학자이자 세균학자인 그는 1908년에 생리·의학 부문의 노벨상을 수상하였다-역주)는 노화가 백혈구의 기능을 방해하는, 장 속의 자극성 있는 독성의 존재 때문에 발생한다고 발표했다. 그러자 그 독성의 중화에는 신 우유가 좋으므로 신 우유를 열심히 마시면 신체의 노화가 방지될 것이라는 근거 없는 소문이 전 세계에 떠돌았다. 이 처방은 포유동물의 고환, 즉 브라운 세까르Brown Sequard의 불로장생약('포유동물의 고환'의 원문은 'goat-lymph', 즉 '양의 림프'이지만 그 진의는 바로 '양 불알'이다. 파키스탄 지역에서는 '양 불알'로 만든 '까뿌라'를 최고의 정력제로 여긴다-역주)에 버금가는 것처럼 보였다. 메치니코프가 '전문가'가 아니었다면, 장 속의 자극성 있는 독성이 장의 흡수 능력을 초과하는 양의 음식을 먹어 생긴 직접적인 결과라고 생각했을 것이다. 그렇다면 그는 이렇게 간단하게 이야기했을 것이다. "먹는 양을 줄이라. 그러면 젊음을 유지할 것이다."

정말로 과학적인 식사법을 지킨 사람은 이탈리아의 코르나로Cornaro이다. 45세에 거의 몸이 다 망가졌던, 그는 하루의 식사량을 실속 있게 약 350그램까지 줄여 100수를 누렸다. 정신의 활력은 죽을 때까지 그대로였다고 한다. 그는 의사의 권유에 따라 식사량을 늘릴 때마다 신경이 과민해지기 시작하고 정신의 활력도 떨어진다는 것을 알아차렸다. 배가 부르면 정신의 활력이 떨어지기 시작한다. 늙은 개가 새로운 버릇을 배우기가 어려운 것 또한 마찬가지 이유에서이다. 늙은 개는 누워 있거나 여기저기 주저앉아 뇌세포가 쓰레기 같은 음식 물질로 꽉 막힐 때까지 먹기만 한다. 개를 오랫동안 굶겨보라. 놀랍게도 개가 새로운 버릇을 배우기 위해 강아지 같은 성향을 개발해낼 것이다. 여러분 자신도 스스로 이를 실천해보라. 정신이 맑아질 때까지 단식을 해보라. 신경이 과민해지거나 정신 자세가 흐트러질 때는 식사량을 줄이라. 아직 늙지 않았다. 너무 많이 먹으면 배울 수 없다. 그뿐이다.

욕망과 자기 수양

젊은 사람이든 늙은 사람이든, 사람의 뇌는 새로운 생각을 수용할 수 있을 만큼 유연하다. 자기 수양을 쌓는 데 있어 분명히 알아두어야 할 것은 성취를 욕망하라는 것이다. 성공을 하든 실패를 하든, 그것은 전적으로 의지의 문제라는 점을 분명히 명심하고, 하고자 하는 의지와 하고자 하는 욕망 사이의 차이점을 충분히 이해하라. 이 글의 제목을 얼핏 보고 "읽고 싶다"라고 말하면서도 읽지 않고 지나치는 사람도 있을 것이다. 또 "읽어야지" 하고서 정말로 읽는 사람도 있다. "하고 싶다"라고 해서는 그 욕망이 두뇌에 각인되지 않는다. "해야지" 해야 각인이 되는 것이다. 자신이 꿈꾸는 사람이 되기 위해서는 그런 사람이 되기 위한 의지를 지녀야 한다.

건강 문제에서 성취하고 싶은 욕망이 있다고 가정해보자. 정신과 마음과 자신의 실재가 완벽하고 건강한 몸을 만들기를 바란다면, 두뇌를 통해야만 그 욕망을 이룰 수 있다. 몸과 의사소통을 하는 매체가 바로 두뇌이기 때문이다. 비뚤어진 자로는 비뚤어진 선을 그을 수밖에 없으므로, 건강이 안 좋다는 생각을 하게끔 만드는 기록이 두뇌 속에 들어있다면, 이 기록을 통해 생각하지 말고 다른 기록, 곧 건강을 발현시킬 기록을 만들어야 한다. 건강에 대한 욕망이 아니라 건강에 대한 긍정이 있어야 한다. 건강하고 싶다는 생각을 머릿속에 아무리 새겨봐야 아무 소용이 없다. 이는 아프기를 욕망한다는 생각보다는 나아도, 아프다는 생각을 새기는 것과 다름없다. 그렇게 하면 그 생각은 자신의 몸에 그대로 드러나게 된다. 이제, 자신의 몸이 건강하다는 생각을 새겨둬라. 그러면 그 생각이 자신의 몸에 그대로 드러나게 될 것이다.

사실이 아닌 것을 사실이겠거니 믿고 그릇된 단언을 내릴 필요는 없다. 자신의 마음이 정말 건강하다고 생각하라. 선을 비뚤게 긋는 것은 비뚤어진 자를 사용하기 때문이다. 비뚤어진 자는 아무리 뒤집어도 비뚤어진 자일 뿐이다. 틀고 싶은 음악이 들어있는 레코드판을 만들어야 할 것이다. 이제 분명, 이렇게 할 수 있을 것이다. 하지만 시간도 다소 걸리고 상당한 의지의 노력도 기울여야 할 것이다. 두뇌의 기록이 금방 새로 만들어지고 그 즉시 치료 효과가 나타나는 경우는 절대로 없다. 새로운 언어를 배울 때처럼, 아이가 처음 말을 배울 때처럼 대부분의 경우에 지루한 노력과 반복이 필요하다. 그 일이 쉬운가, 어려운가 하는 문제는 거의 욕망에 좌우된다. 욕망이 간절하면, 집중을 필요로 하는 일에서 의지력을 이용하기가 쉽다.

욕망에는 유전적인 여지가 들어 있다. 욕망은 유전적이지만, 능력은 그렇지 않다. 유전적으로, 어떤 특별한 음식에 대해 핥기를 좋아하는 사람도 있다. 그러나 대부분의 사람들은 그 음식을 씹어 삼키는 게 보통이다.

누구나 "나는 피아노를 배울 수 없어. 음악적 재능이 없어."라고 이야기할 수 있다. 그 사람은 어떤 다른 사람과도 동등한 음악적 재능을 갖고 있으면서도 그 욕망이 그리 간절하지 않은 사람이다. 그러면, 근육을 단련시키는 데 필요한 노력을 기울일 수 없거나 각 근육의 운동에 필요한 두뇌의 저장소를 만들 수 없게 된다.

다른 사람 못지않게 피아노를 치고 싶은 마음이 간절하다고 말할지도 모르겠다. 그렇다면 그렇다고 인정하자. 그런 사람은 달콤한 화음을 만들고 싶은 욕망만 있지, 자신의 마음을 모든 손가락에 집중할 수 있을 정도로 음악적 재능에 대한 절대적인 욕망은 없는 사람이다. 피아노를 치려면 손가락 하나하나의 움직임을 위한 두뇌의 저장소를 만들고, 그 저장소를 이용해야 각 근육의 조절이 습관적이고 자동적으로 변하는 것이다. 음악에 대한 욕망만 갖고 피아노 앞에 앉아 손가락 움직이는 법을 배우지 않는다면, "음악적 재능"은 절대 가질 수 없다. 그런 사람은 욕망의 '결함'이 있기 때문에 음악을 배우지 못하고 주의력을 조절하지 못하는 것이다. 두뇌를 형성하는 데에는 의지와 주의력이 필요하다.

다른 사례를 들어 이 점을 밝혀보겠다. 사람들은 흔히 이렇게 말한다. "나는 사람의 이름을 잘 기억 못해. 사람을 소개받으면 그 사람의 얼굴은 아주 또렷이 기억할 수 있는데, 다음날 다시 길에서 만나면 이름이 통 생각이 나지 않거든." 이는 만나는 사람의 이름을 제대로 듣지 않았기 때문이다. 이런 상태라면 소개받은 지 1, 2분 뒤에라도 그 사람의 이름을 말할 수 없을 것이다. 그 사람의 얼굴을 쳐다보고 그 사람의 얼굴을 생각하고 모든 관심을 그의 얼굴에 쏟은 것이지, 이름에 쏟은 것이 아니다. 필요한 인상을 머릿속에 각인할 수 있을 만큼 끊임없는 관심을 집중한다면 어떤 것이든 관심의 대상이 되는 것은 기억도 할 수 있고 학습도 할 수도 있다.

두뇌가 정상적으로 유연한 상태라면, 다른 사람이 배웠거나 배울 수 있는 것은 분명 누구나 관심만 쏟으면 배울 수 있는 것이다. 다른 사람이 어떤 인물이 되었다거나 어떤 인물이 될 수 있다면, 분명 누구나 충분한 시간을 두고 관심만 쏟으면 나도 그런 사람이 될 수 있는 것이다.

이제, 자기 수양의 문제를 아주 엄밀하게 따져보자. 어떤 것을 배우고 싶은 욕망이 있다면, 누구나 그 욕망을 위해 무슨 일을 해야 하는지 알고 있다. 그렇다면 그 욕망이 뇌리에 각인이 될 때까지 그 욕망에 관심을 기울여야 한다. 어떤 일을 하는 방법을 배우고 싶은 욕망이 있다면, 그 일을 하는 방법이 자신의 뇌리에 박혀 그에 필요한 근육을 자유자재로 움직일 수 있을 때까지 관심을 기울여야 한다. 어떤 인물이 되고 싶은 욕망이 있다면, 자신이 바로 그 인물이라는 생각을 두뇌 안의 제자리에 써놓고 그 자리를 통해 자신이 드러나도록 해야 한다.

지금까지 이야기한 이 모든 것으로 '새로운 생각'이 얼마나 논리적이며 자연스러운지를 알 수 있을 것이다. 이것으로 형이하학적인 추론에서부터 형이상학적인 추론을 위한 근거가 마련된 것이다. 마음이 두뇌를 형성하는 것이지 두뇌가 마음을 형성하는 것이 아니다. '개성'은 두뇌보다 훨씬 대단하며 무엇이든 의지가 있는 곳에 나타날 수 있는 것이다. '개성'은 두뇌와는 상당히 독립적인 상태에서, 두뇌를 형성하고 마치 옹기장이처럼 그 모양을 변형시킬 수 있는 것이다. 이제 '개인의 특성'이 두뇌와 별개의 존재이며 두뇌 뒤에는 아무것도 없다는 추정에 대한 근거가 제공되었을 것이다. 결과로부터 원인을 추론해냄으로써, 결과적으로 그 결론에 도달하였다. 이 연역 방법이나 과정에는 어떤 결함도 없으며 모두 완벽하게 논리적이다.

정신의 성취 능력에는 믿음이라는 실제적인 근거가 있다. 믿음은 대단히 중요한 것이다. 믿음이 없으면 실제적인 노력이나 집중, 관심의 조절 능력도 존재할 수 없다. 믿음이 없으면 실제로 그 의지가 실행되는 법이 결코 없다. 지금까지, 정신의 발현은 형이하학적인 메커니즘을 통해 이루어진다는 점과 그 달성 과정을 한눈에 알 수 있도록 아주 간단한 단어들로 설명해 보았다. 그리고 누구나 자신이 원하는 사람이 될 수 있고 자신이 원하는 일을 할 수 있다는 사실도 보여주었다. 그렇다면 믿음이 무엇인지 쉽게 알 수 있지 않을까? 또 우리가 세상의 삶에 어떤 가치 있는 기여를 한 것이 아닐까? 나는 그렇다고 생각한다.

힘에 이르는 길

두 부류의 사람

세상에는 두 부류의 사람, 즉 중요하게 여겨지는 부류의 사람과 그렇지 않은 부류의 사람이 있다. 거의 대다수는 중요하게 여겨지지 않는 부류에 속하는 사람들이다. 그들도 태어나서 성장한다. 그리고 먹고 마시고 잠을 자고 일을 한다. 결혼을 해서 결혼 생활을 한다. 웃으며 즐거워하기도 하고 병에 걸려 괴로워하기도 한다. 그러다가 죽으면 예전에도 그랬듯이, 자식을 남겼다는 것 말고는 살았던 흔적이 전혀 남지 않는다. 그들은 환경의 후예이자 산물이다. 그들의 삶은 관습에 의해 운명적으로 정해진다. 그들은 우연히 사귀게 된 사람들의 생각을 마음에 그리며 그네들의 행동을 모방한다. 그들은 친구들에게 흔히 보이는 것 이상의 힘을 발휘하지 못한다. 시간이라는 모래밭 위에 아무런 발자국을 남기지 못한다. 인구조사가 실시될 때가 되어야 그들은 비로소 주목을 받는다. 그러나 그럴 때도 그네들이 가진 정말 뚜렷한 개인적 특성은 별로 주목받지 못한다. 그들의 숫자는 10명을 한 단위로 하거나 양처럼 100명을 한 단위로 따지는 편이 더 나을지 모른다. 왜냐하면 양이 그들과 상당히 흡사한 특성을 갖고 있기 때문이다. 그네들은 다소 행복하고 다소 쓸모가 있으며 다소 성공적일 수도 있다. 그러나 그런 사람들은 재산을 모은다고 해도 별로 중요하게 여겨지지 않는다. 재산이 있다고 해도 뚜렷한 개인적 특성을 부여받지 못했기 때문이다.

이와는 사뭇 다르게 '강한 인생'을 살아가는 사람들은 극소수이다. 이 극소수의 사람들이 여러 가지 일을 실질적으로 이끈다. 그들은 이름이 널리 알려져 있으며 남들이 알아준다. 그네들이 학식이나 재능 면에서 다른 사람들보다 더 뛰어난 것은 아니다. 세상에서 가장 강한 사람들 중에도 일부는 재능이나 천재성을 거의 나타내지 못하고 있으며, 소위 학식이란 것도 전혀 없는 사람이 있다. 그 반면에 '학식이 있는' 사람들 중에서도 일부는 무능하다. 사람을 중요하게 여겨지도록 만드는 힘은 육체적이거나 정신적인 것이 아니다. 그것은 신체나 정신의 힘에 달린 것이 아니다. 그것은 특별히 타고나는 재능이 아니다. 유능한 사람들은 다른 사람들에게는 주어지지 않은 힘을 사용하기 때문이 아니라, 다른 사람들이 갖고 있지만 미처 사용하지 못하는 '힘'을 사용하기 때문에 그렇게 되는 것이다.

어떤 사람은 이야기를 할 때 아무리 말을 잘해도 계속 사람들의 관심을 끌지 못한다. 어떤 사람은 어줍지 않은 말투와 세련되지 않은 단어로 똑같은 이야기를 해도 모든 사람들이 하던 동작을 멈추고 숨을 죽인 채 귀를 기울인다. 왜냐하면 이 사람은 '힘'을 가지고 이야기하기 때문이다. 어떤 사람은 문체나 어법에 하나도 흠이 없이 정확한 책을 써도, 독자들은 그 책을 읽다가 참 좋다는 말만 하면서 어느 틈엔가 슬며시 내려놓는다. 어떤 사람은 똑같은 내용을 훨씬 덜 박식하게 써도, 책이 살아남아 모든 사람들의 입에 오르내린다. 그 책을 읽는 사람은 누구나 '힘'이 들어간 필치를 느끼기 때문이다.

두 남자가 같은 동네에 거처를 정한다. 한 사람은 학식도 있고 능력도 있는 사람이라 그의 출현이 온 동네에 요란하게 알려진다. 그는 올 때부터 이미 소문이 난 사람이다. 그러나 곧 그 존재는 일상생활에서 눈에 띄지 않게 된다. 그는 그저 다른 사람들 사이의 한 명이 된다. 아무리 온갖 재주를 다 부려도 자신의 개인적 특성을 다른 사람들이 느낄 수 있도록 하지 못한다. 그는 '힘'을 이용하지 못하는 사람이다.

다른 한 사람은 이 동네에 올 때 가난하고 유명하지도 못하고 학식이나 배운 것도 별로 없었다. 그러나 몇 달 지나지 않아 그의 이름은 모든 남자들과 여자들, 아이들에게까지 알려진다. 그를 '관직'에 내보내자는 말까지 돈다. 그는 이런 미묘하면서도 뭐라 표현할 수 없는, 거의 불가해한 무엇인가를 갖고 있는 사람이다. 내가 말하려고 하는 것은, 그런 사람에게는 '힘'이 있다는 점이다.

'힘'은 특별한 심리적, 정신적 재능 혹은 정직성에 달린 것이 아니다. 내가 만나본 사람들 중에 가장 강했던 어떤 사람은 도박을 좋아하고 아주 파렴치한 짓을 자주하는 정치 보스였다. 저질 정치라는 단어와 같은 뜻의 이름을 가졌다고 해도 좋을 정도인 그 사람은 여러 가지 면에서 비난을 받았다. 물론 그의 생김새에 좋은 면이 없지는 않았지만, 그런 좋은 면은 나쁜 면 때문에 크게 빛을 잃고 있었다. 그래도 그에게는 '힘'이 있었다. 매서운 눈매와 저음의 목소리에는 힘이 넘쳤다. 움켜쥔 손아귀에도 힘이 있었고, 몸 전체에도 뿜어져 나오는 힘이 있었다. 나는 이십 명이 모여 있는 방으로 그가 가만히 들어오는 기척을 느낀 적이 여러 번 있었는데, 그때마다 돌아보면 그가 정말 거기 있었다. 그 사람이 언제 이렇게까지 가까이 와 있는지 알려고 쳐다보거나 말을 들으려고 노력할 필요도 없었다. 그냥 감으로 느낄 수 있었던 것이다. 나폴레옹의 이력을 보면, 힘이 정직성에 달린 것이 아니라는 사실을 다시 한 번 깨달을 수 있다. 그의 목표 달성 능력이 얼마나 놀라운 것이었는지를 생각해보라. 코르시카 출신의 가난하고 어린 장교가 장군이 되고 프랑스 황제가 되고 급기야는 유럽의 정복자가 되어 여러 왕들을 쥐락펴락하기까지 했으니 말이다. 하지만 그는 찬바람이 씽씽 불 정도로 이기적인 사람이었으며, 이따금씩 매우 잔인한 사람이기도 했었다. 그는 자신의 목적을 달성하기 위한 일에서는 전혀 주저하는 법이 없었다. 그러나 그의 말에는 분명 '힘'이 있었다.

'힘'을 잘 발휘한, 또 다른 훌륭한 사람이 두 명 더 있다. 미국의 전도사 드와이트 무디Dwight L. Moody의 경우를 살펴보자. 그는 남을 압도할 만한 외모도 전혀 없었고 웅변 능력 또한 거의 바닥인 사람이었다. 그는 많은 대중에게 상투적이고 직선적인 말투로 강연을 했지만, 그런 개성적인 면모에 마음이 이끌려 수천 명의 추종자들이 개종했다. 그의 말에도 역시 힘이 있었다. 그에게서 나오는 '힘'이 사람들의 마음에 와 닿았던 것이다. '힘'은 말 그 자체 안에 있는 것이 아니라 말하는 그 사람의 안에, 그 사람의 뒤에 숨어있는 것이다. 나는 사람들이 어떤 전도사를 보면 그가 누구인지 무엇을 하는지조차 모르면서도, 보기만 하면 가끔 울음을 터뜨린다는 이야기를 들은 적도 있다. 그것이 바로 '힘'이다.

사사기(-記)에 나오는 삼손의 이야기야말로 내가 하려는 말의 아주 좋은 본보기이다. 삼손의 '힘'은 근육이 아니라 머리카락 안에 있었다. 왜냐하면 그는 머리카락이 잘리자 힘을 잃고 말았기 때문이다. 잘리지 않은 머리 타래가 '하느님의 나사렛 사람이 된 상태'를 상징하는 암시였다. 머리카락은 단순히 살과 뼈로 합쳐진 힘의 최댓값 이상의 그 무엇이었다. 그가 벽이 쳐진 도시의 성문을 움켜잡자 단단히 얽혀있던 성문은 마치 하찮은 나뭇가지나 짚으로 엮어진 것처럼 부서지고 말았다. 근력으로 그 일을 해낸 것이 아니다. 근력으로는 그런 일이 불가능하다. 그 근원은 원초적인 '힘'에 있었다.

만약 삼손의 이야기를 믿지 못한다면, 대형 전자석을 살펴보라. 구리선이 감기고 휘어진 대형 철심이 보일 것이다. 이 철심은 자력이 없어 힘이 없다. 그러나 회로를 닫고 코일을 통해 전류를 흘리면 그 전자석이 겉으로 봐서는 아주 불가능한 1톤 무게의 쇳덩이를 들어 올린다. 한 조각의 쇠가 그렇게 엄청난 힘을 발휘한다는 것은 상상조차 할 수 없는 일이다. 우리는 직접 보지 않으면 믿지 않으려는 성향이 있다. 머리카락이 거미집 모양으로 엮여 있을 때, 성벽이 둘러싼 도시의 성문을 삼손이 모조리 산산조각으로 부수고 베틀에서 커다란 말뚝을 뽑아버린 것이나, 전자석이 1톤 쇳덩이를 들어 올리는 것은 모두 다 놀라운 일이다.

예를 들어, 삼손의 이야기가 정말 사실이고, 전자석을 통해 자력이 작용하듯이, 그를 통해 '힘'이 작동했다고 생각해보자. 그러나 삼손은 그 힘을 지적(知的)으로 사용했다. 그는 '힘'을 조절하여 자기 마음에 드는 것은 움직여도 그렇지 않은 것은 그대로 놔두었다. 나중에 다시 설명하겠지만 그 힘은 전자석 안에 있는 것과 똑같았다. 원초적인 '힘'은 오직 하나뿐이기 때문이다.

그런 '힘'을, 앞에서 말한 정치 보스는 자신의 사악한 목적을 달성하는 데 사용했다. 나폴레옹은 자신의 이기적인 야망의 결과를 달성하는 데 사용했으며, 종교인 무디는 사람들을 하느님에게 인도하는 데 사용했다. 그러나 그러한 힘은 모두 동일한 것이며, 그것을 소유하고 사용하는 사람의 마음에 좌우되는 것이다. 자신의 힘을 영혼의 구제나 자기 혹은 타인의 신체 치유를 위해 사용하든, 사랑의 증거를 나타내기 위해 사용하든, 심지어 개인의 이기적인 목적이나 목표를 달성하기 위해 사용하든, 그것은 그런 '힘'을 가진 사람의 마음이다. 그러나 삼손이나 나폴레옹, 이미 언급한 다른 사람의 경우에서 보듯이, 그 사용 목적이 고귀하지 않다면 그 결말은 분명 재앙이다. 우리가 앞으로 좀더 공부를 하다 보면 알겠지만, 이에 대해서는 다 그 나름의 이유가 있다. 남자든 여자든 누구나 힘을 이용하고 개인적인 특성을 개발하여 유능한 사람이 될 수 있다. 모두가 꼭 기억해야 할 것은 '힘'의 올바른 사용만이 평화와 행복이란 결과를 낳는 것이지, 힘의 오용은 끔찍한 징벌로 귀결될 수밖에 없다는 것이다. 그 문제에 대해서는 다시 이야기할 것이다.

'힘'은 어디서 나오는 것인가?

우리는 강한 인생이 존재한다는 사실을 인정하지 않으면 안 된다. 강한 인생은 지금 당장 여기서 실현될 수도 있고 어느 누구에 의해서 실현될 수도 있다. 이 사실을 인정한다면 우리는 금생의 이 삶을 꼭 제대로 된 인생으로 살고 싶어질 것이다. 이 책을 읽는 독자는 그런 인생을 사는 방법을 배우게 되겠지만, 먼저 '힘'이 무엇인지 그 원천이 어디인지에 대해 조금이나마 이해해둘 필요가 있다. 우리 인류는 지금 물질적이고 동물적인 발달 단계에서 정신적이고 영적인 발달 상태로 나아가고 있는 중이다. 우리는 물질적인 남녀이기를 중단하고 정신적이고 영적인 남녀가 되려고 진화하는 중이다. 이런 변화를 일으키는 일은 가끔 상당히 어려운 문제이다. 대다수의 사람들은 아직도 이런 변화를 전혀 일으키지 못하고 있다. 그들은 믿음과 생각에 있어서 아직도 전적으로 물질적이다. 그들은 '영혼의 세계'를 보지 못한다. 그들의 믿음은 집이나 땅, 돈 등에 얽매여 있다. 그들은 그런 물질의 존재를 믿기 때문에 그런 것에 붙들려 있다. 그들이 이해하는 유일한 '강한 인생'은 물질적 힘으로 이루어진 인생이다.

'새로운 사고'를 가진 사람들에게는 영적인 눈이 열리고 있다. 그들은 물질세계의 그릇된 현상을 꿰뚫고 내면적이고 섬세한 광경을 보기 시작한다. 그들은 '영'을 물질과 소위 자연 현상이라고 불리는 것의 근원으로 바라보기 시작한다. 이들이야 말로 '신의 왕국'을 보기 시작하는 사람들이다. 그들은 살아서 이승에서 실현될 수 있는 '강한 인생'을 어렴풋이 본다. 그들은 가끔 강한 인생을 살기 시작하여 잠시나마 강한 인생을 실현하기도 한다. 하지만 가장 큰 난관은 '힘'이 무엇이며 어떻게 그런 삶을 살아야 하는지에 대해 이해가 부족하다는 것이다. 우리가 알아내려고 하는 점이 바로 이것이다.

첫 단계는 모든 것이 하나라는 우주의 대(大) 진리를 깨닫는 일이다. 모든 것은 하나의 '실체'가 여러 가지 형상으로 나타나는 것이다. '실체'는 지각적이며 지능적이다. 그것이 바로 '영(靈)'이다. 예전의 글과 책에서 나는 이러한 '고유의 실체'를 '무상'(無上)이라든가 '생각의 원형질'이라든가, '창조주'라든가, '한마음' 등의 다양한 이름으로 표현했다. 그러나 이 책에서는 '영'이란 하나의 단어만을 일관되게 사용할 것이다. '실체'는 '영'이다, 모든 것이 '영'이다. '영' 말고는 아무것도 없다. 이 큰 진리를 완전히 믿을 수 있을 때까지는 모든 감각이 여러분에게 말하는 것들 가운데 상당 부분의 진실성을 의심하는 방법을 배워야 할 것이다. 여러 감각들이 얼마나 믿을 수 없는지 이해한다면 이렇게 하는 일은 어렵지 않을 것이다. 물질적인 사람은 모든 것을 감각에 의존한다. 그런 사람은 보이는 것을 믿고 주변의 현상을 본질적인 것으로 받아들인다. 그러나 실제로는 속고 있는 것이다. 그는 진실이 아닌 세계, 모든 우주가 가짜인 세계, 자신에게 보이는 것과는 전혀 다른 세계에서 살기 때문이다.

이런 사람은 자신이 고체 형태의 파란 하늘 아래 존재하는 평평한 세상에서 살고 있다고 믿고 있는 게 틀림없다. 그는 해와 달이 머리 위로 이동하며 지구는 평평하고 별은 작은 점의 발광체라고 믿고 있다. 여기에는 우리가 감각을 통해 느끼는 물질계의 현상이 존재한다. 그러나 문화인이라면 이제 정말 그런 것은 믿지 않는다. 우리는 지구가 둥글고 하늘이 고체 형태가 아니며 별이 지구보다 훨씬 더 크고 지구가 태양 주위를 공전한다는 사실을 알고 있다. 이런 사실을 잘 아는 사람은 어느 누구도 보이는 모양만을 믿지 않고 그 현상을 통해 본질을 바라본다.

다른 사례를 들어보자. 색깔보다 더 실제적인 모양의 사물은 없다. 따라서 사람들은 주위의 여러 사물이 실제 보이는 색깔 그대로 되어 있다는 것을 거의 의심하지 못한다. 풀은 초록색이며 울새의 가슴은 붉은색이라는 것을 의심할 수 없다. 그러나 지각이 없으면 색깔은 존재하지 않는다. 어떤 물체가 정해진 색깔, 예를 들어 빨간색이라고 한다면, 이 물체는 우리에게 빨갛다는 느낌을 주지만 사실 이 물체의 색이 꼭 빨강인 것은 아니다. 빨간색 물체는 표면에 닿았다가 눈으로 되돌아가는 광선 중에서 빨간색을 흡수하지 않거나 받아들이지 않는 작용, 즉 반사작용을 하는 것이다. 우리는 물체가 받아들이기를 거부하는 색깔을 보는 것이지, 결코 원래의 색깔을 보는 것이 아니다. 반사색을 받아들일 수 있는 눈이 없다면 색깔은 존재하지 않는다. 따라서 현상이 사실이라고 믿으면 아무 소용이 없다.

여러 현상을 꿰뚫어보면 유일한 본질이 보인다. 모든 것의 유일한 본질은 '영'이다. 강한 인생을 영위하고자 하는 사람들이 취해야 할 첫 번째 조치는 현상에 오도되지 않고 진리를 인식할 수 있도록 조심하는 일이다. 사물의 현상을 믿지 않고 사물 그 자체의 존재를 믿는 것이다. 사물의 핵심에 다가가야 한다. 그리고 현상으로부터 본질을 추론해 내려 하지 말고, 본질 그 자체를 믿고 현상은 무시해야 한다.

‘영’이 ‘실체’이며 모든 ‘실체’가 ‘영’이다. 두 개의 실체는 없다. ‘영’과 ‘실체’가 따로 존재하는 별개의 것이라고 생각하는 순간, 우리는 절대적인 혼란을 겪게 된다. 질료가 ‘영’과 분명히 다른 별개의 존재라면 질료가 그 나름의 ‘힘’과 잠재력을 갖고 좋은 방향으로든 나쁜 방향으로든 우리에게 영향을 끼칠 것이다. 만약 우리가 이를 믿는다면, 우리는 볼 수 있는 질료에 더욱더 얽매이게 될 것이며, 볼 수 없거나 단지 느낄 수만 있는 ‘영’에 대한 믿음을 더욱더 잃게 될 것이다. 그러면 강한 인생은 우리에게 불가능하게 될 것이다. 우리는 ‘영’이 ‘실체’이며 그것이 유일한 ‘실체’란 사실을 깨달아야 한다. ‘영’ 이외에는 아무것도 존재하지 않는다.

다음으로 우리가 알아야 할 것은 ‘영’이 곧 생명이자 그 안에 모든 생명이 존재한다는 사실이다. ‘영’ 이외에는 아무것도 살아 있지 않다. 인간의 모든 생각과 동물의 모든 의욕, 그리고 모든 잎과 봉오리가 열리는 것 또한 영이 움직이는 사물 안에서 활동하는 것이다. '영'은 풀과 꽃과 나무 안에서도 살고 생물과 곤충 안에서도 살며, 동물과 인간 안에서도 산다. '영'의 생명 이외에 생명이란 것은 없다. 개별적인 생명이나 독자적인 생명은 없다. 생명은 '영'의 생명이다.

다시 말해, 모든 '힘'이 '영'이다. 나뭇잎의 작은 움직임에서부터 사람이 만들어놓은 발전기 안에 흐르는 거대한 전류의 흐름에 이르기까지, 자연적인 것이든 인공적인 것이든 그 안의 모든 움직임은 '영'이다. '힘' 속에서, 그리고 '힘'을 통해 '영'은 '그 자신'의 어떤 큰 목적이나 여러 목적에 따라 지능적으로 작동한다.

자연의 힘 전체에 지능이 있다는 사실을 하나씩 차례로 밝혀보겠다. 모든 것은 어제도 오늘도 앞으로도 동일한 법칙에 따라 작동한다. 수도관에서 하루는 물이 나오다가 다음날에는 석유가 나온다고 생각해보라. 하루는 여러분의 몸무게가 50kg이다가 다음날에는 450kg이라고 생각해보라. 이는 중력 및 화학의 법칙과 반대로 작동하는 것이다. 이러면, 자연에 두 개의 힘이 존재하거나 하나가 지능이 없다고 의심할지도 모르겠다.

여러분이 삼손이나 나폴레옹 혹은 앞서 말한 전도사처럼 강한 인생을 살고 싶다면, 여러분은 보다 큰 '힘'을 향해 손을 뻗고 있는 것이다. 그것이 바로 우리 모두가 찾고 있는 것이다. 오직 부자가 되기를 원하든, 사회에서 두각을 나타내기를 원하든, 자식들을 잘 키우기를 원하든, 아니면 자선을 베푸는 사람이 되기를 원하든, 단지 우리가 필요로 하는 것은 강한 인생을 이끌 수 있는 '힘'과 능력이다. 이 두 번째 장의 끝부분에 와서야 이런 사실을 밝혔지만, 그것을 충분히 이해한다면 그런 삶을 살아가는 데 있어서 올라서야 하는 토대가 마련될 것이며, 앞으로 이어질 이야기를 계속 따라온다면 분명 그런 삶을 살아갈 수 있게 될 것이다.

우리는 물질적, 정신적, 영적인 생명과 '힘'을 얻어내는 지능적인 '영'의 끝없는 바다이다. 우리는 살고 활동하며 자기 존재를 유지하고 있다. 모든 '힘'은 바로 이 '영' 안에 존재한다. 우리가 '영'과 우리 자신을 하나가 되도록 하는 방법을 배운다면,

보다 많은 '힘'이 우리의 소유가 될 것이다. 분명, 우리는 '신'이 우리에게 안심하고 맡길 수 있는 모든 '힘'을 얻게 될 것이다. 그렇다면 그것은 우리 스스로를 신뢰할 수 있도록 만드는 문제일 뿐이다.

'힘'에 이르는 길

강한 인생을 살았던 사람들 모두가 앞장의 말미에서 언급했던 나의 말을 인정했다고는 말하고 싶지 않다. 그들 대부분은 그런 정형화된 말을 들어본 적이 없었을 것이다. 그러나 만약 그런 말을 인정하지 않고 그 진의를 어느 정도 이해하지 못한다면, 목적이 충만하고 지각적이며 지능적인 삶을 살 수 없다는 점은 분명히 밝혀둔다. '생각'해야 할 이해력을 터득하고자 하거나, 지적 나태라는 기존 습관에 너무 빠져 '생각'할 수 없다면, 여기서 그만두는 편이 낫다. 지속적이고 연속적으로 '생각'하는 것만큼 힘들고 어려운 일은 없다. 남자든 여자든, 보통 사람이 가장 꺼리는 것은 '생각하기'라는 일이다.

'새로운 생각'으로 건강을 과시하려던 여자가 있었다. 이 여자는 일이 제대로 되지 않자 불평을 늘어놓았다. 그러나 구체적인 이름까지 언급하면서 이 여자의 사례를 이용한 일련의 글이 한 잡지에 실리자 그녀가 말했다. "그 글을 보기는 봤어요. 하지만 제목이 너무 딱딱해서 읽지 않았습니다." 이 여자는 생생하고 재미있는 읽을거리를 원하고 있었다. 굳이 '생각'하지 않고도 읽을 수 있는 읽을거리를 원하고 있었다. 말하자면 그녀는 '생각'으로 자신을 치유하려고 노력하고 있었지만, 정작 '생각'하려는 마음은 갖고 있지 않았던 것이다.

이 여자는 '생각'으로부터 멀리 달아나며 살아가는 수많은 사람들 중의 하나였다. 정신적 태만에 대한 보통 사람들의 열정이 스크린을 가득 채우고 싸구려 영화관을 붐비게 한다. 그들은 '생각하기'를 불가능하게 만들 수밖에 없는 정서적인 마취제를 찾아 여가 시간을 보낸다. 그러면 그 결과는 그네들이 지금 머물러 있는 현재의 바로 그 위치에 그대로 정지하게 된다는 것이다. 진보도 후퇴도 없이 매년 다람쥐 쳇바퀴 돌듯이 언제나 출발한 바로 그 자리에 도착한다는 것이다. 그것은 그네들이 '생각하기'를 거부했기 때문에 지불해야 하는 대가이다. '생각'이 없이는 어떤 것도 경쟁으로부터 벗어나서 해방을 달성할 수 없다. 강한 인생을 이끌어가려면 '생각하기'를 꺼려하지 말아야 한다.

스스로 '최고 지능'과의 관계를 올바르게 정립해야 한다. 신이 무슨 일을 하시는지 아는 방법을 배워야 하고, 지금 우주를 떨게 하는 진동 속으로 들어가야 한다. '영' 이외에는 아무것도 존재하지 않는다. '영' 이외에는, 움직이는 것도 미약한 힘을 가진 것도, 어떤 방식으로든 작용하는 것도 없다. '영' 이외에 지각할 수 있는 것은 전혀 없다. '영'이 모든 것이며 '영'이 유일한 것이다. 보다 작은 '영'의 무리를 지배하는 '하나의 큰 영혼'은 존재하지 않는다. 생명과 '힘'과 지각이 있는 작은 '영'들이 있다면, 신은 전지전능한 존재가 아니며, 또 우주도 조화로운 전체가 아니라 상황에 따른, 다양한 힘과 지능의 놀이터이거나 전쟁터이다. 풀잎들은 여러 생명체가 분리된 것이 아니라 많은 기관에 활력을 불어넣는 하나의 생명체이다. 마찬가지로 사람들은 각자가 분리된 지각 있는 '영'이 아니라 '자신'을 다

양한 형태로 의식적으로 표현하는 하나의 '영'이다. 이는 '그'
가 다양한 풀잎들에 생명을 발현시키는 것과 같다. 인간은 하
나의 생명이나 혼이 아니라 '영'이다.

인간은 '영'이다. 그는 생명이나 혼 혹은 자아가 없다. 인간의
자아는 없다. 단지 '영'만 있을 뿐이다. '영'은 이미 알려진 모든
것을 알고 있으며 정신적 물질적 행동 모두를 움직인다. 인간
이 마음을 갖고 있는 것이 아니라 인간이 바로 마음이다. 인간
은 자아를 갖고 있지 않다. '생각'을 하지 못한다. '영'이 '생각'
을 한다. 인간이 '생각'을 한다고 말하는 것은 '영'이 아닌 무엇
인가가 움직인다고 인정하는 셈이다. 그렇게 하면, 우리의 전
체 구조가 무너지고 만다.

인간이 자신 속에 생명을 갖고 있고 자신 속에 '힘'을 갖고
있고 자신 속에서 '생각'을 한다면, 신에 대해 별로 관심을 기
울이지 않을 것이다. 그리고 인간이 하나의 독립된 실체인 것
처럼 보임에 따라 대부분의 사람들은 신에 대해 별로 관심을
기울이지 않을 것이다. 그러나 무지개나 울새 가슴의 색깔처럼
여러 감각을 지닌 인간은 단지 현상일 뿐이다. 그는 본질의 반

영물이며 그 본질은 '영'이다. 인간의 감각은 인간에게 자신을 하나의 형체로 인식할 수 있는 능력을 부여하여, 자신이 다른 형체들에 둘러싸여 있다는 사실을 지각하도록 한다. 따라서 그는 그런 형체들이 독립된 본질들이라고 믿는다. 그러나 본질은 하나뿐이며 그것은 '영'이다.

무형의 지각은 무한하다. 형체가 없는 것에 한계란 있을 수 없다. 형체가 없으면 경계선도 없기 때문이다. 무형의 '영'에 대한 지각은 무한하지만, 어떤 형체가 되었든 형체가 있는 '영'에 대한 지각은 그 형체의 지각력 때문에 유한하다. 인간의 지각은 인식능력의 범위 때문에 유한하다. 따라서 인간은 '생각'에 의해 인식능력을 높일 수 있다. 그러나 인간의 '생각'은 자신의 모든 잘못과 진실로부터 벗어나는 이탈의 원천이다. 만약 독립적으로 사고하려는 노력을 기울인다면 분명 실수를 저지를 것이다. 아마도 상당한 고통에 빠질 것이다. 그러나 그 고통은 인간을 실체적인 진실로 이끌고 인식능력을 넓혀주며 '힘'을 키워 줄 것이다.

강한 인생을 영위한 삼손을 통해 '힘'이 넘쳐흘렀듯이, '영'의 '힘'은 인간 '생각'의 여러 통로를 통해 작용한다. 이것이 이루어질 수 있으려면 인간 자신의 노력으로 사고의 통로들을 뚫고 신성하게 만들어야 한다. 삼손은 '영'을 섬기기 위해 따로 구별된 나사렛 사람이었다. 삼손의 '힘'은 그가 자신의 서약을 계속 지키느냐에 달려 있었다.

인간은 스스로를 헌신하여 진리를 찾으려 노력한다. 우리는 진실로 원하는 진리의 정도와 행하고 싶은 정의의 정도에 비례하여, '영'과의 합일을 향해 나아간다. 보다 많은 구원이나 기쁨을 원하는 것만으로는 충분하지 않다. 근본적인 것은 정의롭게 되기를 원하는 것이다. 우리가 올바른 일을 하기를 간절히 원할 때, 우리는 현상 밑에 숨어있는 진리를 향한 길을 궁리하기 시작한다. 그 진리가 바로 '영'이다.

'영'은 모든 것을 알고 있다. 지금까지 존재해 왔던 모든 것, 지금 존재하는 모든 것, 그리고 앞으로 존재할 모든 것은 여러분이 살고 활동하고 존재하는 '무한한 마음'의 지각 속에 있다.

모든 진리는 신의 마음속에 하나의 '생각'으로 존재한다. 따라서 '진리'를 깨닫는다면 신의 '생각'을 깨닫는 것이다. 신의 여러 가지 '생각'을 깨달을 수 있고 '정의를 행할 의지'를 가지고 있는 사람은 이미 '강한 인생'을 영위하기 시작한 셈이다.

정의를 행할 의지를 지닌다는 것은 신의 뜻을 행할 의지가 있다는 것이다. 신의 뜻은 모든 사람이 보다 풍요로운 구원을 받도록 하는 것이다. 살아있는 모든 것에 보다 많은 구원을 주는 것이 여러분의 의지라면, 그 의지가 여러분의 '힘' 속에 있는 한, 여러분은 정의를 행할 것이다. 그러나 그 의지와 뜻은 단순히 호의적인 욕망이나 희망이 아니라 적극적인 것이어야 한다. 모든 사람에게 행복을 소원하는 것 자체는 좋다. 그러나 그것만으로는 충분하지 않다. '정의를 행할 의지'에는 기회가 있을 때마다 모든 사람에게 보다 많은 구원을 베풀려는 적극적인 '결심과 의도'가 필요하다. '정의를 행할 의지'가 있으면 신과 조화를 이루게 되고, 마음 또한 '신의 마음'과 아주 가까이 접근하게 되어 '신의 생각'을 이해할 수 있다. 그리고 진리를 인식할 수 있는 능력이 나타나기 시작한다. '진리를 행할 의지'를 갖고 '행해야 하는 올바른 일'이 무엇인지를 알고, '올바른 일을 할' 수 있는 '힘'을 갖는 것. 이런 기본적인 것을 모두 갖추고 있는 사람은 자신이 원하는 일을 할 수 있고 자신이 원하는 사람이 될 수 있다.

보이지 않는 힘
: 진리란 무엇인가?

시간

신학과 의학은 둘 다 그릇된 생활의 결과로부터 사람을 구하는 일을 다루어야 하므로 서로 아주 밀접하게 관련이 있을 수밖에 없는 학문이다. 따라서 종교와 의학에서는 언제나 본질을 찾으려 노력한다. 다시 말해 진리를 추구하고 있는 것이다. 이는 여러 이론에 근거를 제공하고 우리의 건강과 힘을 입증하는 데 필요한, 궁극적·정신적·물리적 사실을 찾으려는 노력에 다름 아니다. 본질의 이해 정도에 따라 우리의 입증이 완벽할 수도 있고 완벽하지 못할 수도 있기 때문에 진리 탐구의 중요성은 아주 명백하다. 우리가 가장 먼저 해야 할 일은 바로 생명의 모든 현상을 꿰뚫어보고 실제로 사실인 것과 단지 겉으로만 사실인 것의 차이를 확인하는 탐구 작업이다. 현상과 본질 사이에는 종종 커다란 차이점이 존재하기 때문이다.

겉으로 보면 태양은 뜨고 진다. 또 지구 주위를 돈다. 그러나 실제로는 그렇지 않다. 풍선은 올라가고 돌은 땅에 떨어진다. 겉으로 보면 두 가지 힘이 작용한다. 하지만 실제로는 단지 하나의 힘 즉, 중력만이 작용할 뿐이다. 풍선이 뜨는 현상과 돌이 떨어지는 현상 뒤에 숨겨진 본질은 같다. 생명체의 현상 뒤에 숨겨진 본질과, 사물이 뜨고 지는 현상 뒤에 숨겨진 본질, 그리고 사물의 들어오고 나가는 현상 뒤에 숨겨진 본질을 탐구하는 것이 과학이다. 우리가 하려는 것이 바로 그런 작업이다.

여기서 우선 먼저 다룰 것은 '시간'의 본질이다. 시간이 존재하지 않는다고 주장하는 것이 일부 형이상학적인 작가들에게는 하나의 유행처럼 되어 있지만, 이런 주장을 지지하는 진보적인 논의는 극히 피상적이다. '시간'은 실체를 갖고 있지 않지만, 그럼에도 엄연히 존재하는 본질이다. 시간은 형상이 아니다. 천체의 움직임을 측정하고 기록하는 허구의 것이다. 천체가 움직이지 않는다면 시간은 변함없이 정확히 같은 속도로 움직일 것이다. 내가 '시간'이란 단어를 사용한다고 해서 오해하면 안 된다. 많은 사람들은 인간이 탄생할 때부터 시간이 생겼으므로 인간이 현세의 자연적인 존재로서 종말을 맞는 순간, 시간도 틀림없이 종말을 맞이할 것이라고 추측한다. 그들은 이승에서 보낸 인간의 생애 이전과 이후의 기간이 영원의 시간이라 불릴 것이라고 상상한다. 다시 말해, 시간을 잴 수 있는 현세의 인간이 없다면 시간도 없을 것이라고 생각한다는 것이다. 그러나 이는 틀린 생각이다.

인간이 지구상에 나타나기 전에도 지금과 마찬가지로 하루, 한 주, 한 달, 한 해는 분명 계속 흐르고 있었다. 인간이 지구에서 사라질지라도, 시간은 계속 흐를 것이다. 지구가 태양 주위를 공전하면서 스스로 자전하는 운동을 멈춘다면 절기와 밤낮의 시간도 멈출 것이다. 지구의 한편에서는 낮이 계속될 것이며 다른 한편에서는 밤이 계속될 것이다. 그러나 시간과 분은 똑같이 흐를 것이다. 태양, 달, 행성, 항성과 그밖에 다른 모든 것이 사라지고 고요하고 시커먼, 형체를 알 수 없는 대혼란이 뒤따라온다고 해도 시간과 분은 계속 흐를 것이다. 시계가 시간을 만드는 것이 아니다. 한 시간은 시계가 없어도 똑같이 한 시간이다. 영원에도 분명 시간이 있다. 시간은 영원 속의 기간이다. 영원은 끝이 없는 시간이다.

　시간은 결코 멈출 수 없다. 시간이 멈춰야 할 어느 한 점에 대해 생각하려고 든다면, 분명 아직 더 많이 남아있는 시간의 점을 한 점으로 생각할 수 있을 뿐이다. 또 시간은 결코 시작이 없다. 시간이 시작되는 한 점에 대해 생각하려 든다면, 분명 아직 더 많이 남아 있던 시간의 점을 한 점으로 생각할 수 있을 뿐이다. 영원한 시간은 생각할 수 없다고 말하지 말라. 시간의 끝이 어디인지 생각하려 들지 않는다면 아주 쉽게 영원한 시간을 생각할 수 있다. 영원한 시간을 이해할 수 없다면, 이는 곧 자신의 마음속에 그것을 담아두고 있거나 그 주변을 맴돈다는 뜻이다. 그러나 우리는 영원한 시간이 무엇인지 알 수 있고 또 시간이 존재한다는 것을 알 수 있다.

시간은 존재한다. 그렇다면 마음이 내키든 내키지 않든 그것을 이용해야 한다. 현재의 시간을 이용한다는 것은 미래의 시간을 어떻게 이용할 수 있을지를 결정하는 것이다. 이는 과거에 이용했던 시간이 현재의 시간 속에 우리의 위치를 정해놓은 것과 마찬가지이다. 오늘을 이용하면 미래를 어떻게 이용할 수 있는지가 결정된다. 강하고 현명하다는 것은 시간을 잘 이용할 줄 안다는 뜻이다. 시간을 잘 이용한다는 것은 계속하여 보다 강하고 보다 현명하게 된다는 것이다. 성공과 성장과 발전을 이루려면 시간을 올바르게 사용해야만 한다. 실패는 잘못 이용한 과거의 시간만큼 일어난다. 그러므로 현재의 순간을 제대로 이용할 줄 아는 것이 아주 중요하다. 그것을 제대로 이용하려는 의지를 갖는 것은 더더욱 중요하다. 매 순간을 제대로 이용할 수 있고 이용할 의지가 있는 사람은 놀랄 만한 '힘'과 강건함을 지닌 존재가 될 것이 분명하다. 아, 헛되이 보낸 시간이여! 잘못 사용한 시간이여! 잃어버린 시간이여!

최초의 사실적인 증거, 곧 시간이 하나의 본질이라는 점을 밝혔으므로, 우리는 여기서 이번 장을 마감하고자 한다.

공간

앞 장에서 시간은 실재하는 본질이라는 점을 입증한 사실을 명심해두자. 이번 장에서는 공간 또한 존재한다는 사실을 증명해 볼 것이다. 공간은 물체가 자리하고 있는 곳이다. 그런데 공간은 또한 어떤 물질도 자리하지 않는 곳이기도 하다. 공간은 지구가 있는 곳이다. 지구의 지름이 12,756㎞이므로, 그 안에는 그만큼의 공간이 채워져 있다. 지구가 사라진다고 해도 12,756㎞의 공간은 그대로 존재할 것이다. 그러나 이 공간은 현재 채워진 상태이지만, 그때는 빈 상태가 될 것이다.

태양도 역시 공간으로 채워져 있으며 지구와 태양 사이의 거리 또한 공간이다. 태양 너머에는 더 많은 공간이 있고, 지구 너머에도 더 많은 공간이 있다. 공간이 점유된 상태냐 아니냐는 중요하지 않다. 빈 상태냐 찬 상태냐 또한 중요하지 않다. 모두 다 똑같이 공간이다. 공간은 하나의 본질이다. 거리는 두 개의 주어진 점 사이에 있는 일부분의 공간이다. 거리가 끝이 없다면 이는 곧 하나의 방향이 모두 공간으로 이루어져 있다는 뜻이다.

공간은 길이와 폭, 두께라는 세 개의 차원으로 이루어진다. 공간은 시작이 없었으므로 끝도 없다. 모든 물질과 만들어진 모든 물체가 사라져도 공간은 그대로 존재할 것이다. 모든 물체가 사라지면, 지금 꽉 차 있는 공간이 단지 휑한 텅 빈 공간으로 변할 것이다.

공간에는 경계도 없다. 공간에 대한 경계를 생각하려 한다면, 그 경계 너머에는 무엇이 놓여 있으리라 생각하는가? 어떤 딱딱한 것일까? 딱딱한 것은 분명 공간을 차지한다. 그러나 공간 너머에 아무것도 없다면 이것은 채워지지 않은 공간이다. 공간에 경계를 정할 수 있다면, 그 너머에는 아주 더 많은 공간이 있을 것이 분명하다.

공간은 하나의 본질이다. 시작과 끝과 경계가 없다. 시간도 하나의 본질이다. 하지만 시간도 공간도 실체적인 것이 아니다. 그것들은 '힘'을 소유하지 못한다. 그것들은 영향을 줄 수도 없고 영향을 받을 수도 없다. 시간은 사용할 수가 있고 공간은 점유할 수가 있다. 시공간을 다루는 이유는 우리가 공간을 점유하고 시간을 이용하기 때문이다.

공간은 일을 하는 현장이고 사용해야 할 재료를 담아두는 장소이다. 마음이나 정신에는 사고의 전이를 위해 상당한 시간이 필요하므로, 여기에는 공간이 존재하지 않았다는 주장이 지금까지 있었다. 그러나 이 추론의 타당성은 아직까지 검증되지 않았다. 우리가 다룰 수 있는 거리는 매우 한정적이다. 떠오르는 생각을 태양이나 화성에 보내거나 정신이 그만한 거리를 이동하는 데에는 그에 걸맞은 시간이 필요할 것이다. 다시, 달이 지구에 영향을 미친다고 하자. 그러면 물체는 그 물체가 존재하지 않는 곳에서는 영향을 미치지 못하므로 달과 지구 사이에는 공간이 없다는 결론이 나온다. 이는 우스운 소리이다. 달이 지구에 닿아 있지 않기 때문에 달이 지구에 영향을 미치지 않고 미칠 수도 없다는 논리는 너무도 터무니가 없다. 달이 지구에 영향을 끼친다면 달은 달과 지구 사이에 자리 잡고 지구에 영향을 미치는 어떤 것에 영향을 미치는 게 틀림없다. 달과 지구 사이의 이 '어떤 것'이 공간을 차지하고 있는 것이다.

지금까지 채워진 공간과 빈 공간에 대해 이야기했다. 빈 공간이 존재하는지 아닌지는 모른다. 하지만 그것이 존재해야 한다는 것은 누구나 생각할 수 있는 일이다. 일부분의 공간이 채워진 공간에 둘러싸여 있을 수도 있다. 혹은, 끝없이 긴 채워진 공간 양옆으로 빈 공간이 끝없이 이어져 있을 수도 있다. 나는 잘 모른다. 내가 아는 것은, 채워진 공간이 존재하므로 빈 공간이 존재할 수 있다는 것이다. 그러나 채워진 공간이 있다면 그 안에 무엇이 채워져 있을까? 이에 대한 대답은 한 단어로 말해 분명 실체라는 것이다. 실체가 아닌 것은 아무것도 아니다. 아무것도 아닌 것으로 공간을 채울 수는 없다. 공간은 실체로 채워진다. 그밖에 어떤 것으로도 채워질 수 없다. 그러나 실체가 무엇인가? 실체가 존재한다는 사실을 어떻게 알 수 있을까?

이 문제는 다음 장으로 미루고, 우리는 공간 속에서 살고 있으며 그 삶은 시간을 이용하는 데 있다는 이야기로 이 장을 마치자.

실체

실체는 공간을 차지한다. 형상이 좀더 단단하고 굳은 실체는 감각으로 인지가 가능하다. 따라서 이런 실체는 질료(質料)라고 불린다. 그러나 보다 많은 에테르를 함유하고 보다 미세한 형상의 실체는 감각으로 인지가 불가능하다. 그러나 이 경우의 실체도 질료이다. 실체와 질료는 본질적으로 같은 것이다. 눈에 띄게 많은 자연의 실체들은 사실 형상만 다양할 뿐 하나의 '실체'로 된 것들이다. 그 차이는 압력의 크기 변화와 구성 원자의 형상 및 그 진동수에 있다. 얼음은 고체이며, 물은 일부분만이 액체이다. 물에서 올라오는 수증기는 기체 상태에 가깝다. 산소와 수소는 기체다. 그러나 얼음은 이 모든 과정을 거쳐 산소와 수소로 바꿀 수 있다. 원자가 고체 상태보다 액체 상태에서 압력을 덜 받는다는 점을 빼고는 다른 것이 없다. 기체 상태의 원자는 응집력이 액체 상태보다 아주 많이 떨어지므로 비교적 자유롭게 움직인다.

식물의 성장이 거의 모두 공기에 의해 이루어진다는 것은 이미 익히 알려져 있는 사실이다. 나무와 풀과 꽃은 공기가 고체화된 것이다. 우리가 살고 있는 집안의 가구와 벽은 기체가 고체화된 것일 뿐이다. 이들 물질을 불에 태우면, 존재했었다는 '실체적' 증거로 한 줌의 재만 남기고 원래의 상태로 돌아갈 것이다. 남은 재도 적당한 방법으로 처리하면 흔적도 없이 에테르로 변할 것이다. 우리 발밑의 아주 딱딱하고 단단한 지구가 타오르는 가스와 수증기 덩어리였다는 사실에 이의를 제기할 사람은 없다. 그렇다면 이보다 전 단계의 지구는 틀림없이 공기처럼 아주 가볍지 않았을까? 지구는 대기 전체가 고체화된 것이다. 우리 자신의 육체도 기체의 복합물이다. 화장터에서 인간의 형상은 연기처럼 사라진다. 모든 사물의 기원은 에테르이다. 따라서 모든 사물은 원자의 압력과 응집력의 차이로 형상의 고체성이 크거나 작게 변한 에테르인 것이다.

이런 점으로 미루어 볼 때, 쇠붙이나 나무, 석탄, 석회, 물 따위와 같이, 서로 다르게 보이는 수많은 실체는 단지 형상만 다를 뿐 결국 같은 것이고, 기본적인 실체는 오직 하나뿐이므로 창조된 것들은 모두 이로부터 그 자체의 모양을 얻게 된다는 결론을 내릴 수 있다. 이제, 고체 상태의 것은 원자의 압력이 증가함에 따라 굳어진, 기체 상태의 공기라는 것을 알 수 있다. 마찬가지로, 가스도 에테르로부터 생성되었지만 압력의 증가로 반(半) 액체 상태로 변한 것이라는 사실을 분명히 알 수 있을 것이다. 마지막으로, 완벽한 유동 실체는 하나뿐이며 눈에 보이는 모든 것은 바로 이 유동 실체로 만들어진 것이라는 점을 알아야 한다. 이 유일한 실체가 물질세계의 모든 현상 뒤에 숨겨진 거대한 본질이다.

이제, 이 실체에 대해 알아보자. 먼저 이 실체 이외의 것이 존재한다는 생각을 버려야 한다. 존재하는 것은 이 실체뿐이다. 우리는 실체 속에서 생활하고 활동하며 우리의 존재를 유지한다. 그러나 우리 자신도 실체이다. 무(無)에서 유(有)를 만들어내는 것은 불가능한 일이므로 지금까지 실체의 창조는 불가능했을 것이다. 실체는 항상 그대로였지만, 형상은 지금까지 계속 창조되어왔고 앞으로도 계속 창조와 변화와 개량의 과정을 거칠 것이다. 그러나 그런 형상의 원재료인 실체는 어제나 오늘이나 똑같다. 영원히 똑같을 것이다. 내가 형상이라고 하는 것은, 이른바 '유물론적인' 우주, 태양과 별, 행성, 바다, 대류, 나무, 풀, 가스, 동물과 인간의 신체를 의미하는 것이다. 이 모든 것은 '유일한 불변 실체'의 변이 형상이다. 과거부터 지금까지 존재해왔듯이 이런 실체는 미래라는 모든 시간 속에서도 그대로 존재할 것이다. 왜냐하면 이런 실체를 파괴하는 일은 불가능하기 때문이다. 실체의 형상은 바꿀 수 있지만 실체 자체는 소립자 하나도 파괴할 수 없다.

이런 실체가 공간 전체를 차지하고 있을까? 명백히 아니라고 말할 수 있다. 그 형상들을 원래의 상태에 보다 가깝게 돌아가도록 하면 할수록 그들은 더욱더 유동적인 상태로 된다. 고체가 기체가 되고 가스가 에테르가 된다. 하나의 실체가 완벽한 유동체라고 하면 그 소립자들은 서로 강하게 압력을 가할 수 없다. 모든 유동체처럼 그들 사이에는 분명히 공간이 있다. 더욱이, 실체가 모든 공간을 채우고 있다면, 운동이 불가능할 것이다. 실체는 비집고 들어갈 빈 공간이 있을 때만 운동할 수 있기 때문이다. 우리는 운동이 존재한다는 사실을 알고 있는 것처럼 빈 공간이 분명 존재한다는 사실도 알고 있다. 이는 의식에 대해 이야기할 때 상당히 중요한 문제이다. 하나의 실체가 모든 공간을 채우고 있다면, 분명 그것은 원자들이 서로 꽉 누르는 상태 즉, 절대 고체(완벽한 고체) 상태일 것이다. 이 상태에서는 어느 부분에서도 운동이 일어나지 않을 뿐만 아니라 어느 부분에서도 독자적인 지각 작용이 일어나지 않는다. 절대 고체에 지각 작용이 가능하다면, 그것은 전체에 대한 지각 작용일 것이다.

그러나 빈 공간이 존재한다면 운동을 위한 공간뿐만 아니라 실체의 분리된 부분들을 위한, 기본적으로 지각 작용이 가능한 공간도 존재한다. 빈 공간이 존재한다면 '고유의 실체'에서 분리된 한 부분인 인간이 움직이고 자기 자신을 의식(또는 자각)할 수 있는 공간이 존재한다. 실체는 오직 하나이지만 의식이 있는 지능적 존재는 하나 이상일 수도 있다. 세 개의 실체, 즉 시간과 공간 및 공간 속에서 움직이는 실체의 존재를 보여준 것으로 이번 장을 마치겠다. 다음 장에서는 의식 내지 자각에 대해 상세히 알아보겠다.

의식

　의식(자각, 스스로 지각함)의 존재는 입증할 필요가 없다. 우리가 알고 있기 때문이다. 우리는 '우리가 알고 있다'는 것을 알고 있다. 우리는 '스스로 지각하고 있음'을 알고 있는 것이다. 따라서 이제 우리는 의식의 근원에 대해 고려해봐야 한다. 이미 공부한 실체에 대해 다시 생각해보면, 시간은 의식의 근원이 될 수 없다는 점을 알고 있을 것이다. 우리는 시간을 의식적인 존재로 생각할 수 없다. 공간도 마찬가지이다. 우리는 의식이 빈 공간에 존재하는 것이라고 생각할 수 없다. 빈 공간에는 스스로 의식해야 할 대상이 없기 때문이다. 따라서 오직 실체만이 의식할 수 있다는 것을 알 수 있다. 실체가 없는 곳에는 아무것도 없다. 따라서 의식 작용이 있을 수 없다. 이것은 의식에 대해 모든 면에서 완전히 터득할 때까지 잘 생각해두어야 하는 말이다. 실체와 분리된 의식은 있을 수 없다. 빈 공간은 스스로를 의식할 수 없다. 의식이 존재한다면 의당 스스로를 지각할 수 있는 실체가 있기 마련이다.

　이 점은 지극히 중요한 문제이므로 충분히 연구할 필요가 있다. 의식하는 것이 실체가 아니라면, 의식은 실체의 소립자들

사이의 틈새 곧, 빈 공간에 존재해야 한다. 의식하는 것이 빈 공간이라는 것은 생각할 수 없는 일이다. 의식 또는 자각이 실체 속에 존재한다면, 스스로 지각하는 것은 실체 그 자체이다. 실체 안에는 실체 이외에 아무것도 없기 때문이다. 의식이 유기체 내의 기능 작용일 수가 없다는 것 또한 명백해진다. 기능 작용은 이동일 뿐이다. 그런데 운동이란 실체가 어떤 장소에서 다른 장소로 이동한다는 뜻이다. 의식이 운동에 의해 생성된다면 그것도 자각하는 실체가 아닐까? 하나의 실체를 어떤 장소에서 다른 장소로 이동시킴으로써 그 실체가 어떻게 스스로를 의식하도록 만들 수 있는지 추리해보도록 하자. 의식이 운동에 의해 생성된다면, 그러면 그 실체는 움직이기 직전까지 스스로를 지각할 수 없으며 움직임을 멈춘 뒤에도 스스로를 지각할 수 없다.

실체가 어떤 운동을 하는 동안에는 스스로를 지각하고 이성과 기억력과 사랑을 갖게 되지만 운동을 멈추면 이 모든 것을 잃게 된다고 생각해보자. 어떻게 운동이 먼저 원인으로 부상하고 의식 또는 자각이 그 뒤를 이어 결과로 나타날 수 있는지 추리해보도록 하자. '고유의 유동 실체'가 의식이 없이 움직이기 시작하여, 자연 속에 나타나는 모든 질서 정연한 형상들을 의식이 없이 만들어내다가, 마침내 오로지 마지막 순간에만, 사람의 두뇌에서 특정한 운동의 시작을 통해 그 모든 것을 완전히 의식하게 된다고 생각해보도록 하자. 예컨대 사람의 두뇌 속에서 어떤 진동을 일으킬 때까지 우주에는 완전한 자각(스스로에 대한 지각 내지 의식)이 없다고 생각해보도록 하자. 이 모두가 불가능하다는 점을 알 것이다. 자각은 운동의 결과가 아니라 운동의 첫 번째 동인이다. 자각하는 것은 운동이 아니라 실체이다. 인간의 자아는 스스로 지각하는 실체이다.

그다음 문제는, 의식 또는 자각이 특정 형상 속의 실체의 특성이냐 아니면 '고유의 유동 실체' 속에 내재하는 것이냐 하는 점이다. 이제 그 문제에 대해 관심을 돌려보자. 스스로를 지각하는 것이 과연 뇌일까? 윌리엄 한나 톰슨William Hanna Thompson이나 다른 사람들이 발표한 것처럼, 현대 심리학의 새로운 내용을 계속 접했던 학자들은 그것이 뇌가 아니라는 점을 알고 있다. 뇌의 실체는 의식이나 자각을 실행할 수 없다.

적어도 뇌의 실체는 자각하고 생각하고 추리하는 인간의 자아가 아니다. 우리는 뇌가 자각의 생산자라기보다는 오히려 생산품이라고 알고 있다. 뇌의 형성에서, 자각의 올바른 방향 설정이 뇌의 구조와 능력에 원하는 변화를 초래할 수 있다는 것도 알고 있다. 더욱이, 자각 작용이 뇌에만 국한된 것이 아니라 신체 전반에까지 미친다는 것도 알고 있다. 우리는 뇌 하나만으로 자각하는 것이 아니라 몸 전체로 자각한다는 것도 알고 있다. 이것이 만일 사실로 판명된다면(사실로 판명될 것 같다), 인간의 '신체'가 모든 부분에서 신체와 공존하는, 자각의 실체로 가득 찰 것이라는 결론을 내려야 한다.

이러한 자각의 실체가 바로 '고유의 실체'이며 어떤 조건에서는 원래의 상태에 근접하고 있다고 결론을 내려야 한다. 완전한 의식은 그 원래의 상태에서 '고유의 실체' 속에 존재할 수 있기 때문이다. 동물의 의식은 형상에 따라 제한되어 있으며, 있더라도 거의 번식만을 할 수 있을 수준이다. 나무와 풀의 의식은 더 제한적이다. 그러나 과학자들은 야채에 의식이 있다는 것을 대체로 인정하고 있다. 광물에서는 의식이 원자의 방향성과 화학적 친화력의 형태로 나타난다. 그러나 인간은 의식의 성장을 위한 능력이 무한한 것으로 보인다. 따라서 우리는 인간이 원시 상태의 '고유의 실체'이거나 아니면 적어도 그 상태에 도달할지도 모른다고 주장한다.

시간이 존재하고 공간이 존재한다. 공간은 의식의 실체가 차지한다. 실체는 오직 하나만 존재한다. 눈에 보이는 창조의 형상들은 모두 이 실체로부터 만들어지는 것이다. 인간의 신체는 눈에 보이는 창조의 과정을 통해 마련된 것이므로 실체의 한 형상이다. 인간 그 자체는 '고유의 실체', 즉 이러한 신체 안에 살고 있는 '영'이다. "하느님의 모습을 따라 '그분'께서 그들을 창조하셨노라."

모든 것이 신이라는 사실을 알 것이다. 그 반면에 인간은 자신만의 의식 능력을 갖고 있는 독립적인 실체인 것 또한 사실이다. 모든 것이 '영'이지만 질료가 존재한다. 이 질료는 원자압력의 크기 차이에 따라 '영'이 된다. 정신이 모든 것 안에 모든 것을 통해 존재한다는 것은 사실이다. 완벽한 의식은 '고유의 실체', 순수한 영혼, 즉 신의 내면에만 존재한다. 완벽한 의식 혹은 자각에 가장 가까이 다가가는 길은 인간의 마음에 있다. 인간의 무한한 성장 능력은 인간이 적어도 '고유의 실체'에 근접한 길이라는 것을 입증한다. 시간이 존재하고 공간이 존재하며, 공간은 움직이는 의식적 실체에 의해 점유되어 있다는 말로 이 장을 마치려 한다. 다음 장에서는 네 번째 실체인 '운동'에 대해 살펴보겠다.

운동

운동이 하나의 본질이라는 점을 부정할 사람은 없을 것이다. 사람은 움직이는 존재다. 우리 주변에서는 끊임없이 운동이 진행되고 있다. 운동의 범위는 엄청날 정도로 넓다. 해와 별, 행성과 위성, 강과 호수와 바다, 바람과 구름, 수액과 혈액의 순환, 원자의 진동 등에도 운동이 있다. 운동은 빛과 열의 근원이다. 소리와 음색, 색깔, 전기, 자기력의 근원이기도 하다. 원자의 모양과 운동의 차이에 따라 사물의 본체가 고체냐 기체냐

하는 것이 결정되고 이른바 여러 '실체'의 구별이 이루어진다. 운동이 천지만물의 생성 작용에 가장 중요한 역할을 수행하고 있다는 사실을 알 수 있다. 운동은 계속 진행 중인 생성 작업이다. 따라서 운동에 대한 연구는 정말 중요하다.

운동이란 무엇인가? 움직이는 것은 시간도 공간도 아니다. 시간이나 공간이 움직인다고 생각할 수는 없다. 움직이는 것은 실체이다. 그렇다면 운동은 실체의 장소 이동이다. 다시 말해, 공간의 한 부분에서 다른 부분으로 넘어가는 이동이 바로 운동이다. 운동에도 여러 가지 차이가 있을까? 어느 면에서 본다면 그렇다. 그 차이는 운동을 일으키는 데 사용된 시간과 그 운동이 나아가는 방향, 즉 빠른 운동이냐 느린 운동이냐, 또 원형의 운동이냐 직선의 운동이냐에 따라 달라지는 것이다. 시간과 공간이 존재하지 않는다고 주장하는 형이상학자들은, 시간이 존재하지 않는다면 운동의 빠르고 느림이 존재할 수 없으며, 공간이 존재하지 않는다면 이동할 수 있는 장소가 존재하지 않는 것이므로 운동은 절대 일어나지 않는다는 사실을 알아야 한다. 지금까지 나타난 현대 사상 중에서 가장 터무니없이 불합리한 학설은 시간과 공간의 존재를 부정한 이론이다.

운동은 공간과 시간 속에서 일어나는 실체의 이동이다. 그렇다면 운동을 일으키는 것은 무엇일까? 이 물음에 우리는 기꺼이 "힘"이라고 대답할 것이다. 그런데 조금 더 생각해보면, 힘이 무엇인지를 알지 못하는 한 그것이 답이 될 수는 없다는 점을 알 것이다. 힘이 무엇일까? 힘이 어떻게 실체를 이동시킬까? 힘은 시간이 아니다. 운동의 원인이 시간이라고 생각할 수는 없다. 힘은 공간도 아니다. 운동의 원인이 공간이라고 생각할 수도 없다. 만일 힘이 실체이며 운동의 원인이라면, 실체는 스스로 움직일 것이다. 또, 힘이 실체가 아니라면, 그것은 무(無) 즉, 빈 공간이다. 빈 공간이 실체에 영향을 미쳐 실체를 움직이게 한다는 것은 불가능한 일이다. 과학자들이 원자를 궁극적인 힘의 단위인 '전자'로 표시하는 것은 아주 좋은 일이다. 그러나 전자는 실체이기도 하지만 실체가 아니기도 하다. 만약 전자가 실체가 아니라면 그것은 단지 빈 공간일 뿐이며, 이럴 경우에는 실체와 생존, 의식 등 어떤 것도 존재하지 않는다. 힘은 실체이거나 아니면 실체 속의 어떤 것이다. 만약 힘이 실체는 아니지만 실체 속의 어떤 것이라면 그것이 무엇일까? 그리고 실체가 없는 것이 어떻게 실체에 영향을 미쳐 실체를 움직이게 할까? 힘은 운동의 원인이므로 운동 자체가 아니다. 결과가 원인이 될 수는 없는 것이다. 이제, 힘의 정의에 대해 설명하도록 하겠다.

힘은 실체에다 실체를 누르는 압력이다. 실체에다 실체를 누르는 것 이외의 어떤 다른 방법으로 어떤 것에 힘을 가해보라. 그렇게 할 수 있을까? 어떤 것에 어떤 것을 누르는 것 이외의 어떤 다른 방법으로 물체를 이동시킬 수 있는지 한번 시도해보라. 과연 가능할까? 힘이 존재하는데, 그 힘은 어떤 것끼리 서로 누르지 않는 상태의 힘이라고 생각해보라. 힘이 어떤 종류의 실체도 존재하지 않는 절대의 진공 상태를 가로지르는 것이라고 생각해보라. 힘은 실체의 압력이다. 실체 이외의 어떤 다른 것일 수도 있다는 생각은 터무니없는 이론에 불과하다.

이제, 소위 '인력'이라는 것에 대해 생각해보자. 모든 고체는 서로 잡아당기며 우주의 모든 물체에는 인력이 작용한다고 한다. 그러나 이런 주장을 하는 사람들은 어떻게 인력작용이 이루어지는지에 대해서는 말하지 않는다. 만약 두 물체가 서로 "당긴다"고 하면, 이는 두 물체가 서로에게 힘을 가하는 것이다. 따라서 두 물체가 서로에게 힘을 가한다면 서로에게 압력을 일으켜야 한다. 어떻게 하나의 물체가 다른 물체에 압력을 일으키지 않고 힘을 가할 수 있을까? 만약 인력이 비실체적인 것이라면, 그때 인력은 실체에 영향을 미치거나 운동을 일으킬 수 없다. 만약 인력이 비실체적인 것이라면, 그때 인력은 빈 공간이다. 실체가 없는 곳은 빈 공간뿐이기 때문이다. 인력이 빈 공간을 가로지를 수 있을까? 가능하다면, 어떤 모양일까? 어떤 방법으로 가로지를까? '진동'이 빈 공간을 가로지를 수 있을까? 진동할 수 있는 객체가 없는 곳에서 어떻게 진동이 전달될 수 있을까? 힘이 빈 공간을 가로지를 수 있을까? 실체는 별개로 하더라도 그 모양과 크기와 일반적인 현상은 어떨까?

이런 모든 점을 고려해볼 때, 우리가 알고 있는 힘이라는 것은 그저 실체의 압력, 다시 말해 실체의 일부분이 다른 일부분에 가하는 압력이라는 사실을 알 수 있다. 힘은 이 이외의 다른 것이 절대 아니다. 압력이 운동을 일으키면 다시 운동이 압력을 일으킨다. 따라서 힘과 운동은 상호 변환이 가능하다. 실체의 압력인 힘은 오직 하나만이 존재한다. 흔히 말하는 자연의 "여러 가지 힘"이란 운동의 속도와 양상의 차이에 의한 것일 뿐으로, 그 원천은 '하나의 힘', 곧 실체의 압력이다. 물체 사이에 작용하는 것은 만유인력이 아니라 어느 특정한 규칙적인 방향으로 서로 밀치는 '만유압력'이다. 이 만유압력에 대해서는 나중에 다시 이야기할 것이다. 시간과 공간, 실체, 본질, 운동이 존재한다. 실체는 자기 자신을 포함한 대상을 의식할 수 있다. 운동은 실체와 실체 사이에 가해지는 압력에 의해 야기된다. 눈에 보이는 세상의 실체의 형체 변화는 운동의 차이로 말미암아 발생한다.

운동의 시작

힘과 운동을 이해하려면, 가상의 세계로 돌아가야 한다. 먼저, 완벽한 액체 상태, 곧 전체적으로 자각할 수 있고, 전체적으로 동일하며 움직임이 없는 상태에서 완벽하게 의식하는 실체에 의해 점유된 존재가 공간이라고 생각해보자. 이제, 의지라는 행동이 없이도 이런 실체의 어느 부분에서 운동이 시작될 것이라고 상상할 수 있을까? 의지라는 노력이 없이도 의식하는 존재가 활동하기 시작하여, 규칙적이고 지속적인 일련의 운동 속에서 활동을 계속하고 있다고 생각할 수 있을까? 이미 살펴보았듯이 고유의 실체가 완벽하게 의식할 수 있다면 그 모든 운동 또한 분명히 의식할 수 있을 것이다. 의지가 없이 운동을 의식할 수는 없다. 자기 스스로가 의식적으로 운동을 일으킬 수 있다고 알고 있겠지만, 의지가 없다면 그것은 불가능한 일이다.

이미 살펴본 것처럼, 우리는 의식하는 실체이지, 그 이외의 어떤 다른 존재도 아니다. 우리는 의지 여하에 따라 움직일 수도 있고 움직임을 멈출 수도 있다. 움직일 때나 움직임을 멈출 때 우리는 우리 몸에다 대고 움직이라고 시키거나 움직임을 멈추라고 시키는 것이다. 운동의 시작과 중지는 우리 주변에서 흔히 볼 수 있다. 결론적으로 말해, 모든 운동에는 시작이 있었으며, 여러 형체들로 이루어진 지금의 우주를 낳은 일련의 창조 운동의 시작은 '의식하는 고유 실체'의 의지 안에서만 가능한 사건이었다.

실체의 여러 부분이 처음에 서로 압력을 가하게 되는 것은 의지에 의해서이다. 이러한 압력이 전체를 압박하게 되면 분명 그 실체는 더욱 조밀하고 단단하며 비유동적인 상태로 바뀐다. 빛이나 열, 전기, 자력과 같은 운동의 근원도 이러한 압력이다. 실체를 서로 당겨 엉겨 붙은 덩어리로 유지토록 하는 이러한 의지의 압력이 소위 우리가 말하는 중력이다. 사과가 땅으로 떨어지고, 지구가 자신의 궤도를 유지하는 것은 바로 이 '의지의 압력' 때문이다. 뿐만 아니라, 모든 천체가 서로 가까이 다가가려고 하면서도 영원히 떨어진 상태로 제자리를 유지하는 것도 바로 이 '의지의 압력' 때문이다.

'고유의 실체'에 담긴 '창조 의지'가 아니고서는 다른 어떤 이유로도 '인력'을 설명할 수 없다. 행성의 회전에서부터 원자의 진동에 이르기까지, 힘과 운동의 모든 현상은 인간이 신이라고 이름 붙여놓은 거대한 '지능적 실체'의 의지에 그 근원이 있다. 지구는 그 안에 가득 차 있는 의지의 압력에 의해 결합된 것으로, 의지가 느슨해지면 그 즉시 지구는 원래의 유동 상태로 변할 것이다. 실체가 의지 이외의 어떤 것으로 결합된 것이라고 생각해보라. 원래 유동 상태이던 실체가 의지가 없는 상황에서 압력을 받아 딱딱한 형태로 변한 다음, 계속 그 형태를 유지하며 규칙적이고 연속적인 운동을 지속하고 있다고 생각해보라. 이는 불가능한 일이다. 지구는 모든 실체 속에 존재하는 의지의 운동으로 그 형체를 유지하는 '의식하는 존재'의 일부분이다. 중력은 실체를 눌러 형체로 변화시킬 때 그 자체가 행사하는 의지 작용이다. 화학의 친화력이나 원자의 지향성 또한 마찬가지이다. 모든 운동의 근원은 '의지-압력'이다. 엔진을 움직이는 바퀴의 근원과 석탄과의 관계를 밝혀보라고 하면, 석탄의 잠재적 열에너지가 운동을 일으킨다고 할 것이다. 그러나 석탄의 열에너지 안에는 무엇이 들어있을까? 아주 먼 옛날에 있던 중력의 '의지-압력'이 아닐까? 그 안에는 단지 하나의 힘만이 존재한다. 그것은 '거대 지능'의 의지이다. 이 영원한 창조의 압력이 실체를 움직여 우리 눈에 보이는 다양한 형체로 바꿔놓은 것이다.

태초에 조용한 우주의 심연을 차지하고 있던 것은 '창조주' '영' '의식이 있는 실체'였다. 하나의 의지가 움직임이 되고, 그것이 에테르 소립자(그 진동에 의해 빛이 생성된다)를 생성하기에 충분할 정도의 압력으로 변하자 빛이 생겨나고, 의지 즉 실체 압력이 증가함에 따라 희미한 구름이 생긴 것이다. 그리고 이 구름이 이 '거대한 의지'에 의해 압력을 받게 되자 열과 전기라는 운동 현상을 수반하는 천체가 생긴 것이다. 우주가 지금 모습을 갖출 때까지 여러 형체의 창조는 계속 진행되었다. 이러한 창조는 '신의 의지'에 의해 하나의 실체로 형성된 것이며, 그 '거대한 의지'의 지속적인 작용에 의헤 유지되는 섯이다.

이제, 그 동기가 무엇이냐 하는 점이 문제로 남는다. 지속적이고 규칙적이며 체계적인 행동에 동기가 없다고는 생각할 수 없다. 그렇다면 '거대한 하나'가 '자신의 작품'을 만든 동기는 무엇일까? 잠깐만이라도 곰곰이 생각해본다면 저절로 답이 나올 것이다. '그'는 행복을 추구하고 있는 것이다. 의식이 있는 존재가 끊임없이 고통과 불화와 불행을 갈구하리라고는 상상할 수 없다. 의식의 행동에는 하나의 동기만 존재할 수 있다.

그 동기는 궁극적인 조화, 곧 행복이다. 신이 만물을 창조한 목적은 자기 자신의 행복 이외의 어떤 것도 될 수 없으며, '그'가 모두이자 모든 것 안에 '그'가 있으므로, '그'의 행복은 오직 모든 것의 행복 속에서만 이루어질 수 있다. 신이 우주를 창조한 목적은 여러분을 포함한 만인, 만물의 행복에 있으므로, 불행해진다는 것은 곧 '거대 지능'의 의지에 반하는 것이다.

이제, 눈에 보이는 우주의 거대한 규모를 주시하고 '조물주'의 '힘'에 대해 곰곰이 생각해보라. 태양계의 운동에서부터 풀잎 수액의 상승작용에 이르기까지, 모든 것의 안과 그 모든 것 전체에 '신의 의지'가 있다. 이 '거대 지능'은 우리의 안과 우리 전체에서 즐거움과 행복을 추구한다. 그가 우리의 병을 낫게 해줄 수 있고 낫게 할 것이며, 우리가 필요로 하는 모든 좋은 것을 우리에게 제공해줄 수 있고 제공할 것이며, 우리를 모든 진리로 인도해줄 수 있고 인도해 줄 것이란 사실을 의심할 것인가? 다음 장에서는 인간과 이 '거대 지능'과의 관계에 대해 살펴보도록 하겠다.

인간과 '힘'

우주는 자신의 실체로부터 창조된 형상 속에서 또 그 형상을 통해 행복을 추구하는 '거대한 존재'이다. 이 모든 형상 중에 오직 인간만이 '조물주'와 지적인 교감을 나눌 수 있는 힘을 가지고 있다. 달리 표현하자면, 이 '거대 지능'이 인간에게서 행복을 추구하고 있다고 할 수 있다. 따라서 인간은 그 과정에서 그와 지적으로 협동할 수 있는 '힘'을 갖고 있는 것이다. 신과 함께 행복을 추구하는 능력이 바로 인간을 인간답게 만드는 것이다. 이 거대한 존재가 인간의 행복을 추구한다면, 그것이야말로 인간의 가장 영원하고 완벽한 행복, 즉 최선의 행복일 것이다. 존재하는 모든 것을 알고 있다는 것은 곧 알고 있는 존재를 모두 인식하고 있다는 뜻이다. 알고 있는 모든 존재를 알고 있다면, 그는 모든 것에 통달하고 있다는 뜻이다. 모든 것에 통달한 존재가 최선의 행복이 아닌 어떤 것을 추구한다거나 최선의 행복이 아닌 다른 어떤 것에 만족하고 있다고는 도저히 생각할 수 없다.

인간의 육신에 다가올 수 있는 최선의 행복이 완전한 건강이라는 점은 의심할 여지가 없다. 인간에게 완전한 건강보다는 고통과 질병이 더 적합한 환경도 있다는 생각은, 믿음이 깨지고 의구심이 생겨난 상태, 곧 미신적인 믿음 속에 둥지를 튼다. 고통과 질병은 사람이 제대로 이겨내기만 한다면 좋은 것일 수도 있다. 그러나 언제나 완전한 건강이 훨씬 더 좋다. 인간이 완전히 건강할 때만 신이 인간에게서 완벽한 기쁨을 발견할 수 있다는 것은 자명하다. '거대 지능'은 인간에게서 완전한 건강과 완벽한 모습을 추구한다. 생명과 '힘'이 충만한 '살아있는 하나'는 그 생명과 '힘'을 나눠주기 위해 인간의 모든 부분에 압력을 가한다. 그러나 '거대 지능'의 일부에 불과한 인간은 '개별적 특성'에 얽매여 자신이 최고라고 착각한다. 인간은 신의 이러한 건강 의지를 수용하고 인정할 때 건강을 유지할 것이다. 그렇지 않으면 건강을 유지할 수 없다.

신의 온전한 건강을 수용하지도 않고 인정하지도 않으면서 자기 몸에 병이 있다고 생각하는 사람은 신이 자신에게 다가오는 것을 가로막는다. 자기 자신이 스스로 존재한다고 생각하는 사람은 자신 속에 형상을 만든다. '지능적 실체'의 완전한 건강을 끊임없이 인정하는 사람은 건강하지 않을 수가 없다. 인간은 그 실체 안에서 살며 움직이고 존재하는 것이다.

또 다른 명백한 진리는, 인간이 최선의 행복을 얻으려면 살 수 있을 만큼의 삶을 살기 위해 이용할 수 있는 모든 것을 이용해야 한다는 점이다. 인간의 지선(至善)과 실제의 행복은 모든 신체적이고 정신적인 욕구가 충족될 때에만 얻어질 수 있다. 사람이 몸에 병이 나면 신은 그런 사람을 좋아하지 않는다. 마찬가지로, 정신적으로나 육체적으로 굶주렸거나 생활과 성장과 즐거움에 필요한 물건이 부족한 사람에게서는 행복을 추구하지 않는다. 행복은 제대로 된 삶을 사는 데 있다. 하느님은 사람이 사는 데 필요한 모든 것을 갖고 있을 때에만 완전하게 존재할 수 있다. 하느님이 인간에게 소망하는 것은 인간이 풍요롭기를 바라는 것이 틀림없다. 그러나 인간은 자신만이 최고라고 생각한다. 신이 인간에게 풍요로움을 강조해도 인간 쪽에서 가난과 궁핍만이 눈에 보인다고 우기는 것은 아닐까? 그렇다면 인간은 풍요 속의 빈곤 상태에 놓여 있을 것이다. 그런 사람이 부지기수이다. 가난하다고, 궁핍하다고 불평하는 것은 만물에서 만물을 위해 행복을 추구하는 신의 뜻에 반하는 것이다. 우리는 신의 일부이다. '그'의 뜻에 반대되는 행동을 하고 '그'의 너그러움이 자신의 일부분인 우리에 의해 무시될 때 '그'는 무엇을 할 수 있을까?

건강이나 재산, 성장과 같은 인간의 문제는 인간이 신과 하나가 될 때 그 해결책을 찾을 수 있다. 신이 곧 '거대 지능'이요, '영'이며, 실체이다. 신은 인간에게서 생명과 행복을 추구한다. 끊임없이 절대자를 인식하고 생각하고 인정하며 기도로 우러러볼 때 인간은 신과 하나가 될 수 있다. 믿음의 기도는 분명 긍정의 표시이다. 긍정의 표시는 어떤 사실의 존재에 대한 인정이다. 거대한 '지능적 실체'와 끊임없이 접촉하며 산다면, 인간은 병에 걸릴 수 없다. 인간에게 행복을 선사하려는 절대자의 소망이 강력한 의지의 압력이 되어 지고지선을 향한 모든 것을 제공해줄 것이다. 이 성스러운 실체와 완전히 하나가 될 수 있는 사람은 성스러운 의지가 소망하는 모든 것을 강제하는 중심이 될 것이다. 이런 사람은 어떤 것도 부족함이 없을 것이며, 또 부족할 수도 없다.

우주는 '거대한 존재', 즉 공간을 차지하고 시간을 사용하는 '지능적 실체'이다. 그 자신의 소망으로 그 자신의 실체에서 형상을 창조한다. 이 형상들 속에서 '그'는 행복을 추구한다. 인간은 모든 필요한 물건의 공급과 모든 소망의 충족을 담보하기 위해 이 '거대한 존재'와 하나가 되어야 한다. 인간은 기도하는 방법과, 함께 일하는 방법을 배우기만 하면 된다.

위대한 삶이란 무엇인가
The Science of Being Great

내면의 법칙

인력의 법칙

풍요의 법칙

내면의 법칙

만인을 위한 재화

우리의 '아버지'께서는 살아가는 데 꼭 필요한 온갖 물건을 만들 수 있는 원료를 우리에게 내어주셨고, 우리의 사용 능력을 훨씬 넘는 재화를 우리에게 내어주셨다. 보통 인간이든 동물이든 종족 전체는 엄청 부유하다. 가난한 것은 종족 안에서 살아가는 개인들이다.

새들을 보라. 눈곱만큼이라도 지혜가 있는가? 새들은 씨를 뿌릴 줄도 모르고 작물을 거둘 줄도 모르며, 앞날을 대비해 양식을 저장해둘 줄은 더더욱 모르지만, 그런데도 새들은 절대 굶주리는 법이 없다. 두려움과 근심은 오로지 인간들 사이에서만 나타난다.

인간이 바라는 욕구의 만족은 기계와 조직의 문제인데, 기계는 거의 완벽에 가까운 상태로 갖추어져 있다. 그러니 욕구의 만족은 바로 조직의 문제일 수밖에 없다.

새들은 근심 걱정을 모른다. 새들은 '아버지'의 왕국에 산다. 새들은 모두가 '먹이 창고'에 다가갈 수 있다. 그렇다고 딱정벌레 보관소가 있는 것도 아니고, 지렁이를 사재기하는 영리한 새가 있는 것도 아니다. '거대한 먹이 창고'를 향해 자유롭게 날아가는 대신, 제한된 몫을 놓고 동료들과 다투기 시작할 때, 근심 걱정도 동시에 자라나기 시작한다. '위대한 먹이 창고'에 모두가 똑같이 다가갈 수 없다면, '아버지'의 왕국은 있을 수 없다.

평등과 민주주의

만일 공급 물량이 넘치도록 충분하고, 우리 모두가 자유롭게 공급 물량에 접근할 수 있다면, 어떻게 물량이 모자라는 사람이 생길 수 있는가? 문제는 우리의 눈이 '풍요' 자체가 아닌 '황금 단지'에 고정된 채 움직일 줄 모른다는 데 있다. 그것은 마치 저 멀리 황금의 산이 솟아 있어서 그냥 가서 줍기만 하면 부자가 될 수 있는데도, 그 산을 향해 가는 도중에 빗물에 쓸려 내려온 금덩어리 몇 조각에만 정신이 팔려 있는 경우와 같다. 제발, 이런 몇 조각 얻으려고 다투지들 말라. 그러다 보면 전부를 잃고 만다.

"네 이웃을 사랑하라"

우리가 '이웃을 자기 자신처럼 사랑하라'는 하느님의 계명을 마음 깊이 새겨야 하는 이유도 바로 이런 맥락에 있다. 이렇듯 이웃을 자기 자신처럼 사랑한다는 말이 과연 무슨 뜻인가? 아내와 내가 점심 식탁에 마주보고 앉았다고 하자. 식탁에는 오로지 딱딱한 빵 하나와 파이 하나가 놓여 있다. 그런데 내가 허겁지겁 파이를 낚아채면서 이렇게 말한다고 상상해 보라. "여보, 난 정말로 당신을 몸 바쳐서 사랑하오. 당신도 파이를 좀 먹었으면 좋겠소." 말을 마치기가 무섭게 파이를 삼키고 나자 남은 것은 딱딱하게 굳은 빵뿐이다. 그렇다면 나는 과연 아내를 나 자신처럼 사랑한 것일까?

만일 아내를 나 자신처럼 사랑한다면, 나는 나 자신을 위하는 것만큼이나 강렬하게 아내에게 파이를 주고 싶을 것이며, 그리하여 나 자신을 생각할 때만큼이나 무진 애를 써서 아내에게 파이를 집어줄 것이다.

내가 만일 그대를 나 자신처럼 사랑한다면, 나 자신을 위해 기필코 얻으려 노력하는 바로 그것을 그대를 위해 기필코 얻으려 노력할 것이며, 내 아이들을 위해 꼭 얻으려 노력하는 바로 그것을 그대의 아이들을 위해 꼭 얻으려 노력할 것이다. 그리하여 그대나 그대의 가족에게 정의롭지 못한 사태가 벌어진다면, 마치 그 사태가 나나 내 가족에게 벌어진 것처럼 발 벗고 나서서 바로잡을 것이다.

스스로를 위해 간절히 바라는 모든 것을 이웃의 모든 사람을 위해 우리 모두가 간절히 바랄 때, 우리는 그저 '부분'을 차지하려고 다투는 경쟁을 그만두고 '위대한 전체'의 풍요로움에 의지하기만 하면 된다. 바로 이 '위대한 전체'야말로 하느님의 왕국인 것이다.

공산주의가 실패한 이유

여기서 잠시 공산주의의 실험이 왜 실패했는가를 생각해볼 필요가 있다. 그 이유는 별로 힘들이지 않고 찾을 수 있을 것이다. 공산주의는 지금까지 언제나 실패했고, 앞으로도 인류 역사에 모습을 드러내는 족족 실패할 것이다. 그것은 공산주의가 개별 영혼의 완전한 발달 단계인 '위대한 목표'를 가로막기 때문이다.

공산주의는 전체 속에서 빛나는 개인의 불을 끄고 개인에게서 모든 주도권을 앗아간다. 공산주의는 개인이 타인을 지배하는 힘을 얻지 못하게 끊임없이 훼방을 놓으면서, 급기야는 개인에게서 자기 자신을 지배하는 힘까지 앗아가고 만다. 인간은 자기가 개인적으로 사용할 수 있는 모든 것을 자유롭고 사사롭게 사용해야만 개성을 발달시킬 수 있는데도, 공산주의는 바로 그 개성을 파괴한다. 자본주의가 (부유하지 않은) 대다수의 사람들에게서 개인적인 발달에 필요한 자원을 사사롭게 사용할 수 있는 기회를 빼앗는다면, 공산주의는 모든 사람들에게서 이런 기회를 빼앗은 셈이다. 바로 이런 점에서 공산주의와 자본주의는 둘 다 이상적 사회주의의 반대가 된다.

이상적 사회주의

사회주의는 적절한 여건만 조성된다면 개인의 사적 소유권을 엄청나게 신장시키려 할 것이다. 사회주의의 근본 강령에는, 개인이 자신이 필요로 하거나 개인적으로 사용할 수 있는 모든 것을 절대적이고도 확실하게 소유해야 하며, 사적 소유권의 제한은 한 사람이 다른 사람들을 착취해야만 다룰 수 있는 물건의 경우로 국한되어야 한다는 내용이 담겨 있다.

사회주의 하에서의 인간은 자기 자신의 발달을 위해 사용할 수 있는 모든 것을 획득하거나 확보해도 무방하지만, 자기 자신을 다른 사람의 주인으로 만들 위험성이 있는 그런 것은 소유하면 안 된다.

우리가 이상적인 사회주의에 다가가면, 지금은 무일푼인 수백만 가구가 정원이 딸린 아름다운 자기 집과 농작물을 길러 먹을 수 있는 토지를 획득하고 소유하게 될 것이다. 이들은 말과 마차, 자가용, 유쾌한 요트까지 소유하게 될 것이다. 그리고 이들의 집에는 도서관과 악기, 그림, 조각상 등 자기 영혼의 성장에 필요한 모든 재료가 가득할 것이다. 사람들은 물론 이 모든 것을 소유하고 자기 뜻대로 사용할 것이다.

그러나 고속도로와 철도, 자연 자원이나 커다란 기계는, 원하는 사람 모두가 거기서 나오는 생산품을 동등한 조건으로 구입할 수 있게끔, 일정한 조직체가 소유하고 운용하게 될 것이다.

제대로 이해하기만 한다면 사회주의는 우리에게 가장 완전한 개인주의를 선사해주는 반면, 공산주의는 개인을 전체 속으로 함몰시키고 말 것이다.

힘의 원천: 우주 의식

신은 모든 존재 안에서, 모든 존재를 통해서, 모든 존재를 위해서 움직이는 '우주의 혼'이다. 이 '혼' 덕분에 태양이 빛나고, 빗방울이 떨어지니, 이 혼은 자연의 배후에 도사린 '힘'이요, 오직 하나의 유일한 '생명'이요, 오직 하나의 유일한 '지능'이다. 우주의 혼이 인간의 내면에 있으니, 인간은 누구나 신을 닮은 존재이다.

'우주의 혼'을 알아차리는 행위는 신에게 가까이 다가서는 것이다. 내 자신의 의식이 그렇게 '우주의 혼'과 통합된다면, 그 경지가 바로 '우주 의식'이요, '우주심'인 동시에 모든 힘의 근원이다.

신과 인간의 관계

모든 힘 자체이고, 모든 생명 자체이며, 모든 지능 자체인 하나의 '근원'이 있다. 이 '혼'은 자녀들을 거느리는데, 이들 자녀야말로 '혼' 자체와 동일한 실체이고, 독자적으로 생각하고 의식에서 스스로를 '혼'과 떼어놓을 수 있는 힘을 가진 존재이다.

물론 독자적으로 생각할 수 있는 힘이란 잘못 생각할 가능성을 함축하고 있다. 만일 인간이 자기의 의식에서 스스로를 신과 떼어놓는다면, 그는 백발백중 실수를 범하고 만다. 진리의 극히 작은 부분만을 볼 수 있기 때문이다.

인간의 생명과 인간의 힘, 인간의 지혜는 정확히 자신의 의식에서 신이 얼마나 떨어져 있느냐에 비례하여 줄어든다.

우리는 다음 장에서 우주 의식을 획득하는 방법에 대해 생각해볼 것이다.

우주 의식의 획득

우주 의식 혹은 '영원한 영혼'과의 합일을 이루려면 인간 쪽에서 지속적이고 꾸준한 노력을 기울여야만 한다. 의식의 확장에는 언제나 정신적인 노력이 요구되며, '우주 의식'과의 합일을 추구할 때 이와 같은 정신적인 노력이 기도의 내용을 이룬다.

기도는 신과 교류하고자 하는 인간의 마음이 진정으로 기울이는 노력이다. 기도는 존재하지 않는 것과 관계를 맺으려는 노력이 아니라, 이미 멀쩡하게 존재하는 관계를 완전하게 이해하고 인식하려는 노력이다.

기도에는 오직 하나의 대상만이 존재할 수 있으며, 그 대상은 바로 '우주 혼' 혹은 '우주 의식' 혹은 '우주심'과의 합일이다. 다른 모든 것이 그 안에 포함되기 때문이다.

우리가 기도를 통해 진정으로 얻으려 애쓰는 것은 건강과 평화, 힘과 재물이 아니라, 오로지 '신과의 합일'이다. '신과의 합일'을 이루었을 때, 건강과 평화, 힘과 재물은 굳이 구하지 않아도 이미 우리의 것이다. 영적인 의식을 완벽하게 성취한 사람은 누구든 건강과 평화, 힘과 재물의 주인이 된다.

기도와 의지를 통한 합일

우리는 생각하고, 살아가고, 움직이면서, 마치 우리 자신의 내면에 자리 잡고 있는 동시에 우리 자신에게서 나온 존재를 가지고 있는 것처럼 보인다. 그리하여 우리의 육체적인 감각은 신의 실존을 부정한다. 신은 외부를 향한 객관적인 의식을 확장한다고 해서 발견되는 것이 아니다.

우주 의식을 성취하려면 기도의 노력이 우선 인간의 내면에 도사린 영혼을 움직이게 만든 다음, 그 영혼이 신과의 의식적인 합일에 이르도록 해야 한다.

'인간의 영혼' 혹은 '자아' 혹은 '인간 자신'은 의지가 활동을 개시하면 언제든 깨어난다.

오로지 인간만이 결심할 수 있다. 우주 의식의 성취를 위한 첫 번째 필요조건은 당사자가 반드시 신의 의지를 실행하겠다고 결심하는 일이다.

지금까지 우리가 인간의 역사에서 목격한 바 있듯이, '아버지'의 의지를 실행하겠다고 결심하고, '아버지'의 말씀을 지키고, '아버지'의 행적을 본받는 일이야말로, 합일을 향한 첫 단계였다. 그다음 단계는 믿음의 기도였다.

믿음의 기도는 동일한 대상을 두고 결코 두 번 바칠 수 없다. 만일 그대가 진실한 믿음을 가졌다면, 그대가 기도를 통해 무언가를 바라는 순간, 그대의 기도는 소유의 확신으로 변화한다. 신의 의지를 실행하겠다고 마음먹고 그대 자신을 당신의 품 안에 받아들여달라고 신께 빌었다면, 이젠 "나와 '아버지'가 하나!"라고 선언하는 일밖에 없다. 실행에 옮긴 믿음의 기도는 소유의 확신이 된다. 일단 원하는 것을 받았다고 믿는 순간, 그것을 구하는 기도는 절대 계속될 수 없다. 그 시점에서 그대가 할 수 있는 일은 오로지 감사를 드리고 그것이 그대 자신의 소유가 되었음을 확신하는 것뿐이다.

받아들이는 과정

우선, 신의 의지를 실행하겠다고 결심하고, 다음으로 그대가 신과 하나가 되도록 해달라는 기도를 하고, 마지막으로 "나와 나의 '아버지'가 하나"임을 확신한다.

그리고 자신이 '우주 혼'과 합일되었다는 사실이 의식 속에 분명하게 새겨졌을 때, 이러한 사실에서부터 그대의 건강과 평화, 힘과 재물을 이끌어내고 확신하라. 그렇지 않으면 그대는 그 실체들을 입증할 수 없을지 모른다. 그러한 실체들은 모두 그대와 신의 합일이라는 사실에 포함되어 있지만, 그 사실에 대한 단순한 주장은 당연한 추론의 모든 결과를 그대의 의식 안으로 옮겨오지 못할지 모르기 때문이다.

그렇기 때문에 신과의 합일에 대한 포괄적인 확신은 우리에게 건강과 평화, 힘과 재물을 가져오는 데 결코 충분할 정도로 명확하지 않다. 우리는 이들 실체가 포함되어 있음을 뚜렷하게 이해하고 있지 못하다. 우리는 신과의 합일에 대한 이해에서 좀더 명확하고 구체적이어야 한다.

"하나의 '지능'이 있으니, 내가 곧 그 '지능'과 하나이다."

"하나의 '마음'이 있으니, 내가 바로 그 '마음'이다." 이것이야말로 사실에 대한 지극히 선명하고 간략한 진술이다. 이보다 더 사실을 간결하게 표현하기란 아마도 거의 불가능할 것이다.

"오직 '하나의 마음'이 있다." 이렇게 말할 때, 모든 사물에 깃들여 있고 모든 사물에 활력을 선사하고 모든 사물에 일관성과 목표를 부여하는 그 하나의 '지능'에 대해 생각해보라. 그대의 생각을 이 '마음'에 고정시켜보라. 그러면 그 '마음'이 보이고 느껴질 것이다. 그렇다면 이제 이렇게 말해 보라. "내가 바로 그 '마음'이다."

내가 말할 때, 말하는 주체는 그 '마음'이고, 내가 행동할 때 행동하는 주체도 그 '마음'이다.

내가 그 '마음'이다.

이 사실을 의식에 단단히 못 박아두려면 확신하고 또 확신해야 한다. 하지만 확신하고 또 확신하는 일에 들어가는 노력은 엄청 유익한 시간이다. 만일 그렇게 해서 신과의 합일을 완전하게 의식하는 경지에 도달할 수 있다면, 그대는 사막으로 걸어 들어가서 40일 동안 단식하고 명상할 수 있으며, 온 밤을 다 바쳐 기도를 드릴 수 있다. 그때, 그대는 신의 왕국에 들어가 있을 것이다. "하나의 '마음'이 있으니, 내가 바로 그 '마음'이다." 이 말을 끊임없이 해 보라. 이 말을 할 때는 언제든 그 말에 담긴 모든 의미를 붙잡도록 노력해 보라. 그 말을 하는 그대는 영원한 마음이자, 영원한 힘인 동시에 영원한 생명이다.

일단 자신이 신과 격리되었다는 그릇된 관념을 의식에서 멀리 쫓아버리는 순간, 삼라만상 모든 것이 그대의 것이고, 모든 일이 그대에게 가능해진다. 그러면 그대의 말은 힘을 갖게 되고, 그대는 권위를 가진 주인으로서 말하며, 건강과 힘, 재물과 지혜를 만인에게 보여주게 될 것이다.

또한 그대는 신의 의지를 실행하려면 오로지 믿음과 확신만이 요구된다는 사실도 모두에게 입증하게 될 것이다.

입증과 획득

그대가 '한마음'과 통합되었음을 확신하고 또 확신하여, 마침내 그러한 통합 상태가 그대의 의식에 현존하는 하나의 사실이 되었다면, 다음 단계는 생명에 대한 자각으로 나아가는 일이다.

그 '마음'이 살아 있는 마음임을 이해하라. '한마음'은 곧 생명 자체이다.

그러므로 만일 그대가 '한마음'이라면 그대는 동시에 '생명'이기도 하다. 이 세상에는 삼라만상 속에서 삼라만상을 통해 존재하는 '대생명'이 있다. 그리고 그대는 바로 그 '대생명'과 같다.

자, 그렇다면 이제 다음의 말을 가지고 최초의 확신을 따르도록 하라. "그 '마음'은 영원하고, 동시에 '생명'이다. 내가 그 '한마음'과 하나이니, 나는 '영원한 생명'이다." 이 말이 철저하게 의식과 잠재의식을 통틀어 정신세계에 확실하게 각인될 때까지 이 말을 반복하고 또 반복하라. 그러면 누가 시키지 않아도 저절로 스스로를 '영원한 생명'으로 생각하게 될 것이다. 지금은 무심코 스스로를 죽어가는 존재 혹은 나이를 먹고 쇠락해지는 존재로 생각하고 있지만, 이건 스스로를 신과 동떨어진 존재로 생각하는 의식에서 비롯된 오류이다. 나이와 쇠퇴, 죽음 등이 언뜻언뜻 고개를 들 때마다 다음의 명제에 대한 적극적인 확신으로 당당하게 맞서라. "나는 '영원한 생명'이다."

건강의 자각

'생명에 대한 자각'을 획득하고 나면, '건강에 대한 자각'으로 가는 단계는 쉽다. '한마음'은 우리를 만드는 살아 있는 재료이며, 순수한 생명이다. '생명'은 '건강' 자체임이 분명하다.

순수한 생명의 유입이 건강 이외의 실체와 함께 이루어진다는 것은 절대 불가능한 일이다. 샘물에서는 단맛과 쓴맛을 동시에 맛볼 수 없다. 좋은 나무에는 썩은 과일이 열릴 수 없다. 빛은 절대로 어둠과 친구가 될 수 없다. '한마음'은 병을 모르고, 병에 대한 의식조차 가질 수 없다.

병에 대한 의식은 겉모습만 보고 잘못 판단을 내린 오류이다. 신과 동떨어진 의식 상태를 그대로 유지하는 한, 우리는 겉모습을 보고 판단을 내릴 수밖에 없다. '생명에 대한 자각'과 병에 대한 자각은 같은 장소 같은 시간에 존재할 수 없다. '생명의 자각'으로 충만할 때, 우리는 병에 대한 의식을 자연스럽게 떨쳐버릴 수 있다.

그러므로 다음 단계의 확신은 다음과 같다. "그 '마음'은 질병을 모른다. 내가 바로 그 '마음'이니, 나는 '건강'이다." 믿음을 가지고 이 명제를 확신하라. 그대의 확신이 '아버지'와 하나라는 의식에서 이루어진다면, 그로부터 모든 질병이 치유될 것이다.

힘의 자각

다음 단계는 '힘에 대한 자각'이다. 이 명제에 대한 확신은 다음과 같다. "무릇 '한마음'은 모든 힘의 원천이며, 따라서 두려움을 알 수가 없다. 나는 '한마음'이자, '평화'요, '힘'이다."

모든 힘의 원천이 아무것도 두려워할 수 없다는 명제는 논란의 여지가 없다. 모든 힘의 원천에 어찌 두려운 대상이 있을 수 있겠는가? 뿐만 아니라 모든 힘의 원천은 스스로의 생각이 미치는 어떤 것이든 해낼 수 있는 능력이 있고 여하한 상황의 조합이라도 능히 대처해나갈 능력이 있음을 믿어 의심치 않는다. 모든 힘이 할 수 없는 일이란 있을 수 없다.

스스로를 이 힘과 동떨어진 존재로 생각하는 순간, 그대는 자기 자신의 능력에 대해 의심하기 시작한다. 그러므로 이와 같이 분리된 의식을 꽉 붙들고 있을 때만, 그대는 두려움을 갖게 되는 것이다.

'힘에 대한 자각'을 가지면, 안정감이 생긴다. 안정감은 평화로운 '힘의 자각'이며, 힘과 긍정적인 합일을 이룬 결과이다.

이때 '힘의 자각'은 마침내 의식에 분명하게 존재하는 하나의 현재적 사실이 된다.

스스로를 '힘'과 분리된 어떤 존재로 의식하는 한, 그대는 가슴에서 두려움을 지울 수 없다. 따라서 그대가 '힘'과 하나임을 이해하고 확신하도록 하라.

지혜의 자각

'지혜에 대한 자각'이 그다음 차례이다. 지혜가 없는 힘은, 길길이 날뛰는 말의 발길질처럼, 끔찍하고 파괴적인 실체가 될 위험성이 크다. 힘은 지혜롭게 사용될 때만 건설적일 수 있다. 따라서 우리는 지혜를 사실로서 확신해야 한다. 모든 존재의 원천인 '한마음'은 시초부터 모든 존재를 알고, 모든 진리를 알고 있다. 모든 진리를 알고 있는 마음은 실수를 범할 수 없다. 실수란 진리를 부분적으로만 아는 데서 발생하기 때문이다. 모든 진리를 알고 있는 마음은 오류를 모를 수밖에 없다. '모든'

진리를 아는 마음은 오로지 완전한 진리만을 따라서 행동할 수 있고, 의식 속에서 완전한 진리의 관념만을 만족시킬 수 있을 따름이다.

진리를 아는 마음은 선과 악을 구분하지 않는다. 오로지 선만을 알고 있기 때문이다. 어떤 대상을 사악하다고 인식한다면, 그런 마음은 오직 부분적인 지식과 제한된 의식을 가졌을 뿐이다. 악으로 보이는 것은 항상 부분적인 지식의 결과이다. 지식이 완전하다면, 악은 존재하지 않는다.

'모든' 진리를 알아차리게 될 때, 악에 대한 의식은 저절로 사라지게 된다.

완벽한 자각이 들어설 때 판단은 불가능해지고 만다. 판단을 내릴 대상이 존재하지 않기 때문이다. 바른 길을 알고 있을 때, 그대는 판단력을 행사할 필요가 없다. 악이 존재하지 않는다면, 타인들에 대한 판단도 전혀 무의미하지 않겠는가!

악과 오류가 공존하지 않는 공간에서는 판단 작용이 존재할 수 없다. 악에 빠진 신념의 오류를 딛고 일어서려면, 다음과 같은 확신의 말을 활용하라. "'한마음'은 오로지 진리만을 알고, '모든' 진리를 안다. 나는 '한마음'이자, '지식'이요, '지혜'이다."

재화의 자각

영원한 생명과 건강, 힘과 지혜에 대한 자각을 획득했다면, 이제 그대에게 필요한 것은 과연 무엇인가? 풍요를 확신하는 '재화에 대한 자각'이다.

'한마음'은 원초적인 실체로서, 여기서 모든 것이 나온다. 오직 한 가지 요소만이 존재한다. 모든 것은 한 가지 질료로 이루어져 있다. 과학은 지금 대기 중에서 설탕과 염색 재료를 비롯한 여러 가지 물질을 응결시킨다. 눈에 보이는 자연계의 삼라만상을 구성하는 요소들은 대기 중에 머물러 있다가, 적절한 조건 하에서 형상화된다. 대기 자체는 하나의 원초적 물질인 '혼'과 '신'의 압축된 실체적 형태이다.

모든 것은 하나의 살아 있는 지적 물질에서 만들어졌고, 또한 그 하나의 살아 있는 지적 물질로 만들어졌다. 그것이 바로 '한마음'이며, 그대가 바로 그런 '한마음'이다. 그러므로 그대는 모든 것을 만든 물질이며, 세상 만물을 만들고 세상 만물에 형체를 부여하는 '힘'이다. 그렇기 때문에 그대는 곧 재화요, 풍요인 것이다.

따라서 이렇게 확신하라. "창조된 것이든 그렇지 않은 것이든 모든 것은 바로 그 '한마음'에 있다. 내가 그 '한마음'이니, 나는 '재화'이자 '만물'과 동의어이다.

나는 길이요, 진리이자, 생명이다

마지막으로 이렇게 말하라. "나는 '길'이요, '진리'요, '생명'이다. 내 안의 '빛'이 밖으로 비쳐 이 세상에 축복을 내린다."

이 말에서 그대는 '사랑의 자각'을 얻게 될 것이다. '사랑에 대한 자각'은 바로 축복하고 사랑하고자 하는 의지이다. 영원한 생명, 건강, 힘과 평화, 지혜, 재화, 사랑. 이들 전부를 의식적으로 알아차릴 때, 그대는 이미 우주 의식을 획득한 상태이다.

'나'라는 존재

태초에 하나의 '마음'이 있으니, 내가 곧 그 '한마음'이다.
그 '한마음'은 영원하고, '생명' 그 자체이다.

나는 '한마음'이고, 나는 '영원한 생명'이다. '한마음'은 질병을 모른다. 내가 그 '한마음'이다. 그 '한마음'은 오로지 '진리'만을 알고 진리의 '전부'를 안다. 창조되었든 그렇지 않든 모든 것은 그 '한마음'에 있다. 내가 그 '마음'이니, 나는 '재화'이며, '풍요'이다.

나는 '길'이요, '진리'이며, '생명'이다. 내 안의 '빛'이 바깥세상으로 내비쳐져서 이 세상을 축복한다.

우리의 '아버지', 우리의 '왕'

어느 날 어떤 도시에서 한 소년이 공중으로 번쩍 뛰어올라 공을 잡았다. 관중들은 물론 소년 자신도 깜짝 놀랄 일은 이 소년이 다시 땅으로 내려오지 않고 계속 하늘로, 하늘로 올라가더니, 마침내 시야에서 사라져 구름 속으로 들어가고 말았다는 사실이다. 같은 날 같은 도시에서 어린이 하나가 식탁에서 깡충깡충 뛰어오르더니, 마치 새처럼 마루를 떠나녔다. 다음날이 어린이는 같은 실험을 하려고 마룻장을 쿵쾅쿵쾅 울리면서 돌아다니다가 지하실의 딱딱한 마룻바닥에 내동댕이쳐져 몸이 갈가리 찢기고 말았다. 중력의 법칙이 이 도시에서는 들쭉날쭉했다. 한 남자가 이 도시에 살고 있었는데, 하루는 몸무게가 1톤이 나갔다가 다음날에는 불과 100그램 정도밖에 안 나가는 식이었다. 문제는 이러한 현상이 다른 모든 자연 법칙에도 마찬가지로 적용된다는 사실이었다. 예컨대 물이 불을 끄는 날이 있는가 하면, 또 다른 날은 마치 휘발유처럼 물 자체가 저절로 불이 붙기도 했다. 화학 작용과 인력의 법칙도 일정하지 않았다. 따라서 동일한 물질을 가지고 동일한 운동을 두 번 연출할 수 있는 사람은 아무도 없었다. 말 그대로 이상한 도시였다. 안 그런가? 그런 곳에서라면 누구도 살고 싶은 마음이 싹 가실 것이다.

물론 여러분은 이 모든 이야기가 꾸며낸 것임을 잘 알고 있다. 우리는 질료와 운동, 에너지, 생명의 법칙이 고정되어 있고, 변하지 않는다는 사실을 잘 알고 있다. 다시 말해서 이 지구상의 어디에 갖다 놓아도 질료와 운동, 에너지, 생명의 법칙은 그대로 적용된다. 아니, 그 어떠한 행성과 항성에서도 마찬가지이므로, 이들 법칙은 우주 전체에 걸쳐 통용된다고 말할 수 있다. 이쯤 되면 우리가 '우주'를 영어로 'uni-verse'라고 부르는 이유도 어렵지 않게 유추가 될 것이다. 어원적으로 'uni'는 '하나'를, 라틴어 'versus'에서 온 'verse'는 '회전체'를 뜻한다. 그러니까 '여러 번 도는 회전체(multi-verse)'도 아니고 '많이 도는 회전체(many-verse)'도 아니라 오직 '한 번 도는 회전체(one-i-verse)'인 것이다.

결국 우주 삼라만상은 수많은 법칙과 힘의 각축장이 아니라, 하나의 법칙과 하나의 힘이 생성한 조화로운 산물인 셈이다. 신학자나 물리학자는 아직까지 이런 사실에 접근하지 못했다.

만일 누가 되었든 신학자나 물리학자가 이런 사실을 밝혀낸다면 그날은 정말로 온 세상에 경사스러운 순간이 될 것이다. 종교인들은 여전히 우주가 하나가 아닌 둘의 회전체, 곧 거의 절대자인 신만큼이나 강력한 악마가 존재하는 공간이라고 주장하고 있다. 그리고 의사들도 질병을 스스로 힘을 가진 실제적이고 사악한 실체로 인정하고 있다.

자연계에 신과 대적하는 힘인 악마란 존재하지 않는다. 자연은 신의 세계이다. 악마는 해를 뜨게 하거나 해를 지게 할 수 없다. 풀을 자라지 못하게 하거나 새들을 굶주리게 할 수 없다. 악마의 힘이란 고작 허수아비만큼도 못 된다. 그런 까닭에 까마귀 떼를 옥수수밭에서 쫓아낼 수도 없다.

법칙은 '하나'이다. 그리고 힘도 우주 전체에 걸쳐 하나로 작용한다. 이제 여러분은 잠시 동안 마음을 이 하나의 '법칙'과 '힘'에 고정하고, 이와 관련된 또 다른 '어떤 실체'를 생각하기 바란다. 우선 우리가 살고 있는 태양계, 그러니까 태양 둘레를 도는 이 특별한 행성의 집합체를 생각해보라. 이들 행성은 서로가 서로에 작용하면서 움직이고, 서로를 끌어당긴다.

우리는 이러한 작용이 매우 강력하다는 증거를 여럿 확보하고 있다. 예를 들어 달의 인력을 생각해보라. 밀물과 썰물의 운동에서 보듯이 달의 인력이란 얼마나 거대한 힘인가? 다른 모든 행성도 힘의 정도만 다를 뿐 이와 똑같이 움직인다. 그렇다면 이 가운데 한 서너 개의 행성이 동일한 방향으로 모여들면서 한순간에 갑작스럽게 서로 자기 쪽으로 끌어당긴다면 어떻게 되겠는가? 상상이 되는가? 지구도 자신의 궤도를 벗어나고 다른 행성들도 모두 자기 정상 궤도를 벗어날 것이다. 그럼, 모두가 한꺼번에 충돌을 일으켜서 엄청난 파국을 맞이하게 되고 말 것이다. 하지만 지금까지 단 한 번도 이런 끔찍한 일은 일어나지 않았다. 왜 그럴까? 잘 생각해 보기 바란다. 한쪽 방향으로 작용하는 인력이 존재할 때, 그 자리에는 항상 반대쪽 방향으로 작용하는 정확히 똑같은 크기의 인력이 존재한다. 결과적으로 이런 양상을 잘 살펴보면, 힘의 평형 장치가 영원히 유지되고 있음을 알 수 있을 것이다.

또한 태양 자체가 운동을 하고 있다는 사실도 잊어서는 안된다. 다른 모든 태양과 별의 집합체로 이루어진 우리의 행성계는 믿을 수 없을 정도의 거대한 주기로 일시에 나타났다가 일시에 사라져 버린다. 우주 전체는 하나의 중심 둘레를 돌고 있다. 그런데 각각의 천체는 다른 모든 천체에 대해 실제적인 인력을 미치고 있다. 어떤 천체는 비교적 크고, 또 어떤 천체는 비교적 작다. 그런가 하면 어떤 천체는 비교적 큰 원을 그리면서 돌고, 또 다른 천체는 비교적 작은 원을 그리면서 돈다. 이처럼 각각의 천체가 서로 간에 행사하는 모든 '인력'의 조합은 항상 정확하게 유지되지 않으면 안 된다. 만일 이들 인력 상호간의 힘의 균형이 깨지면, 세계와 세계가 부딪히고, 태양과 태양이 부딪히며, 별과 별이 부딪혀서, 마침내 온 우주가 심각한 혼돈 상태에 빠지고 말게 되기 때문이다. 그렇다면 누가 이 모든 상황을 조절하는가? 또 누가 올바른 세계를 올바른 장소에 적절한 시간을 맞추어 자리 잡게 하는가? '법칙'인가? 물론 막다른 골목에 이르면 언제나 희망이 보인다는 법칙 아닌 법칙을 이야기할 수도 있을 것이다.

우주에 작용하는 각종 힘을 연구하다 보면, 우리는 다음과 같은 사실을 받아들이지 않을 수 없다. 즉, 우주의 '힘'은 '방향'

이라는 속성을 소유한다는 점이다. 여기서 방향성이라는 말은 올바른 천체를 적절한 시간을 맞추어 올바른 장소에 가져다놓은 힘을 뜻한다. 그렇다면 여러분은 지능을 갖지 않은 방향성이라는 개념을 생각할 수 있는가? 그럴 수 없을 것이다. 이 모든 행성과 천체가 벌이는 끝없는 조합과 재조합의 전체 과정이 맹목적이고 무모한 힘에 의해서 이루어진다는 것은 결코 상상할 수조차 없다. 그러므로 우주의 '마음'은 분명히 존재한다. 그리고 그 이름은 바로 '신'이다.

이제 천체의 운동을 통제하는 힘을 이 '지능'에 부여한다면, 우리는 마찬가지로 다른 모든 힘도 '지능'에 부여할 수 있다. 왜냐하면 모든 힘이란 '하나'의 힘이 각기 다른 양상으로 발현된 실체이기 때문이다. 공업용 도가니에서 우리가 보는 원자들의 방향성이 바로 우주의 방향성이다. 결국, 폭풍우 속에서 우리가 느끼는 힘은 별들의 운동에서 드러나는 힘과 결코 다르지 않다.

방향

스스로 어떤 일을 망치거나 우리 자신의 목표와 조화를 이루지 못하는 일을 하게 내버려 두는 그런 '무한 지능'과 '힘'이란 생각조차 하기 힘들다. 따라서 만일 지능을 갖춘 방향성이 우주에 발현된다면, 우주의 배후에는 반드시 일정한 목표와 의지가 있다. 또한 '전지전능한 존재'는 유한한 마음에 이끌려 자신의 목표를 왜곡하거나 자신의 의지와 상반되는 길을 갈 수 없다. 그러므로 일단 이런 가정을 해 보자. "인간의 목표가 무한 지능의 인가를 받는 한, 인간은 무한한 힘을 일정한 방향으로 사용할 수 있다." 그리고 우리는 여기에 다음과 같은 명제를 덧붙일 수 있다. "인간의 목표가 신성한 의지와 일치한다면, 인간은 무한 지능을 활용할 수 있다." 우선 이 명제를 좀더 생각해보자.

아브라함 링컨은 지식 분야에서 무한 지능을 활용할 수 있었던 좋은 본보기였다. 첫 번째로 대통령직에 취임했을 때, 링컨은 미국 정부 역사상 한 사람이 수행했던 가장 거대하고 곤혹스러운 과제와 맞닥뜨리게 되었다. 대학물을 먹은 세련된 동료들은 흥미와 경멸이 뒤섞인 묘한 감정으로 대통령을 상대했다. 심지어 링컨이 대통령에 취임해서 임무를 수행할 때 정신 수준이 기대에 훨씬 못 미친다 하더라도 그건 링컨의 책임이 아니라는 말까지 하는 정치인이 있을 정도였다. '정규 교육'을 받지 못한 이 사람이 어떻게 지식을 가질 수 있겠느냐는 당연한 추론이었다. 그러나 시간이 지나면서, 아무리 복잡하고 당혹스러운 상황이 닥치더라도, 위기 때마다 링컨은 자신이 무슨 행동을 어떻게 취해야 하는지를 잘 알고 있다는 사실이 차차 드러나게 되었다. 링컨은 절대 스승에게서 교육을 받지 않았는데도, 알고 있었다. 링컨의 마음은 '무한 지능'과 너무도 가깝게 조화를 이루고 있었다. 결과적으로 링컨은 신이 알고 있는 내용을 자신도 알고 있었던 것이다. 링컨이야말로 인간의 지능에 담긴 모든 가장 위대한 속성, 곧 진리를 인지하는 힘을 스스로 개발해낸 사람이었다고 말할 수 있다. 링컨은 누군가에게 '이끌린' 것도 아니고, 누군가에게서 '영감을 얻은' 것도 아니다. 링컨은 '중간자'가 아니었다. 링컨은 '마스터', 곧 '지도자'였다. 결국 링컨과 '아버지'는 하나였다.

가장 귀중한, 아니 어쩌면 진짜 가치 있는 유일한 교육은 진리를 인지할 수 있는 경지까지 인간의 영혼을 발전시키는 교육이다. 역사상 이름을 남긴 위인들은 남녀를 막론하고 대체로 책더미에 파묻힌 사람들이 아니었다. 가장 위대한 업적은 사람에게서 배우지 않고도 '무언가'를 아는 사람들의 손으로 이루어졌다. 그리고 가장 믿기지 않는 사실은 바로 다음과 같은 점이다. "배우지 않고도 아는 이 지식에는 추상적인 지혜뿐만 아니라, 역사나 과학 등의 사실을 포함한 구체적인 정보까지 담겨 있을 수 있다. 그러니까 알아야 할 필요가 있는 모든 것이 들어 있는 셈이다."

이 점에 대해서는 분명하게 밝혀 둘 필요가 있다. 여러분이 바라는 것이 사업상의 성공이라고 가정해 보자. 자, 그렇다면 여러분은 자신의 성공이 가치 있을 것이라는 마음의 형틀을 가지고 있는가? 여러분이 성공한다면, 그 성공에서 조금이라도 실제적인 이득을 얻는 것은 여러분 자신인가, 아니면 신 혹은 제3자인가? 여러분은 진정으로 자신의 성공이 '영원한 목표'의 결실을 향한 여정에 도움이 되리라고 생각하는가? 만일 그렇지 않다면, 신에게서 무언가를 찾는 데 시간을 낭비하지 말고, 그 대신 악마에게 부탁해 보라. 무한한 능력을 가진 악마는 나타나지 않을지 몰라도, 유한한 능력을 가진 악마들은 많이 있으니, 재주가 좋은 녀석을 골라서 여러분이 생각하는 그런 성공을 거두는 데 도움을 얻을 수도 있을 것이다. 하지만 그건 성공이 아니라 사실상 최악의 실패이다.

만일 자신의 성공을 가치 있는 것으로 만들려는 의지를 가졌다면, 여러분은 '모든 지식'을 활용할 권리를 가진 셈이다. 이제, 여러분은 자신이 어떤 기적의 작용을 바라지 않는다는 점을 이해해야 한다. 하늘에서 신이 내려와 여러분의 일이 잘되도록 도와주기를 바라는가? 그건 아니다. 여러분은 자신의 일이 성공을 거두도록 스스로 노력할 것이다. 여러분은 결코 누구한테 '이끌리거나' 누구한테서 '영감을 얻기'를 바라지 않는다. 그냥 알고 싶어한다. 여러분이 알고자 하는 내용이 '무엇'인지는 절대 중요하지 않다. 사업가라면 투자에 관해서 알고 싶어할 것이고, 농부라면 알래스카 평원에 무슨 작물을 심어야 좋은지를 알고 싶어할 것이다. 또한 의사라면 정확한 진단을 내리고 싶어할 것이고, 전기 작가라면 나폴레옹에 관한 이런저런 이야기가 사실인지를 알고 싶어할 것이다.

어쨌든 무엇을 알고 싶어하는지는 전혀 중요하지 않다. 그냥 알고 싶어하는 지식이 자신에게 정말로 본질적인 지식이고, 자신의 일이 가치가 있기만 하면 그만이다. 여러분 자신이 항상 가치를 지니고 있을 때, 여러분의 일도 가치를 지니게 된다. 만일 여러분의 일이 '영원한 목표'를 이루기 위한 하나의 과정에 속해 있다면, 아무리 사소하더라도 그 일은 분명히 가치가 있는 일이다. 어떤 일의 진정한 가치는 그 일을 하고자 하는 의지를 가진 사람에게 자연히 드러나게 된다. 영혼이 여러분을 모든 진리의 속 깊은 곳으로 안내해 주기 때문이다.

다음 단계는 방법의 문제이다. "어떻게 해야 자신이 알고자 하는 대상을 발견하기 딱 좋은 시간과 공간을 만날 수 있을까?" 무엇보다 서두르면 안 된다. 모든 일에는 다 때가 있는 법이다. 이 점을 꼭 명심해야 한다. 조급하다는 것은 의심과 두려움의 결과이며, 의심과 두려움은 찾고자 하는 바로 그 정보를 볼 수 없도록 마음의 문을 닫아 버린다. 신은 이 점을 잘 알고 있으며, 여러분도 알게 될 것이다. 여기에는 아무런 의문도 있을 수 없다. 완벽한 진실이다. 절대 조급하면 안 된다. 다른 모든 문제와 잡념이 마음에서 빠져나갈 때까지 기다려야 한다. 잠시만이라도 두려움과 잡념이 없이 혼자 앉아 있을 수 있을 때까지 기다려야 한다. 그때가 오면, 앉아서 준비하라. 무언가를 하고자 하는 자신의 의지가 곧 신의 의지임을 긍정하라. 지금 당장 이 지식을 가치 있는 방향으로 활용하겠다는 자신의 의지를 천명하라.

다음에는 마음을 '문제'에 고정시켜라. '문제'에 대해 생각하거나 생각하려고 애쓰지 말라. 그냥 투자나 논밭이나 환자에 마음을 붙들어두라. 그리고 자신의 정신 자세를 가다듬되, 마치 전화를 받는 사람이 수화기를 귀에 갖다 대고 자신이 알고 싶어하는 내용을 상대방이 말하도록 가만히 기다려주는 것처럼, 그렇게 기다리도록 하라. 그리하여 적당한 때가 오면 어떤 확신이 자기 마음에서 솟아나게 될 것이다. "그 투자는 접어야겠어." "그 밭에는 귀리를 파종해야지. 토끼풀도 괜찮겠지." "이 환자는 암이야." "아, 이 이야기는 사실이로군." 이쯤 되면 불필요하거나 비본질적인 세세한 사항은 더 이상 알 필요가 없다. 핵심적인 사실만 알면 그뿐이다. 그것이 알고 싶은 내용의 전부이기 때문이다.

유일한 위험은 진리에 대한 인식을 두고 이성적으로 따져서 도달하는 확신이 그릇될 수 있다는 점이다. 그렇다고 해서 이성의 힘을 깎아내리거나 과소평가하려는 것은 절대 아니다. 이성은 모든 일상생활에서 훌륭한 안내자이다. 하지만 막상 가장 중요한 문제를 만났을 때는 이성을 동원하여 추론할 수 있을 만큼의 자료가 충분치 못한 경우가 많다. 바로 이런 상황에서 여러분은 신에게 물어야 한다. 신에게 답을 구할 때는 절대 이성을 동원해서 자기 자신의 답을 찾으면 안 된다. 자기가 알고 있는 것과 알고 있다고 생각하는 것의 차이를 명확하게 분간할 수 있으려면 약간의 체험이 필요할 것이다.

지금 여기서 말하는 '신에게 답을 구하는 태도'는 직관, 곧 내면의 가르침으로 진리를 얻는 방법이다. 그리고 그런 방법으로 진리를 얻었다면, 그다음 단계는 진리에 따라 움직이는 일이다. 마치 눈으로 보고 귀로 들은 것을 그대로 믿고 따르듯이, 자신이 진리를 통해 얻은 정보를 그대로 믿고 끝까지 밀고 나아가야 한다. 여기서 많은 사람들이 실패를 맛본다. 이런 사람들은 대개 약속을 믿고 무슨 일을 끝까지 실행하기를 두려워

한다. 이들은 진리에 대한 최초의 인식을 믿지 못하며, 따라서 제2, 제3의 인식도 믿지 못한다.

나도 연사로서 링컨의 초기 생애와 관련하여 모종의 '사실'을 알고 싶었던 적이 있었다. 나는 침묵 속에서 바라던 것을 얻어서, 시종일관 적극적으로 긍정했다. 5, 6년이 지난 후에 그 '사실'을 뒷받침하는 증거가 나타나서, 나는 그 부분과 관련된 원고를 아주 세세한 내용까지 완벽하게 다듬을 수 있었다. 비슷한 경험은 이 밖에도 많았다. 그리하여 나는 과거든 현재든 내가 알아야 할 필요가 있는 것이라면 무엇이든 알아낼 수 있고, 또 내가 알 권리를 가지고 있다는 사실을 깨닫게 되었다. 이것은 어쩌면 실로 엄청난 이야기일 수 있지만, 동시에 여러분도 누구나 혼자 힘으로 모두에게 시범을 보일 수 있는 이야기이기도 하다. 과거와 현재의 모든 것은 '우주의 지능'에 담겨 있다. 미래가 실제로 있는지는 알 수 없지만, 최소한 어느 정도의 미래는 있다고 믿는다. 그렇지만 우리가 꼭 알아야 할 미래란 그리 널찍한 영역이 아니다.

방법

이제 우리는 힘의 조종 가능성이라는 문제를 다룰 단계에 이르렀다. "우리는 과연 신의 힘을 적용하여, 살아가면서 부딪히는 다양한 문제를 해결하거나, 또 신의 힘을 활용하여 우리의 개인적인 난관을 극복할 수 있을까?"

일정한 조건 하에서는 그렇다고 말할 수 있다. 우리의 신체에 구현된 힘은 행성들의 운동에서 작용하는 힘과 본질적으로 다르지 않다. 힘은 모두 하나이다. "무언가를 바라고 무언가를 실행하도록 그대의 몸 안에서 작용하는 주체는 바로 신이다." 그대의 활기찬 에너지는 우주의 활기찬 에너지와 동일하다. 연필 한 자루를 들거나 지렛대를 움직일 때, 그대는 우주의 힘을 끌어내 사용하는 것이다. 만일 적절한 환경만 조성한다면, 그대는 우주의 힘을 몸 바깥으로 끌어내서 사용할 수도 있다.

그렇다면 적절한 조건이란 무엇인가? 무엇보다 그것은 동기에 대한 고려에서 비롯된다. '전체 지능'의 명령에 반하는 일이라면 그 어떠한 일도 '전능한 힘'을 활용해서 성취할 수 없다. 신과 신의 분신을 갈라놓을 수 없으므로, 첫째 조건은 신의 의지와 그대의 의지를 완벽하게 통합하는 것, 곧 '신의 의지'를 실행하겠다는 의지를 갖는 마음가짐이다. 지금 당장 그대가 어떤 일을 하든 그 동기와 희망을 잘 조사해 보라. 동기와 희망이 확실하게 신의 도움을 요청할 수 있는 그런 요소들인지를 잘 들여다보아야 한다. 자, 그렇다면 이제 여러분은 과연 무슨 일을 하고 싶은가? 여러분이 사업체를 하나 운영하고 있다고 생각해보자. 그러면 많은 사람들의 마음에 영향을 미쳐서 다수의 동의를 획득할 필요가 있을 것이다. 혹은 여러분이 의사라면 수많은 환자를 치료하고 싶을 것이다. 그 밖에도 남편이나 아내를 향한 사랑을 키우고 싶을 수도 있고, 거리를 떠도는 아이들을 감화시키고 싶을 수도 있을 것이다. 이 모든 동기와 희망에 대해 여러분은 합법적으로 신의 힘을 사용할 수 있다. 신의 힘을 어떻게 사용하느냐, 하는 방법의 차원만 문제가 될 따름이다.

무엇보다도 자신이 무엇을 하고자 하는가를 알아야 한다. 자기 자신의 방법을 그냥 사용하면서 무작정 자기 자신을 위해 무언가를 해달라고 신에게 요청할 수는 없다. 자기 자신의 방법을 선택한 다음에, 의식적이고 의도적으로 '전능한 힘'을 하고자 하는 일에 적용해야 한다. 여기서 주의할 것은 '신의 힘'에 의지하기 전에 자신이 하고자 하는 행동이 과연 올바른 일인가를 반드시 확인해야 한다는 점이다. 먼저, 지식을 얻어야 하는데, 지식이야말로 두 번째로 본질적인 믿음을 선사하기 때문이다. 물론 믿음이 없이 지식을 얻을 수도 있다. 그렇지만 믿음이 없으면 '신의 힘'은 활용할 수 없다. '신의 힘'을 움직이는 것은 믿음에 대한 고요하고 확고하며 지속적인 긍정이다. 의심이 고개를 드는 순간, 마법의 문은 닫히고 만다. 그러므로 이 과정은 다음의 세 단계로 이루어져 있다. 첫째, 자신의 의지를 신에게 복종시키라. 둘째, 신에게서 오는 지식을 받아들이라. 셋째, 신과 함께 자신의 의지를 긍정하라. 자신의 의지를 굴복시키는 것은 사실상 자신의 의지를 더욱 크고 튼실하게 만들어서 되돌려 받기 위한 행동이다.

이제, 여러분은 지식을 얻었으므로 기본적으로 행동을 시작할 준비를 갖춘 셈이다. 그렇다면 다시 사업가의 이야기로 돌아가서, 사업상 동의를 받고자 희망하는 사람들에 관한 생각을 마음속에 가득 채우라. 그런 다음, 여러분 자신과 그 사람들을 둘러싼 공간에 여러분의 뜻에 따라 작용하는 저항할 수 없는 '신의 힘'이 충만하다는 점을 기억하도록 하라. 이제 여러분 각자는 고요하고 진지하며 어떤 상황에도 흔들리지 않는 완전한 확신에 차 있다. "이것은 올바른 일이고, 우리 모두를 위한 최선이다. 동지들이여, 그대들도 나와 같은 생각일 것이다. 그대들은 나를 도와야 한다. 내 의지가 '전능한 힘'을 그대들에게 집중하고 있기 때문이다. 자, 이제 그대들은 내가 내놓은 제안에 동의할 준비가 되어 있다." 이러한 확신이 조금이라도 흔들리거나 이러한 마음 자세에서 한 치라도 벗어나면 안 된다. 동지들 가운데 한두 사람이 심하게 적대적이거나 설득하기 어려운 경우가 아니라면, 동지들을 개별적으로 떠올릴 필요는 없다. 만일 그런 특별한 경우를 만난다면, 그때는 따로 시간을 내서 해당되는 동지에게 생각을 집중하면 된다. 동지들과의 원만한 인간관계에 지나치게 조급하면 안 된다. 일이 우선이다. 일을 적절하게 처리하고 동지들을 만나게 되면, 고요한 확신이 담긴 여러분의 태도에서 동지들은 거부할 수 없는 설득의 힘을 느끼게 될 것이다.

환자를 치료할 때는 주변 공기를 '생명'과 치유의 힘으로 진동시키면서, 환자들에게 '생명'과 치유의 힘을 집중해야 한다. 계속해서 환자들을 마음에 꼭 붙잡아두고, '생명'과 치유의 힘을 이끌어내서 환자들에게 옮기는 것이다. 여기서 여러분의 개성과 함께 환자들과의 관계에 의해 조성된 인상의 가치를 마음에 담아두고, 고요한 확신과 힘이 바깥으로 드러나 일정한 형체를 갖도록 노력해야 한다.

극도로 고통스러운 환자를 대할 때라도 흥분하거나 지나친 동정심을 가져서는 안 된다. 서둘러서 고통을 덜어주려고 하지 말고, 침착하게 냉찜질이나 온찜질 혹은 소염제 투여, 마사지 시술, 응급처치 등의 외부적 조처를 실행해야 한다. 이들 조처의 일부나 전부를 실행하면서 여러분은 환자들의 마음뿐만 아니라 스스로의 마음도 다스릴 수 있는 것이다. 그러나 여러분이 어떤 물리적 조처를 취한다고 해도, 마음으로 실행하는 '전능한 힘'의 적용을 마냥 늦춰서는 안 된다. 실례로 환자의 고통을 치유하는 것은 바로 '전능한 힘'이기 때문이다. 다른 외부적인 조처는 모두 장식품에 불과하다.

이번에는 여러분이 남편이나 아내의 사랑을 얻고 싶다고 가정해 보자. 그렇다면 적용하는 요소들도 달라야 하고 절차와 방법도 변화가 필요하다. 사랑은 명령할 수 없고, 획득해야 한다. 여러분 자신이 사랑스럽지 못하다면, 신도 다른 사람들에게 여러분을 사랑하라고 강요할 수 없다. 남들이 자신을 사랑하지 않는다거나, 남들이 자신을 사랑해야 한다고 불평하는 것만큼 어리석은 행동도 없다. 여러분을 '반드시 사랑해야' 하는 사람은 아무도 없다. 여러분을 사랑하는 어떤 의무를 감당해야 하는 사람도 없다. 만일 그런 사람들이 있다면 그 사랑은 전혀 무가치한 사랑일 것이다. 사람들이 어떤 계율이나 의무감 때문에 서로 사랑하게 될 수 있다고 생각하는 것은 완전한 착각이다. 만일 어떤 정부에서 이브라는 이름을 가진 아가씨는 모두 아담이라는 이름을 가진 청년을 사랑해야 한다는 법령을 통과시켰다고 가정해 보자. 이때 국가 권력은 과연 관련된 사람들의 가슴 속에 모두가 바라던 애정을 불러일으킬 수 있겠는가?

우리는 결혼하기 전에 보통 사랑에 대한 '진리'를 깨닫고 이를 실천에 옮긴다. 젊은 남자는 자기 애인이 아무런 의무감 없이 자신을 사랑할 것으로 생각하고, 애인의 애정을 얻기 위한 작업을 시작한다. 우선 이 남자는 아가씨에게 '구애'를 한다. 자신이 구할 수 있는 능력 범위 안에서 가장 멋지게 보이는 최고급 옷을 걸치고, 용감하고 예의 바르며 부드러운 신사의 태도를 견지한다. 그러면 아가씨도 마찬가지 절차를 거쳐 남자의 행동에 상응하는 여성스러운 치장과 태도를 견지한다. 그러면 두 사람은 서로 상대의 사랑을 얻게 된다. 이것이 남녀가 사랑을 얻는 방식이다.

결혼 전이든 결혼 후든 다른 방법은 존재하지 않는다. 결혼 전에 사랑을 얻는 동일한 방식이 결혼 후에도 사랑을 그대로 유지하거나 증진시켜 주기 때문이다. '결혼이 연애의 무덤'이라는 속설에 관한 잡문은 엄청 많다. 한쪽이나 양쪽 모두 자신이 얻은 사랑을 지키기 위한 수고를 손톱만큼도 하지 않을 정도로 게으르거나 이기적이지 않다면, 결혼 생활은 아무런 문제가 없다. 결혼 전에 했던 것처럼 결혼 후에도 서로 호감을 갖기 위해 열심히 노력하는 남편과 아내는 항상 서로에게서 성공적으로 호감을 얻는다.

그러나 스스로를 최대한 사랑스럽게 만들었다면, 이제 여러분은 신성한 힘과 신성한 평화를 불러들일 수 있다. 여러분은 가정을 신성한 힘과 평화로 가득 채울 수 있으며, 스스로를 엄청 매력적으로 느껴지도록 만드는 분위기로 자기 주변을 둘러쌀 수 있다. 한번 해 보라.

이번 가설의 경우에도 일반적인 절차와 방법은 동일하다. 한쪽 방향만을 따르거나 지켜보거나 정찰하지 말고, 설교하거나 비난하거나 강연하려고 하지 말라. 그냥 자기 자신만 되면 된다. 머릿속으로 그리는 자기 자신의 모습으로 충분하다. 고요하고 끈기 있게 믿음을 가지고 '힘'을 스스로에게 집중시키라. 그러면 마침내 자신이 원하는 정신 조건을 만들어내게 될 것이다. "무엇이든지 기도하고 구하는 것은 받은 줄로 믿으라. 그리하면 너희에게 그대로 되리라." (마가복음 11장 24절)

인력의 법칙

힘이 차곡차곡 포개져 있는 이 책에서 확고부동하고 수학적이며 모든 인류에게 달성 가능한 성공의 원인을 발견하여, 그대가 애써 추구해 마지않는 결과를 산출할 수 있도록 그 원인을 오늘 그대 자신의 삶에 적용하라. 저자는 여기서 확실한 어조로 성공을 거둘 수 있는 방법을 우리에게 가르쳐주고, 또한 우리가 직접 성공을 거두도록 스스로 행동하는 절차를 우리에게 보여준다. 그 힘은 우리 자신의 마음에 있다. 저자가 제시하는 다양한 원리를 정복해 보라. 그러면 그대는 스스로 설정한 목표의 성취를 향하여 틀림없이 한걸음 나아가게 될 것이다.

윌리엄 앳킨슨이 전하는 말

우주는 '법칙'이 다스린다. 그것도 하나의 위대한 법칙이 다스린다. 이 법칙은 여러 가지 모습으로 발현되지만, 궁극적인 관점에서 보면 오로지 하나의 '법칙'만이 존재한다. 우리는 '법칙'이 발현된 모습의 일부에만 익숙할 뿐, 다른 모습은 거의 모르는 상태이다. 우리는 매일 조금씩 더 많이 배우고 있으며, 그리하여 무지의 장막도 차츰 걷히고 있는 중이다. 우리는 짐짓 유식한 척 '중력의 법칙'에 대해 말하지만, 똑같이 경이로운 '인력의 법칙'은 전혀 무시한다. 우리는 물질을 구성하는 원자들을 모두 한 자리로 끌어당기고 붙잡는 '법칙'의 놀라운 발현을 잘 알고 있다. 우리는 몸뚱이를 땅바닥으로 끌어당기고 몸뚱이를 둘러싼 주변 세계를 붙잡는 법칙의 힘은 과학이라는 이름 아래 잘 인식하고 있으면서도, 우리가 바라거나 두려워하는 사물을 우리에게 끌어와서 우리의 삶을 만들거나 혹은 망치는 강력한 법칙은 과학이 아니라는 이유로 애써 보지 않으려 한다.

'생각'이 힘, 곧 자석처럼 끌어당기는 힘을 가진 에너지의 발현이라는 사실을 바르게 볼 때, 우리는 지금껏 우리에게 어둡게 보였던 많은 사물의 존재 이유와 원인을 이해하기 시작하게 된다. '생각'의 세계에서 일어나는 이 강력한 법칙의 움직임을 관찰하고 연구하는 것 이상으로 배우는 학생들에게 알차면서도 고통스러운 학습은 없다. 그 강력한 법칙은 바로 '인력의 법칙'이다. 우리는 무언가를 생각할 때, 미세한 에테르체(빛을 파동으로 생각할 때 이 파동을 전달하는 매질로 상정되었던 가상 물질-역주)의 진동을 발산한다. 이 진동은 빛이나 열, 전기, 자력(磁力)을 만드는 진동만큼이나 실제적이다. 우리가 오감으로 이런 진동을 감지할 수 없다고 해서 진동이 실재하지 않는다고 속단해서는 안 된다. 강력한 자석은 진동을 내보내서 수십 킬로그램이나 니가는 쇠붙이를 혼자서 끌어당긴다. 그런데 이때 그 힘이 보이는가? 그렇게 강력하지만 우리는 그 힘을 볼 수 없고, 맛을 보거나, 냄새를 맡거나 소리로 듣거나 감촉을 느낄 수 없다.

이와 마찬가지로 '생각의 진동'(염파[念波])도 일반적인 방법으로는 눈으로 볼 수 없고, 코로 맡을 수 없고, 혀로 맛볼 수 없고, 귀로 들을 수 없고, 손으로 만질 수 없다. 그렇지만 기록상 강한 염파를 인식하고 심령 현상에 특별히 민감한 사람들의 사례가 적지 않고, 우리가 가까이 있건 멀리 떨어져 있건 타인의 생각에서 발산되는 진동을 뚜렷하게 느꼈음을 입증할 수 있는 사람들도 아주 많다. 텔레파시를 비롯한 심령 현상은 게으른 잠꾸러기가 꾸는 꿈이 아니다.

빛과 열은 생각보다 강도가 훨씬 떨어지는 진동에 의해 발현된다. 양자의 차이는 전적으로 진동의 정도에 달려 있다. 저명한 과학자인 엘리샤 그레이 교수(Elisha Gray, 1835~1901, 미국의 전기기술자 겸 발명가로 같은 날 출원한 전화기의 발명 특허를 두고 벨과 법정 소송을 벌인 일화는 유명하다-역주)는 자신의 소저(小著) 《자연의 기적The Miracles of Nature》에서 이렇게 말한다.

"사람의 귀로 들을 수 없는 음파가 있고 사람의 눈으로 볼 수 없는 광파가 있다. 우리가 어떤 생각에 깊이 빠졌을 때 바로 이와 같은 환경이 조성된다. 즉, 초당 진동수 4만에서 400조 사이의 길고 어두운 무음(無音) 공간과, 빛이 존재할 수 없는 초당 진동수 700조의 무한대역이야말로 우리가 어떤 생각에 몰입한 상태에서 발생하는 파동 양상인 것이다."

윌리엄스는 《과학 단상Short Chapters in Science》이라는 제목이 붙은 자신의 저서에서 이렇게 말한다.

"소리에 대한 감각을 형성하는 가장 빠른 파동과, 미열에 대한 감각을 형성하는 가장 느린 파동 사이에는 점진적인 단계가 존재하지 않는다. 다시 말해서 한편으로 소리의 세계와 다른 한편으로 빛과 열의 세계 사이에는 서로 상대방의 운동계를 집어삼킬 만큼 거대한 간극이 존재한다는 뜻이다. 하지만 그렇다고 해서 외계의 움직임을 수용해서 분석하는 감각기관이 있는 한, 물질이 그러한 매개 활동을 할 수 없다거나 그런 매개 활동이 중간적 감각을 형성할 수 없다는 가정은 전혀 근거가 없다."

위에서 전문가 두 사람의 학설을 인용한 것은 생각의 파동이 실재함을 입증하기 위해서가 아니라, 여러분에게 생각할 거리를 선사하기 위해서이다. 물론 이런 사실은 관련 분야의 연구에 종사하는 수많은 과학자들의 노력으로 충분히 학설로 정립된 상태이다. 여러분도 이 문제에 대해 조금만 생각해 보면, 이들 학설이 여러분 자신의 체험과 일치함을 알 수 있을 것이다.

우리는 흔히 주변에서 '생각이 물질'이라는 정신과학의 명제를 말하는 광경을 목격하게 되는데, 사실 이 말이 정확하게 무슨 뜻인지도 제대로 모르고 되뇌는 경향이 농후하다. 만일 이 명제의 참된 의미와 그 이면에 도사린 자연스러운 논리적 결과를 충분하게 이해한다면, 우리는 경이로운 힘, 곧 '생각의 힘'도 다른 모든 형태의 '에너지'처럼 사용할 수 있게 될 것이다.

　앞서 말했듯이, 우리는 생각할 때 빛이나 열기나 소리, 전기의 진동만큼이나 실제적인 고도의 진동을 시작한다. 이들 진동의 생산과 전달을 지배하는 제반 법칙을 이해한다면, 우리는 익히 알려진 에너지의 여러 가지 형태와 마찬가지로 이들 법칙도 일상생활에서 사용할 수 있는 능력을 갖추게 될 것이다. 이런 진동을 보고 듣고 무게를 달고 측정할 수 없다는 사실을, 곧 이들이 실재하지 않는다는 증거로 해석해서는 안 된다.

　사람의 귀가 들을 수 없는 음파도 분명히 존재한다. 그런데 그런 음파 중에는 일부 곤충이 확실하게 들을 수 있거나, 정교한 과학적 측정 장치로 포착할 수 있는 음파가 있다. 가장 정교한 측정 장치가 기록하는 음성과, 유추를 통해 인간의 정신이 음파와 기타 진동 사이의 경계선으로 알고 있는 한계 사이에는 엄청난 간극이 벌어져 있다. 또한 사람의 눈이 알아차리지 못하는 광파의 범위가 있지만, 그 가운데는 측정 장치만 정교하게 다듬으면 탐지가 가능한 광파가 일부 있다.

물론 사람의 눈으로 탐지할 수 없는 대부분의 광파는 아직 적당한 측정 장치가 개발되지 못한 상태이다. 해마다 과학 기술의 발전이 이루어지면서 미처 탐색하지 못했던 영역도 나날이 줄어들고 있다. 그리하여 새로운 측정 장치가 발명됨에 따라, 새로운 주파수대의 진동이 탐지되어 과학사에 기록될 것이다.

만일 자기(磁氣)를 측정하는 장치가 우리에게 없다고 가정해 보자. 그처럼 강력한 힘의 실재를 부정한다고 해도 우리는 전혀 반박할 수 없다. 그건 맛볼 수도 없고, 만져볼 수도 없으며, 냄새를 맡거나 소리를 듣거나 형체를 볼 수도 없기 때문이다. 그렇지만 누구나 보았듯이, 조금 덩치가 큰 자석은 수십 킬로그램이나 나가는 쇠붙이를 끌어당기기에 충분한 강력한 파동을 내보낸다.

모든 형태의 진동에는 각각의 형태에 걸맞은 측정 장치가 필요하다. 비록 신비주의자들의 말로는 19세기가 지나가기 전에 과학자들이 그러한 생각의 자국을 포착해서 기록할 만큼 정교한 기구를 발명하게 될 것이라고 했지만, 현재로서는 인간의 두뇌가 생각의 파동을 기록할 수 있는 유일한 장치처럼 보인다. 어쨌든 19세기에 과학 기술이 보여주고 있는 발달 속도로 보아 앞서 언급된 발명은 조만간 이루어질 것으로 기대를 해도 큰 무리가 없을 것 같다. 수요가 존재하면 언젠가는 공급이 뒷받침되기 때문이다. 그러나 실제 텔레파시를 가지고 각종 실험을 실행했던 사람들에게는 그네들 자신의 실험 결과 이상의 증거가 필요하지 않을 것이다.

　우리는 생활하면서 강렬하든 미미하든 강도만 다를 뿐 내내 무수한 생각을 내보내고, 또 한편으로는 그런 무수한 생각의 결과를 거둬들이고 있다. 생각의 파동은 우리 자신과 타인들에게 영향을 미칠 뿐만 아니라, 모종의 '끌어당기는' 힘을 가지고 있다. 다시 말해서 우리가 발산하는 생각의 파동은 우리 마음에서 일어나는 가장 중요한 생각의 특성과 일치하는 타인의 생각과 사물, 조건, 사람들, '행운' 등을 우리 쪽으로 잡아당긴다는 것이다. 예컨대 '사랑'을 생각하면 타인의 '사랑'을 불러온다. 특정한 생각과 일치하는 조건과 환경도 마찬가지이다. 결과적으로 같은 생각을 가진 사람들끼리 만나게 되는, 이른바

'유유상종' 현상이 나타나는 것이다. 분노와 증오, 시기, 악의, 질투를 생각하면, 다른 사람들의 마음에서 발산되는 이와 유사한 좋지 못한 생각을 우리 쪽으로 끌어당기게 된다.

우리가 이처럼 사악한 생각을 발현하고 또 그 대가로 다른 사람들에게서 똑같이 사악한 생각을 받게 만드는 조건도 그러하고, 서로 조화를 이루지 못하는 사람들과의 만남도 그러하다. 강력한 생각이나 혹은 오랫동안 지속된 생각은 그에 상응하는 생각의 파동을 가진 타인들에게 인력의 중심부로 작용하게 된다. 말하자면 뿌린 대로 거두는 형국이고, 끼리끼리 모이는 형국이라는 것이다. 결국 생각의 세계에서는 '유유상종'과 '누워서 침 뱉기'가 중요한 작용 원리가 된다.

사랑으로 충만한 사람은 남녀를 불문하고 사방에서 사랑을 목격하고, 다른 사람들의 사랑을 끌어당긴다. 반대로 가슴에 미움을 담은 사람은 자신이 견딜 수 있는 온갖 '미움'과 만나게 된다. '싸움'을 생각하는 사람은 보통 무슨 일을 제대로 시작하기도 전에 마음속에 생각하던 '싸움'과 맞닥뜨리게 된다. 그러므로 사람은 자신이 '마음'의 무선 전보에다 대고 요구하는 바를 그대로 받아들이게 되는 것이다.

아침에 일어나서 '언짢은' 기분을 느끼는 가장은 항상 아침 식사가 끝나기 전에 식구들 모두가 자기처럼 '언짢은' 기분을 느끼게끔 어떻게든 분위기를 만들어 나간다. '잔소리'를 좋아 하는 부인은 보통 자신의 '잔소리' 성향이 하루종일 마음껏 발 휘되기를 바란다. 이와 같은 '생각의 만유인력' 문제는 실로 심 각한 것이다. 잠시 걸음을 멈추고 이 문제를 한번 생각해보라. 그러면 진실로 주변 환경을 만드는 것이 당사자 자신인데도 정작 당사자는 자신의 주변 환경을 남들이 만든다고 남들 탓 만 한다는 사실을 알게 될 것이다.

나는 이러한 법칙을 이해하고 긍정적이고 고요한 생각을 줄 곧 견지해서 자신을 둘러싼 불협화음에 전혀 영향을 받지 않 는 사람들을 알고 있다. 이런 사람들은 마치 거친 파도에 기름 을 쏟아버린 배와 흡사했다. 그리하여 이런 사람들은 주변에서 광풍이 몰아쳐도 안전하고 고요한 상태로 휴식을 취할 수 있 었다. '법칙'의 복잡한 작용을 이해하고 나면, 변덕스러운 '생 각'의 폭풍이 몰아쳐도 끄떡없다. 우리는 물리적인 힘의 시대 를 지나 지적인 힘의 시대에 이르렀으며, 지금부터는 새로운 전인미답의 경지, 곧 영적인 힘의 시대에 들어서고 있다. 이 영역에는 이 영역 나름대로 수립된 제반 법칙이 있으며, 따라서 우리는 이들 제반 법칙을 잘 알고 따라야 한다. 그렇지 않으면 인간이 기울이는 노력의 다양한 국면에 대해 무지한 사람들처럼 사방 벽에 가로막히게 된다. 마치 사람들이 오늘날 증기와 전기 및 온갖 유형의 에너지를 사용하고 있듯이, 나는 이 위대한 힘을 활용하여 이 위대한 힘을 합법적이고 가치 있는 목적에 이르기 위해 적용할 수 있도록, 바야흐로 여러분 앞에 펼쳐지고 있는 이 새로운 에너지 영역의 밑바탕을 이루는 제반 원리를 알기 쉽게 설명하고자 한다.

제1장

원하는 바를 얻는 단계, 그것이 바로 성공이다. 그리고 성공은 어떤 원인의 적용 과정에서 비롯된 하나의 결과이다. 성공은 본질적으로 모든 경우에 동일하다. 차이가 있다면, 그 차이는 성공을 거둔 사람들이 원하는 구체적인 내용에 있지, 결코 성공 자체에 있지 않다. 성공은 그 결과가 건강과 부귀, 발전,

지위의 성취나 획득으로 다양하게 나타나지만 본질적으로 모두 동일하다. 성공은 구체적으로 성취한 사물이 무엇이든 결국은 성취 자체이다. 그런데 유유상종이 자연의 법칙이다. 성공이 모든 경우에 동일하기 때문에, 성공의 원인도 모든 경우에 동일하지 않으면 안 된다.

성공의 원인은 언제나 성공하는 사람에게 있다. 여러분은 이 말이 틀림없는 사실임을 알게 될 것이다. 만일 성공의 원인이 성공하는 사람의 외부, 예컨대 자연에 있다면, 비슷한 자리에 터를 잡은 사람들 모두가 성공해야 하지 않겠는가? 성공의 원인은 개인의 환경에 있지 않다. 만일 성공의 원인이 개인이 처한 환경에 있다면, 주어진 반경 안에서 활동하는 사람 모두가 성공해야 할 것이고, 그렇게 되면 성공이 전적으로 이웃의 문제가 될 것이다. 하지만 우리는 환경이 거의 동일하고 똑같은 이웃에 사는데도 어떤 사람은 성공하고 어떤 사람은 실패하는 사례를 수없이 보게 된다. 그러므로 성공의 원인은 성공하는 당사자에게 있지, 다른 어디에도 없다고 말할 수 있다.

수학적으로 관찰해 보더라도 이 말은 틀림없는 사실이다. 만일 성공의 원인을 찾아내서 적절한 상태로 키운 다음, 실행하고 있는 일에 적용하면, 그대는 성공할 수 있다. 충분한 원인을 적용하면, 절대 주어진 결과를 산출하는 데 실패할 수 없기 때문이다. 만일 어떤 유형이든 실패가 있다면, 그것은 원인이 충분히 적용되지 않았거나 아니면 원인이 적절한 방식으로 적용되지 않았기 때문이다. 성공의 원인은 그대의 내면에 존재하는 모종의 힘이다.

그대는 어떤 힘이라도 무한대까지 발전시킬 수 있는 능력을 가지고 있다. 왜냐하면 정신적인 성장에는 끝이 없기 때문이다. 우리는 이 힘을 무한히 키울 수 있으며, 따라서 원하는 일을 실행하고 얻고 싶은 것을 얻을 수 있을 정도로 이 힘을 극대화할 수 있다. 이 힘이 충분히 강할 때, 우리는 실제 자신이 하고자 하는 일에 이 힘을 적용하는 방안을 습득할 수 있으며, 결과적으로 우리는 반드시 하고자 하는 일에서 성공을 거둘 수 있다. 그러므로 우리가 습득해야 하는 지식의 전부는 '무엇이 성공의 원인인가?'와 '성공의 원인이 어떻게 적용되어야 하는가?'의 두 가지뿐이다.

하고자 하는 일에서 성공을 거두려면 특별한 능력의 개발이 필수적이다. 음악적 능력을 개발하지 않고 음악가로 성공할 수 있겠는가? 기계를 다루는 능력을 개발하지 않고 기능공으로 성공하겠다거나, 말씀에 대한 영적인 이해와 사용법을 개발하지 않고 목회자가 되겠다거나, 또 금융에 대한 전반적인 능력을 개발하지 않고 은행가로 출세하겠다는 생각은 희망이 아니라 어리석은 망상에 불과하다. 우리는 자신이 가진 가장 강한 능력을 활용할 수 있는 일을 선택해야 한다. 만일 기계를 다루는 능력이 뛰어난 대신에 영적인 성향은 그다지 발달하지 않았고 언어 구사력도 대단치 않다면, 설교를 하겠다고 덤벼들어서는 안 된다.

색채와 직물을 조합하여 아름다운 모자나 의상을 창조하는 데 취향이나 재능이 있다면, 타자나 속기술을 배우려 애쓰지 말고, 가장 잘할 수 있는 능력을 활용하는 일에 바로 뛰어드는 것이 바람직하다. 거기서 자신이 가장 잘할 수 있는 능력을 마음껏 개발하면 된다. 물론 이 개발 과정이 충분하지 못하다면, 성공 여부 역시 불투명해진다.

훌륭한 음악적 재능을 가지고도 음악가로 실패하는 사람들이 있고, 훌륭한 기계적 능력을 가지고도 목수나 대장장이, 기능공으로 실패하는 사람들이 있으며, 깊은 영적 능력과 유창한 언변을 가지고도 목회자로 실패하는 사람들이 있고, 예리하고 논리적인 성향을 가지고도 변호사로 실패하는 사람들이 있다. 일에 활용되는 특별한 능력은 일종의 연장이라고 할 수 있는데, 결과적으로 성공은 좋은 연장에만 좌우되는 것이 아닌 셈이다. 성공은 그보다는 연장을 사용하는 사람의 힘에 좌우된다. 연장도 최고이고 조건도 최상이라 하더라도 필요한 만큼 깎고 다듬기도 해야 한다는 점을 잊어서는 안 된다.

음악적 능력을 제대로 적용하면 음악 분야에서 성공을 거둘 수 있다. 기계적인 능력을 제대로 적용하면 기계와 관련된 직업에서 성공을 거둘 수 있다. 금융재정 능력을 제대로 적용하면 은행업에서 성공을 거둘 수 있다. 결국 이들 능력을 적용하는 '무엇' 혹은 이들 능력이 적용되도록 하는 '무엇'이 바로 성공의 원인이라고 할 수 있다. 능력은 연장이고, 연장의 사용자는 여러분 자신이다. 그러므로 여러분의 내면에서 여러분 자신으로 하여금 연장을 적당한 때 적당한 방식으로 사용할 수 있도록 하는 주체가 바로 '무엇'이다. 어떤 사람의 내면에서 그 사람에게 자신의 능력을 성공적으로 사용하도록 하는 이 '무엇'은 과연 무엇일까?

　다음 제2장에서는 그 '무엇'의 내용과 그 '무엇'을 개발하는 방법을 충분히 설명할 예정이다. 하지만 그 이야기를 본격적으로 접하기 전에 여러분은 우선 이 제1장을 여러 번 반복해 읽어서, 자신이 성공할 수 있다는 진술에 담긴 확고한 논리를 마음속에 깊이 새겨두어야 한다. 여러분은 할 수 있다. 만일 다음에 나오는 이야기를 제대로 이해할 수 있다면, 여러분은 분명히 자신이 성공할 수 있다는 사실을 확신하게 될 것이다. 자신이 성공할 수 있다는 사실을 확신하게 되는 상태야말로 성공에 필요한 첫 번째 조건이다.

제2장

인간의 마음에 담긴 능력은 성공을 성취하는 연장 내지 도구이며, 이 연장을 자신의 일이나 사업에 바르게 적용하면 그 일이나 사업이 성공을 거두고 원하는 바를 얻게 된다. 성공하는 사람들은 소수인데, 그것은 이들 소수만이 자기 능력을 성공적으로 사용했기 때문이다. 한편 이들과 똑같은 능력을 가졌는데도 실패하는 사람들이 다수인데, 그것은 이들 다수가 자기 능력을 성공적으로 사용하지 못했기 때문이다. 성공하는 사람들에게는 그녀들의 능력을 성공적으로 사용하게 만드는 '무엇'이 반드시 있다. 이 '무엇'은 성공하는 모든 사람들이 반드시 함양해야 한다. 그렇다면 그 '무엇'은 과연 무엇인가?

그 '무엇'을 표현할 말을 찾기란 대단히 힘들고, 또 자칫 잘못하면 말 때문에 오해를 불러일으킬 우려도 있다. 이 '무엇'은 일단 '균형'이다. 균형은 평화와 힘의 결합이다. 그러나 그 '무엇'은 '균형'을 넘어서는데, 그것은 균형이 조건이기 때문이다. 이 '무엇'은 조건인 동시에 행위이기도 하다. 이 '무엇'은 '믿음'이지만, 일반적인 의미에서의 믿음을 넘어선다. 일반적으로 이해하는 믿음은 입증될 수 없는 것을 믿는 행위이다. 성공을 일으키는 그 '무엇'은 믿음을 넘어선다.

그 '무엇'은 '행위' 안에 존재하는 '의식적인 힘'이니, 곧 '힘에 대한 능동적인 자각'이다.

'힘에 대한 자각'은 자신이 어떤 일을 할 수 있다는 사실, 즉 그 일을 다루는 방법을 알았을 때 느끼는 바로 그것이다. 만일 내가 여러분에게 자신이 성공할 수 있다는 사실, 곧 여러분 스스로가 성공의 방법을 안다는 사실을 알게 할 수 있다면, 나는 이미 성공을 여러분의 사정권 안에 갖다 놓은 셈이다. 자신이 어떤 일을 할 수 있음을 알고, 또 자신이 그 방법을 알고 있다는 사실을 안다면, 제대로 일을 처리했을 때 절대 실패할 수 없기 때문이다. '힘에 대한 자각'을 충분히 가졌을 때, 여러분은 절대적으로 성공적인 마음 자세를 가지고 주어진 과제에 접근하게 된다. 생각 하나하나가 모두 성공적인 생각이고, 행위 하나하나가 모두 성공적인 행위이다. 모든 생각과 모든 행위가 성공적이라면, 그 총합은 절대 실패가 될 수 없다.

내가 여기서 해야 할 임무는 독자 여러분에게 자신이 하고자 하는 일을 할 수 있음을 알고 스스로에게 그 방법을 알려줄 수 있도록 어떻게 해야 자신의 내면에 '힘에 대한 의식'을 창조할 수 있는가를 가르쳐주는 일이다. 앞의 제1장을 반복해서 읽어보라. 분명히 성공할 수 있다는 결정적인 논리가 거기 나와 있을 것이다. 또 사람들의 마음속에 있는 모든 것이 여러분의 마음속에 있고, 다만 차이가 있다면 그것은 오직 개발 여부 혹은 개발 정도라는 사실도 드러나 있을 것이다.

개발되지 않은 것은 항상 개발될 수 있다. 이것은 자연계의 사실적 법칙이나. 그렇다면 이제 우리는 성공의 원인이 여러분의 내면에 있고, 또 그 원인이 충분히 개발될 수 있음을 알게 되었다. 이 내용을 잘 읽었다면, 여러분은 자신이 성공할 수 있음을 믿게 되었을 것이다. 그렇지만 자신이 성공할 수 있다는 것을 믿는 것으로는 충분치 못하다. 객관적인 현재의식(겉으로 드러난 의식-역주)은 물론, 잠재의식에 도사린 마음까지 자신이 성공할 수 있다는 것을 믿어야 하기 때문이다.

사람들은 흔히 이렇게 이야기한다. "자기가 어떤 일을 할 수 있다고 생각하는 사람은 정말로 그 일을 할 수 있다." 하지만 이건 진실이 아니다. 자기가 어떤 일을 할 수 있다고 아는 사람은 정말로 그 일을 할 수 있다는 말도, 객관적인 현재의식만을 염두에 두었다면 역시 진실이 아닌데, 그것은 위에서도 말했듯이, 객관적인 현재의식으로 확실하게 알고 있는 것도 잠재의식이 철저하게 파괴하거나 뒤집어엎는 경우가 왕왕 있기 때문이다. 그러므로 잠재의식에서 자기가 어떤 일을 할 수 있다고 아는 사람은 정말로 그 일을 할 수 있다고 해야 진실에 가까운 이야기가 된다.

물론 이 이야기는 객관적인 현재의식이 그 일을 하도록 훈련을 받았다고 할 때 더욱 진실이 된다. 사람들은 객관적으로 볼 때 자기가 이런저런 일을 할 수 있다고 생각하면서도, 잠재의식에서는 자기가 그런 일을 할 수 없다고 생각하기 때문에 실패를 거듭하게 된다. 그것은 마치 잠재의식에 자기 능력에 대한 의심이 각인되어 있는 상태와 마찬가지이다. 이런 의심은 마땅히 아예 없애 버리거나, 아니면 최소한 활동을 하지 못하도록 막아야 한다.

잠재의식의 지배를 받는 마음이야말로 모든 능력이 활동을 시작할 때 힘이 솟아나오는 근원이 된다. 그런데 의심은 이 힘이 활동을 하지 못하도록 방해하거나 이 힘의 활동을 약화시키는 원인으로 작용한다. 그러므로 여러분이 밟아야 하는 첫째 단계는 내가 할 수 있다는 사실을 잠재의식에 각인시키는 일이다. 이 단계는 꾸준한 암시로 이루어져야 한다. 다음에 소개하는 정신 훈련을 하루에 서너 차례씩 특히 잠자기 직전에 실행해 보라. 다시 말해서 물이 스펀지에 스며들듯이, 자신의 잠재의식이 몸 전체에 스며든다고 생각해보라. 마음을 생각할 때 마음을 느끼도록 하라. 그러면 여러분은 마음을 의식할 수 있게 될 것이다. 이렇게 해서 생긴 의식을 붙들고 깊고 진지한 감정을 담아 다음과 같이 말해 보라. "나는 성공할 수 있다. 남들도 다 하는데 왜 내가 못하겠는가! 나도 성공한다. 반드시 성공한다. 그건 내가 '성공의 힘'으로 가득 차 있기 때문이다."

이 말은 단순한 진리이다. 이 말이 진리임을 깨닫고 여러분의 정신이 '나는 내가 원하는 것을 할 수 있다'는 인식으로 흠뻑 젖을 때까지 반복하고 또 반복하라. 여러분은 성공할 수 있다.

다른 사람들도 성공했다. 여러분은 남보다 훨씬 큰 성공을 거둘 수 있다. 다른 사람들은 지금껏 사용 가능한 힘을 100퍼센트 활용하지 못했기 때문이다. 자기 일에서 다른 어떤 사람이 지금까지 거둔 성공보다 크고 대단한 성공을 거둘 수 있는 힘은 다른 어디도 아니라 바로 여러분의 내면에 자리 잡고 있다.

방금 말한 자기암시를 한 달 동안 끈질기게 실행해 보라. 그러면 여러분은 자신의 내면에 자기가 원하는 것을 할 수 있게 만들어주는 힘이 존재하고 있음을 알게 되기 시작할 것이다. 이제, 여러분은 어떻게 해야 하고자 하는 것을 실제로 행하는 과정으로 나아갈 수 있는가를 알아볼 준비가 된 셈이다. 하지만 여러분이 먼저 자신의 잠재의식에다 '나는 할 수 있다'는 인식을 각인시켜야 한다는 점을 잊어서는 안 된다.

제3장

현재의식과 잠재의식을 망라한 자신의 정신세계를 '원하는 것을 할 수 있다'는 믿음으로 가득 채웠다면, 그다음 문제는 자연히 방법론이다. 그러니까 우리는 지금 자신이 바른 길로 나아간다면 원하는 것을 할 수 있다는 사실을 알고 있다. 그렇다면 과연 어느 길이 바른 길인가?

이건 확실하다. 즉, 더욱 많은 것을 얻으려면 현재 자신이 가지고 있는 것을 건설적으로 활용해야 한다. 자신이 갖고 있지 않은 것을 활용할 수는 없는 일이기 때문이다. 그러므로 문제는 자신에게 이미 갖춰져 있는 능력을 가장 건설적으로 활용하는 구체적인 방법에 있다. 만일 지금 없는 능력이 생긴다면 그 능력을 어떻게 활용할 것인가를 고민하는 데는 절대 시간을 낭비하지 말라. 그냥 지금 가지고 있는 것을 어떻게 활용할 것인가만 생각하라. 지금 당장 자신이 가진 것을 가장 완벽하게 활용한다면, 여러분은 급속도로 성공을 향해 나아갈 수 있을 것이다. 사실, 여러분이 원하는 것을 얼마나 빠르게 성취하느냐는 여러분이 가진 것을 얼마나 완벽하게 활용하느냐에 달려 있다. 많은 사람들은 멈춰 있거나 자기 나름의 독자적인 방법을 찾긴 찾더라도 대단히 느리게 찾는데, 그것은 현재 자신에게 있는 수단과 능력과 기회를 극히 조금밖에 활용하지 못하기 때문이다.

이 점을 좀더 분명하게 이해하려면 자연계에서 일어나는 다음과 같은 현상을 살펴볼 필요가 있다. 진화의 과정에서 다람쥐는 도약 능력을 최고조로 발달시켰다. 계속해서 앞으로 나아가려고 노력하다 보니, 보통 다람쥐가 도약하는 거리보다 훨씬 먼 거리까지 갈 수 있도록 다리를 낙하산처럼 합친 막을 가진 날다람쥐가 탄생했다. 날다람쥐의 낙하 점프 능력을 조금 확장하면, 막형(膜形) 날개를 가져서 날아다닐 수 있는 박쥐가 탄생한다. 박쥐의 지속적인 비행은 깃털 날개를 가진 조류를 탄생시켰다. 결과적으로 한 수준에서 다른 수준으로 넘어가는 전이가 이루어진 것은 일정한 기능을 완벽하게 다듬고 키웠기 때문이다. 만일 다람쥐가 계속해서 더 멀리 뛰지 않았다면, 비행능력의 발달도 없고 날다람쥐의 탄생도 없었을 것이다. 도약능력을 건설적으로 활용했기 때문에 비행 능력이 탄생할 수 있었다. 만일 여러분이 지금 자기 능력의 절반만큼만 도약하고 있다면, 여러분은 앞으로도 절대 비행할 수 없을 것이다.

자연계에서 우리는 한 생명체가 낮은 수준의 기능을 완벽하게 개발해서 한 수준에서 다른 수준으로 도약하는 양상을 목격할 수 있다. 하나의 유기체에 자신이 현재 수준에서 완벽하게 기능을 수행하여 표현할 수 있는 것보다 많은 생명력이 포함되어 있다면, 그럴 때마다 해당 유기체는 언제나 더 높거나 더 큰 다음 수준의 기능을 수행하기 시작한다. 낙하막을 발달시키기 시작한 최초의 다람쥐는 틀림없이 완벽한 뜀뛰기 선수였을 것이다. 이것이 바로 모든 진화와 모든 성취의 근본적인 원리이다.

이러한 원리를 감안해볼 때, 여러분은 현재의 처지를 최대한 활용해야만 앞으로 나아갈 수 있다. 그러므로 여러분은 지금 당장 할 수 있는 모든 것을 완벽하게 실행해야 한다. 지금 할 수 있는 것을 완벽하게 실행해야만 지금 할 수 없는 것도 나중에 할 수 있게 된다는 것은 엄연한 법칙이다.

한 가지 일을 완벽하게 실행하면, 우리는 어김없이 더욱 커다란 다음 일을 실행하는 데 필요한 도구와 장비를 갖추게 된다. 왜냐하면 생명체는 끊임없이 진보한다는 것이 자연계에 내재된 원리이기 때문이다. 한 가지 일을 완벽하게 수행하는 사람은 누구든지 더욱 커다란 다음 단계의 일을 수행할 수 있는 기회와 곧바로 만나게 된다. 이것은 한 치의 오차도 없는 모든 생명체의 보편적인 법칙이다. 우선 지금 할 수 있는 모든 것을 완벽하게 계속해서 실행하되, 그 일을 하고 나서도 힘이 남을 정도로 그 일을 하는 노력이 쉬워질 때까지 실행하라. 그런 다음에 남아 있는 잉여적인 힘을 가지고 더 높은 수준의 목표에 도전하고, 설령 바닥에서부터 시작하더라도 주변 환경과의 조화를 넓혀 나가도록 하라. 그러면 여러분의 능력은 최대한으로 개발될 것이다.

자신의 능력을 성공적으로 사용할 수 있도록 '힘에 대한 자각'을 함양하고, 그 능력을 적용해서 지금 할 수 있는 모든 것을 실행하도록 하라. 환경이 바뀌기를 기다리지 말라. 그런 호시절은 절대 안 올지도 모른다. 더 나은 환경에 도달하는 유일한 방법은 오로지 자신의 현재 환경을 건설적으로 활용하는 것뿐이다. 현재의 환경을 가장 완전하게 활용해야만 보다 바람직한 환경에 도달할 수 있는 것이다.

만일 현재의 사업체를 확장하고자 한다면, 이미 가지고 있는 그 사업체를 가장 완벽한 방식으로 운영해야만 확장이 가능하다는 사실을 잊어서는 안 된다. 삶 자체를 사업에 온통 쏟아부어 더 많은 것으로 사업을 채웠을 때, 그리고도 남은 잉여분 때문에 그 사업은 더욱 커질 것이다. 지금의 일을 완벽하게 실행할 수 있는 생명력보다 더 많은 생명력을 요구하는 일이나 사업은 아무리 해봐야 도움이 안 된다. 만일 이런 경우에 처한다면, 그때는 우선 활력을 높여야 한다. 그리고 지금 해야 할 일을 깔끔하게 처리하는 완벽성이야말로 여러분의 활동 영역을 넓혀주고 여러분을 더 큰 환경과 만나게 해준다는 사실을 잊지 않도록 하라.

여러분을 원하는 것과 만나게 해주는 추진력이 바로 생명이라는 사실을 반드시 기억해 두라. 현상을 한 단계 한 단계 분석해 나가다 보면, 마지막에 가서는 여러분이 원하는 것은 오로지 '더 충만하게' 사는 기회밖에 없다. 그러므로 여러분은 오직 모든 생명체가 끊임없이 더 충만한 표현으로 나아가려는 보편적인 법칙의 작용이 있어야만 원하는 것을 얻을 수 있다. 하나의 유기체에 자신이 현재 수준에서 완벽하게 기능을 수행하여 표현할 수 있는 것보다 많은 생명이 포함되어 있다면, 그럴 때마다 해당 유기체는 언제나 더 높거나 더 큰 다음 수준의 기능을 수행하기 시작한다는 것이 바로 그 법칙이다. 여러분이 몸과 마음 전체를 현재 하고 있는 일에 던져서 그 일을 완벽하게 할 때, 그리고도 남은 잉여 에너지는 지금 하고 있는 일을 더 넓고 더 큰 영역으로 확장시켜 줄 것이다. 이때 자신이 원하는 것을 마음속에 품어서 잉여 에너지가 올바른 방향으로 흐르도록 해야 한다는 점도 잊어서는 안 된다.

자신이 성취하고자 하는 것에 대한 명확한 개념을 잡아야 한다. 그리고 성취하고자 하는 것이 지금 해야 하는 일을 완벽하게 수행하는 데 방해가 되어서는 안 된다. 원하는 것에 대한 분명한 개념은 에너지의 사용 방향을 알려주는 안내자인 동시에, 지금 하고 있는 일에 에너지를 최대한 투입하도록 도와주는 영감이기도 하다. 말하자면 현재에 살되, 미래를 위해 살라는 것이다. 만일 여러분의 욕구가 백화점 하나를 소유하는 것이라고 하자. 물론 지금은 구멍가게 하나를 개업하기에도 빠듯한 자본밖에 갖고 있지 못하다. 그렇다면 오늘 당장 구멍가게를 시작할 돈으로 백화점을 경영하려고 애쓰지 말고, 언젠가는 구멍가게를 백화점으로 키울 수 있다는 믿음과 확신을 가지고 구멍가게를 잘 운영하는 것이다. 구멍가게를 백화점의 시작으로 생각하고, 더욱더 키우도록 하라. 여러분은 반드시 해낼 수 있다.

현재 운영하는 사업체를 건설적으로 활용하여 사업을 키우고, 현재 사귀는 친구들을 건설적으로 활용하여 친구를 더 많이 사귀며, 현재 차지하고 있는 지위를 건설적으로 활용하여 더 나은 지위를 얻도록 하라. 마찬가지로 현재 여러분의 가정에 존재하는 사랑을 건설적으로 활용하라. 그러면 여러분 가정의 행복이 더욱더 커질 것이다.

제4장

여러분은 자신의 능력을 자신의 일과 환경에 적용함으로써만 원하는 것을 얻을 수 있다. 여러분은 '힘에 대한 자각'을 획득함으로써 다양한 자신의 능력을 성공적으로 적용할 수 있게된다. 여러분은 오늘 일에 집중하고, 지금 당장 이루어질 수 있는 모든 것을 완벽하게 수행함으로써 앞으로 나아가게 된다. 오늘의 자신과 관련된 것이면 그것이 무엇이 되었든 건설적으로 그것을 활용하는 데 자신의 모든 에너지를 집중하기만 한다면, 미래의 어느 시점에 원하는 것을 얻을 수 있다. 오늘의 환경에 존재하는 여러 요소를 외면하거나 건성으로 활용한다면, 미래의 성취는 영원히 도달 불가능한 목표가 되고 만다.

적어도 오늘만큼은 능력 이상의 것을 바라지 말라. 그러기보다는 오늘 가질 수 있는 최선의 것을 갖도록 하라. 오늘 가질 수 있는 최선의 것 이하를 갖는 데 만족해서는 안 된다. 지금 당장 가질 수 없는 것을 바라면 그저 에너지만 낭비될 따름이다. 항상 가질 수 있는 최선의 것을 갖는다면, 여러분은 계속해서 더욱더 나은 것을 갖게 될 것이다. 왜냐하면 모든 생명체는 지속적으로 더 많고 더 나은 사물을 활용하는 방향으로 진화하는 것이 우주의 근본 원리이기 때문이다. 반대로 만일 지금 가질 수 있는 최상의 것 이하에 만족한다면, 그 생명체는 더 이상 앞으로 나아가지 못할 것이다.

오늘 이루어지는 모든 관계와 접촉은, 그것이 사업적인 것이든 아니면 가정적이거나 사회적인 것이든, 여러분이 미래에 원하는 것을 얻기 위한 디딤돌이 되어야 한다. 이런 목표를 성취하려면 여러분은 그런 모든 관계와 접촉을 원만하게 처리하는 데 필요한 충분한 생명력 이상을 지금 당장 하고 있는 일에 투입해야 한다. 그렇게 되면 여러분이 손을 대는 모든 일에서 반드시 잉여적인 힘이 발생한다. 이 잉여적인 힘이야말로 진보를 유발하여 원하는 것을 얻도록 만드는 원동력이다. 잉여적인 힘이 없다면, 진보도 없고 성취도 없다. 진화를 일으키는 것은 현재 환경에서 수행 가능한 다양한 기능을 뛰어넘는 잉여적인 생명력이다. 진화는 보다 충만한 생명력을 얻고, 나아가서 원하는 것을 얻는 움직임이다.

여러분이 장사를 하는데, 이 장사를 키우고 싶다고 가정해 보자. 그렇지만 고객의 돈을 받고 고객에게 상품을 건네주는 피상적인 거래 관계만으로는 희망이 절대 이루어질 수 없다. 그런 거래라면, 고객은 여러분에게서 '아, 이 사람은 그냥 거래를 해서 거기서 이익을 얻는 것 말고는 전혀 관심이 없구나!' 하는 느낌을 받고 그 자리를 떠나게 된다. '아, 이 사람은 장사꾼이지만 고객이 무엇을 필요로 하는가에 대해 개인적인 관심을 가지고 있을 뿐만 아니라, 진정으로 고객의 행복을 증진시키려 애를 쓰고 있구나!' 하는 느낌을 고객에게 주지 못한다면, 여러분은 성공의 토대를 잃어버리고 있는 셈이다. 말 그대로 여러분은 실패한 것이다.

여러분이 진심으로 자신의 이익만큼이나 고객의 이익을 높이려 노력하고 있다는 강한 인상을 고객에게 줄 수 있다면, 여러분의 사업은 날로 번창할 것이다. 그렇다고 해서 일부러 상대방에게 웃돈을 줄 필요는 없다. 문제는 아무리 규모가 작은 거래라도 모든 거래에 자신의 생명력과 관심을 완전히 쏟아부을 수 있는가에 달려 있다.

만일 직업을 바꾸고 싶다면, 현재의 직업을 원하는 직업으로 가는 디딤돌로 삼아야 한다. 현재의 직업에 종사하고 있는 한은 그 직업에다 생명력을 가득 불어넣어야 한다. 그러면 잉여적인 생명력이 원하는 방향으로 자연스럽게 흘러갈 것이다. 사업상 만나든 아니면 사교상 만나든, 만나는 모든 사람에게 생생한 관심을 보이고, 그네들을 위해 진심으로 최선을 다하라. 그러면 그네들은 여러분의 발전이 자신들에게도 이익이 된다고 느끼기 시작하고, 그에 따라 자신들의 생각을 여러분의 발전을 위해 사용하게 될 것이다.

만일 여러분이 다른 사람 밑에서 일하는 직원인데, 현재 있는 위치에서 승진을 하고자 한다면, 매사에 혼신의 노력을 다하라. 주어진 일을 수행하는 데 필요한 에너지와 관심 이상을 투입하라는 것이다. 하지만 그렇다고 해서 비굴하게 굴 필요는 없다. 아첨을 해도 안 된다. 많은 거래와 직업에서 우리 시대의 악이라고 할 수 있는 지적인 '매춘'은 절대 피해야 한다. 이 말은 어떤 형태로든 부도덕하고 부정직하고 사악한 행위를 변명해서는 안 된다는 뜻이다. 지적인 매춘부는 타락한 영혼이다.

스스로를 존중하고, 모두를 절대적으로 존중하라. 모든 행위와 모든 생각에 생명을 쏟아붓고 자신이 승진할 자격이 있다는 사실에 '힘에 대한 자각'을 고정시키라. 매일 현재의 위치를 채우고도 남는 잉여적인 생명과 행위가 생기는 순간, 승진은 눈앞에서 엄연한 사실로 실현될 것이다. 만일 승진이 현재의 상사에게서 주어지지 않는다 해도, 걱정할 필요는 없다. 다른 상사에게서 이루어질 것이기 때문이다. 누구든 자신의 현재 위치를 채우는 이상이 되면 반드시 앞으로 나아가게 되어 있는 것이 보편적인 법칙이다. 그러나 이 법칙만으로는 진화도 없고 발전도 없다. 다음 이야기를 주목하라.

단순히 잉여적인 에너지를 일에 투입하는 것만으로는 부족하다. 예컨대 좋은 사업가이거나 좋은 직원이지만, 집에서는 나쁜 남편이고 부당한 아버지이거나, 친구들 사이의 인간관계에서는 신의가 없는 동료라면, 그런 사람은 절대 앞으로 멀리 나아갈 수 없다. 이런 측면의 문제 때문에 그런 사람은 자신의 성공을 인생의 진보를 위해 사용할 수 없다. 다시 말해서 건설적인 법칙의 작동을 기대할 수 없다는 것이다. 일에서는 완벽한데도 그다지 발전을 보이지 못하는 사람들이 많은데, 그것은 당사자가 아내에게 난폭하다거나 아니면 다른 인간관계에 결함이 있기 때문이다. 진화의 힘이 작동하려면 현재 존재하는 모든 인간관계를 완벽하게 만족시키는 상태 이상이 되어야 한다. 전화 교환수 한 사람이 있었는데, 그는 현재의 직장을 떠나서 자그마한 농장을 갖고 싶어했다. 그래서 그는 아내에게 잘 대해주면서 계속 그런 방향으로 노력하기 시작했다. 그는 자신의 장래 희망에 대해서는 아무 말도 하지 않은 채로, 마치 처음 만나는 아가씨한테 '구애하는' 것처럼 보일 정도로 아내에게 다정하게 대해주었다. 반쯤 무관심한 상태로 지내오던 아내도 차차 남편의 희망에 관심을 갖게 되어 무언가 도와줄 거리를 찾게 되었다. 그리하여 두 사람은 곧 교외에 작은 땅을 갖게 되었다. 아내가 닭을 기르고 정원을 돌보는 동안에도 남편은 묵묵히 교환대의 자판을 두드렸다. 두 사람은 지금 농장을 소유하고 있고, 남편도 오랜 꿈을 이루었다. 이것이 협동의 중요성이다. 하지만 아내에게 잘 대해주고 아내와만 협동해서는 안 되고, 주변에 있는 모든 사람들에게 진지한 관심을 보이고 잘 대해주면서 모든 사람들과 협동해야 한다.

가정에서든 사회에서든 모든 일을 완벽하게 수행할 수 있는 것보다 더 많은 에너지를 그 일에 쏟아넣으라. 그리고 '힘에 대한 자각', 곧 믿음을 갖도록 하라. 장래에 원하는 것이 무엇인지 분명히 알고 있어야 하지만, 지금은 오늘 당장 얻을 수 있는 최선의 열매를 수확하도록 하라. 언제가 되었든 그때그때 얻을 수 있는 최선보다 적은 성공에는 절대로 만족하지 말라. 또한 지금 얻을 수 없는 것을 바라느라 에너지를 낭비하지 말라. 여러분 자신과 여러분과 어떻게든 관계를 맺고 있는 모든 사람들을 위한 자기 삶의 진보를 이루도록 모든 것을 활용하라. 이와 같은 행동의 제반 원칙을 따르도록 하라. 그러면 여러분은 절대 실패하지 않고 원하는 것을 얻을 수 있다. 모든 것이 여러분의 행복을 위해 합심하고 협력하도록 되어 있는 것이 바로 우주의 구성 원리이기 때문이다.

제5장

부자의 문화는 나를 둘러싼 환경에 존재하는 사람과 사물을 건설적으로 활용하는 데서 탄생한다.

무엇보다도 자신이 원하는 것을 이미지화하여 마음속에 선명하게 담아두도록 하라. 현재의 일이나 직업이 자신의 재능이나 취향에 꼭 맞는 것이 아니라면, 꼭 맞는 것이 무엇인지를 결정해 두라. 그리고 반드시 그 일을 하거나 혹은 그 직업을 얻어서 거기서 인생 최대의 성공을 거두겠다고 마음속으로 결심을 굳게 갖도록 하라. 자신이 원하는 것에 대한 선명한 관념을 갖고, 그 일 혹은 직업에서 거둘 수 있는 최대의 성공에 대한 심리적인 개념을 정립하라. 그리고 반드시 그 목표를 성취하겠다고 결심하라. 이 개념 혹은 심리적인 그림을 형성하는 데 아주 많은 시간을 투자하라. 마음속에 심은 개념이나 그림이 선명하고 분명하면 선명하고 분명할수록, 성공을 향한 여정도 그만큼 쉬워질 것이다. 벽돌을 쌓는 사람이, 자신이 쌓고자 하는 것에 대한 확신이 없을 때, 그 벽돌공은 불안하게 덜커덩거리는 구조물을 짓게 될 것이다.

원하는 것을 분명히 인식하고, 밤낮으로 마음속 배경에 그것에 대한 이미지를 새겨 보라. 마치 방의 벽에 붙어 있는 한 폭의 그림처럼 밤이나 낮이나 항상 의식에서 떠나지 않게 하라는 것이다. 그런 다음에는 그 원하는 것을 향해 움직이기 시작하라. 지금 만약에 자신의 재능을 충분하게 개발하지 못한 상태라면 목표를 향해 나아가면서 재능을 개발할 수 있다는 점을 잊지 말라. 여러분은 자신이 하고자 하는 것을 반드시 할 수 있다.

지금 당장은 하고 싶은 일을 할 수 없는데, 그것은 환경이 적절하지 않거나 필요한 자본이 없어서일 가능성이 높다. 그러나 그렇다고 해서 적당한 환경을 향해 한 걸음씩 나아가고, 자본을 마련하기 위해 조금씩 기반을 닦는 일 자체까지 불가능한 것은 아니다. 항상 현재의 환경에서 할 수 있는 것을 최대한 해야만 앞으로 나아갈 수 있다는 사실을 잊어서는 안 된다. 만일 여러분이 자그마한 신문 가판대 하나 정도 운영할 자금밖에 없는데, 꿈은 커서 백화점을 아예 통째로 운영할 목표를 가지고 있다고 하자. 그렇다고 해서 신문 가판대만큼의 자본력으로 백화점을 성공적으로 운영할 수 있는 어떤 마법이 있다는 생각을 해서는 안 된다. 마법이 아니라도, 여러분이 신문 가판대를 잘 운영해서 백화점으로 키울 수 있는 정신과학의 구체적인 방법이 분명히 있기 때문이다. 신문 가판대가 앞으로 갖고자 하는 백화점의 한 점포라고 생각하는 것이다. 이제, 마음을 백화점에 고정시키고, 신문 가판대 점포를 뺀 나머지 점포를 신문 가판대처럼 자기 것이 된다고 생각하기 시작하라. 만일 모든 행위와 생각을 건설적인 것으로 만든다면, 여러분은 언젠가 반드시 꿈을 실현하게 될 것이다.

모든 행위와 생각을 건설적인 것으로 만들려면, '증대의 관념'을 전달해야만 한다. 자신을 위한 진보의 생각을 마음속에 담아두도록 하라. 자신이 지금 원하는 것을 향해 앞으로 나아가고 있다는 사실을 인식하고, 이러한 믿음에 따라 행동하고 말하도록 하라. 그러면 말과 행동거지 하나하나가 모두 진보와 증대의 관념을 남들에게 전달하게 되고, 그에 따라 그네들이 여러분 쪽으로 끌려오게 될 것이다. 모든 사람들이 추구하고 있는 것이 바로 '늘어나고 커지는' 증대라는 사실을 항상 잊어서는 안 된다.

우선, 거대한 풍요로움과 관련된 갖가지 사실에 대해 연구하고 또 연구하라. 그러다 보면 마침내 이 세상에는 자기 자신을 위한 재물이 분명히 있지만, 그렇다고 이 재물을 다른 사람한테서 빼앗아 올 필요는 없다는 사실을 알게 된다. 이건 경쟁의 문제가 아니다. 잘 생각해보라. 이 세상에 무한한 재화가 있다면, 어느 누구한테서 빼앗아 오지 않더라도 나 자신에게 돌아올 재화도 있음을 쉽게 알 수 있다.

이제, 여러분이 원하는 것을 가져야 한다는 것이 자연스러운 목표임을 인식하고, 오로지 적절한 행동을 하기만 하면 그러한 목표를 성취할 수 있다는 사실을 곰곰이 생각해보라. 여러분은 오직 현재의 환경에 의거해서만 실제적인 행동을 할 수 있음을 인식하고, 공연히 미래의 환경에 의거해서 현재의 행동을 하려고 애쓰지 말라. 현재 환경에 의거해서 행동하는 과정에서 여러분은 행동 하나하나를 모조리 그 자체로 성공으로 만들어야 하고, 이렇게 하는 도중에 여러분은 내내 자신이 원하는 것에 도달한다는 목표를 꽉 붙잡고 있어야 한다는 사실을 잊어서는 안 된다. 이러한 목표를 꽉 붙잡고 있으려면 원하는 것에 대한 선명한 심리적 이미지를 가져야만 한다. 이 점이 중요하다. 또한 자신이 원하는 것을 반드시 얻는다는 확고한 믿음이 없다면 여러분은 절대 역동적인 추진력을 가질 수 없다.

자신이 원하는 것에 대한 선명한 심리적 영상을 형성하고, 거기에 도달하려는 목표를 꽉 붙잡으라. 모든 일을 완벽하게 실행하되, 노예처럼 비굴해서는 안 된다. 여러분은 주인의 마음이기 때문이다. 궁극적으로 목표가 성취된다는 흔들리지 않는 믿음을 가진다면, 여러분은 절대 실패하지 않고 앞으로 나아가게 될 것이다.

풍요의 법칙

신의 왕국

신의 세계에서 행복하게 살아가려면 우선 '경쟁'과 '유한 공급'이라는 두 가지 관념을 버려야 한다. 이런 관념에 붙잡혀 있어서 성공하지 못하는 사람들이 너무나 많다. 사업상의 경쟁은 재화의 공급이 제한되었다는 이른바 '유한 공급' 관념에서 비롯된다. 그리고 '유한 공급'의 관념은 다음과 같은 가정, 즉 물자가 충분하지 않기 때문에 사람들은 그 적은 물자를 얻기 위해 서로 경쟁해야 한다는 생각에서 출발한다. 그래서 어떤 공동체 구성원은 나머지 구성원들이 충분히 갖기 위해 할 수 없이 가난해야 할 필요가 있고, 재화는 제한된 공급 물자로부터 더 많은 분량을 스스로에게 끌어올 수 있는 우수한 능력이나 힘을 가지고 있는 사람들한테만 돌아간다고 믿는 사람들이 많다.

이런 사람들은 경쟁 차원의 원리를 적용하려 노력하는데, 어느 정도는 현상에 들어맞는 것처럼 보인다. 또 이들은 우수한 인력을 개발하고자 애쓰면서, 새로운 동기와 새로운 에너지를 경쟁적인 일의 방법론에 주입한다. 그리고 "나는 성공 그 자체이다."라고 말하면서, 95퍼센트의 남들이 실패했기 때문에 자신이 성공할 수 있다고 믿는다.

경쟁을 신봉하는 이런 사람들의 과반수는 실제로 대단한 성공을 거두는데, 그것은 이들이 경쟁적인 일에서 꼭 필요한 에너지와 추진력, 낙관론 따위를 자신의 믿음에서 얻었기 때문이다. 이들의 믿음 내지 신념에서 태어난 확신은 이들의 행동 대부분을 성공적인 것으로 만들어 준다. 이런 사람들은 극히 예외적으로 유능한 경쟁자들로서, 자신들의 성공을 생각의 힘과 긍정적인 사고방식 덕분으로 돌린다.

이런 견해는 오로지 '인간의 왕국'에서만 통용된다. 여기에는 '신의 왕국'이라는 개념이 들어설 여지가 없다. 역사상의 모든 결과는 이런 사람들이 오직 인간의 왕국에 기거하는 백성임을 보여줄 따름이다. 실제로 이런 사람들의 운은 때와 장소에 따라 심하게 요동친다. 이런 사람들은 실패를 만나고, 공황 상태로 고통을 받을 수도 있다. 이런 사람들의 번영은 때를 잘못 만나면 역경으로 좌초한다. 그러므로 이들이 생각하는 안전감은 말 그대로 자기 확신에 불과하며, 잠재의식의 깊은 곳에는 항상 은밀한 공포의 싹이 자라고 있다.

공급의 한계를 인식하고 공포를 느끼지 않는 사람은 단 한 사람도 없다. 이 세상의 공급이 충분하지 않은 관계로, 나한테까지 그 몫이 돌아오지 않을 가능성이 언제나 존재한다고 생각되기 때문이다. 그런 사람들이 겪는 실패와 좌절의 근원을 추적해 보면, 결국은 유한 공급이라는 개념과 아울러, 성공과 부의 획득이 우리 중의 일부에게만 가능하다는 관념으로 거슬러 올라가게 된다.

경쟁이 필요하다는 이런 관념에 조금이라도 진실이 담겨 있을까? 한번 살펴보자. 정신적이든 물질적이든, 생활과 진보에 필수적인 것은 대략 의식주와 교육 오락 등 다섯 가지 부류로 나눌 수 있다. 이들 중에서 세 가지, 즉 의식주의 공급은 자연에 의존하고 있다. 이들 세 가지를 사치품과 장식품, 예술품 등으로 덧붙이거나 늘리거나 하면, 그것이 바로 우리가 말하는 재화 혹은 재산이 된다. 이들 세 가지의 공급에 여하한 제한이라도 있는가?

우선 식량 공급에 대해 생각해보자. 전국은 논외로 하고, 텍사스 주 하나만 보더라도, 만일 모든 자원이 곡물의 생산을 위해 적절하게 조직된다면, 19세기 말 현재 지구상에서 살고 있는 전체 인구를 풍족하게 먹여 살리는 데 충분한 곡물의 생산이 가능하다. 이건 간단한 수학적 계산으로 분명하게 보여줄 수 있다. 미국의 식량 생산은 남북 다코타 주의 밀에서부터 남북 캐롤라이나 주의 쌀에 이르기까지 다양하다. 그리고 북쪽의 미시건 주에서 나는 온대 과일에서부터 플로리다 주에서 나는 오렌지 같은 열대 과일에 이르기까지 역시 다양하다. 그러므로 재배에 조금만 더 신경을 쓰면 미국에서 생산되는 먹을거리만 가지고도 이와 같이 전세계 사람들을 모두 배불리 먹일 수 있을 것이다. 결과적으로 식량 공급에는 부족함이 없다.

'아버지'께 '일용할 양식을 주십사'고 기도할 때, 우리는 '아버지'께서 이 세상을 만드실 때 이미 그 기도에 응답하셨음에 대한 감사를 잊어서는 안 된다. 버뱅크(Luther Burbank, 1849~1926, 미국의 식물 육종가로 교배법 등의 독특한 방법을 고안하여 화초·과수·곡물 따위의 개량에 성공하였으며, 특히 '가시 없는 선인장'이나 '버뱅크 감자' 등이 유명함-역주)와 같은 사람들의 노력은 이제 막 시작 단계에 불과하다는 사실도 잊어서는 안 된다. 식량 공급은 무한하게 발전할 수 있다. 그러므로 사람들은 충분히 먹기 위해 서로 경쟁을 벌일 필요가 없는 것이다.

두 번째 필수품인 의복에 대해 생각해보자. 우리는 앞서 식량의 경우와 동일한 결론을 이끌어낼 수 있다. 미국에서는 세계 전역을 대상으로 목화를 생산할 수 있다. 하지만 이 세상 사람들 모두가 면직물처럼 저렴한 옷을 입을 필요는 없다. 미국에서는 초원에서 양을 길러 모직물 제품도 공급하고, 들판에서 아마를 길러서 섬세한 아마포 제품도 공급하고 있다. 뿐만 아니라 미국에는 엄청난 넓이의 황무지가 있다. 물론 지금은 버려진 땅이지만, 거기다 뽕나무를 심으면 전세계 사람들이 비단으로 옷을 해 입고도 남을 만큼의 누에를 양식할 수 있다.

더욱이 사막에다 타조를 기르면 그 깃털로 고급 의류를 만들어 공급할 수 있다. 우리는 말하자면 솔로몬 시대의 인민보다 훨씬 좋은 옷을 이 지구상에 살고 있는 모든 남녀노소 누구에게나 재단해 입힐 수 있는 충분한 자원을 보유하고 있다. 그리고 길가에 자라는 이름 없는 잡초에도 사실 엄청난 가능성이 숨어 있을 수 있다. 버뱅크의 뒤를 잇는 어떤 육종학자가 나타나서 어느 날 이들 잡초를 지금껏 세계인들이 보아왔던 그 어떤 의상보다 아름다운 옷감의 원료로 개발할지 모르는 일이기 때문이다. 의복 공급은 무궁무진하다. 그러므로 의복을 두고 서로 경쟁할 필요는 없으며, 누구는 삼베옷을 입고 누구는 아마옷을 입는다고 다툴 필요도 없다. 둘 다 모든 사람이 입을 만큼 충분하기 때문이다.

주거의 문제에서도 역시 마찬가지 해답을 발견할 수 있다. 벽돌과 타일로 사용될 점토는 엄청나게 많다. 또 채굴을 기다리는 건축 자재의 양도 무궁무진하다. 우리는 벽돌이 모래와 석회로 만들어질 수 있고, 시멘트가 뛰어난 건축 자재라고 알고 있다. 엄청 멋진 저택이 미국 내 모든 가정을 위해 건립될 수 있고, 그러한 대규모 공사가 끝이 나도 우리가 사용한 것이 건설 자재의 극히 일부라는 사실에는 이론의 여지가 없을 것이다. 그러니까 내가 화려하게 지어진 주택에 산다고 해서 다른 어느 누가 오두막에 살 필요는 없다는 것이다.

인테리어 가구의 공급도 마찬가지이다. 양탄자든 책이든 악기든 그림이든, 인간의 눈과 심성을 위한 모든 것은 무제한이다. 그러므로 자연계에는 사물이든 일이든 경쟁의 필요성이 전연 없다. 우리의 삶을 바삐 돌아가게 해줄 유용하고 아름다운 일이 지금 이 시간에도 우리를 기다리고 있기 때문이다.

여기서 완성재의 공급에도 결핍이 있을 수 없다는 점을 지적할 필요가 있는데, 그것은 노동이 수요와 보조를 맞출 만큼 생산적이지 못하기 때문이다. 근대의 기계는 생산의 문제를 해결했다. 노동 생산력은 불과 한 세대 만에 무려 600배나 증가되었다. 예컨대 못을 만드는 작업만 해도 100년 전에 1,000명의 인력이 필요했던 일을 지금은 한 사람이 처리하고 있다. 모든 산업 분야에서 이와 동일한 현상이 일어나고 있다. 생산력 증가의 끝은 아직 보이지 않는다. 지금 이상의 진보가 불가능한 분야는 결코 없다.

전반적으로 볼 때 물자가 넉넉하기 때문에, 우리는 부분을 두고 굳이 경쟁할 필요가 없다. 내일을 위한 지나친 생각도 불필요하다. 우리는 오로지 신의 왕국만을 찾으면 된다. 그리고 신이 주재하는 정의로운 인간관계를 찾는다면 그 나머지는 모두 우리에게 저절로 주어질 것이다. 자, 그렇다면 과연 신의 왕국이란 무엇인가?

효소

자연계에 존재하는 신의 왕국은 마치 음식에 들어 있는 효소와 같다. 신의 왕국에는 모든 자연이 담겨 있으니, 그것은 신이 자연의 원인이기 때문이다. 자연이 완벽하게 자연스러울 때, 충만한 자연에는 신의 왕국이 구현되어 있다. 만일 신이 자연의 '마음'이라면, 자연의 자연스러움보다 더 완벽한 신의 표현은 있을 수 없다. 신의 왕국에는 모든 생명이 들어 있으니, 그것은 신이 '생명' 그 자체이기 때문이다. 어떤 생명이 완벽하게 자연스러운 방식으로 살아 있을 때, 그 자리에는 신의 왕국이 충만해 있으니, 그것은 자연스러운 방식으로 살아 있는 생명보다 더 완벽한 신의 표현이 있을 수 없기 때문이다. 그렇다면 어떻게 해야 생명이 자연스러운 방식으로 살아갈 수 있을까?

생명체의 삶은 끊임없이 더 많은, 더 충만한 생명력을 향해 나아가는 움직임으로 구성되어 있다. 밭 한가운데 씨앗 하나를 뿌려 보라. 그 씨앗의 생명력이 금세 적극적인 반응을 보일 것이다. 이 씨앗은 그냥 씨앗으로 존재하기를 그치고, 바야흐로 역동적인 생명으로 살아가기 시작한다. 그러다가 곧 나무를 낳고, 종자 이삭을 만들어 30개, 60개, 100개의 씨앗을 안에 담아 둔다. 물론 이들 씨앗 각각에는 모두 첫 번째 씨앗에 담겼던 것과 똑같은 생명력이 담겨 있다. 이들 씨앗이 땅에 떨어지면, 다시 생명력을 발휘하기 시작하여 시간이 지나, 100만 개의 씨앗이 잉태된다. 물론 이들 씨앗 각각에도 모두 첫 번째 씨앗에 담겼던 것과 똑같은 생명력이 담겨 있다. 그러니까 최초 씨앗의 생명력이 단지 살아가는 행위만으로 100만 배나 늘어난 것이다. 생명체의 살아가는 행위는 지속적으로 늘어나는 생명력에 있지, 그 이외의 다른 방식으로는 없다.

생명이 늘어나고 많아질 필요성이야말로 진화의 원인이다. 광물질의 세계에는 진화라는 것이 없다. 광물은 진보하거나 진화하지 않는다. 납이 주석으로 진화하는 일도 없고, 주석이 무쇠로 진화하는 일도 없으며, 무쇠가 은으로 진화하는 일도 없다. 물론 은이 금으로 진화하는 일도 없다. 진화는 오로지 생명체의 유기적 형체에서만 발견되는 현상으로, 생명체가 더욱 충만하고 더욱 완전하게 스스로를 표현할 필요성 때문에 일어난다. 이 지구상의 생명체는 틀림없이 단세포로 시작되었지만, 단세포는 생명체에 충분한 표현을 실현할 수 없어서, 양세포가 되었다가, 다세포로 진화했다. 이로부터 척추동물과 포유류가 나왔고, 마침내 인간이 탄생했다. 이 모든 현상은 끝없이 보다 완전한 표현으로 나아가려는 생명체의 내재적 필요성에서 비롯된 것이다.

한편 진화는 인간의 탄생으로 그치지 않았다. 물론 물리적인 진화는 그쳤을지 모르지만, 정신적이고 영적인 진화는 이제 막 시작되었다. 애초부터 인간은 더욱 나은 생존력을 발전시켜 왔다. 각 세대는 이전 세대보다 더 크고 광범위한 삶을 영위할 수 있다. 종족은 끊임없이 더욱 많은 생명력을 향해 나아가고 있으며, 따라서 우리는 살아간다는 것을 더 충만하게 산다는 의미로 이해하게 된다.

의식의 움직임은 끊임없이 의식을 확장한다. 정신의 원초적인 필요성은 더 많이 알고, 더 많이 느끼고, 더 많이 즐기는 것이다. 이와 같은 정신의 필요성은 사회적 진화 및 모든 진보의 원인이다. 마땅히 그래야 하지만, 만일 우리가 의식적인 삶을 최상급 신의 표현 혹은 최상급 자연의 '마음'으로 받아들인다면, 삼라만상의 목표는 의식적인 삶의 발달을 촉진하는 움직임이 되어야 한다.

실제로도 그렇지만, 만일 인간이 최고 형태의 의식적인 삶이라면, 삼라만상의 목표는 인간의 발달을 촉진하는 움직임이 되어야 한다. 그리고 만일 인간의 발달이 살아가는 능력의 증대에 있다면, 자연계에 존재하는 삼라만상의 목표는 인간이 더욱더 많은 생명력을 향해 나아가도록 촉진하는 움직임이 되지 않으면 안 된다.

생명은 사물의 사용으로 드러난다. 한 인간이 가진 생명의 척도는 그가 소유한 사물의 총체가 아니라 그가 정당하게 사용할 수 있는 사물의 수효로 나타난다. 충만한 생명력을 갖는다는 것은 우리가 정당하게 사용할 수 있는 모든 사물을 갖는다는 뜻이다. 자연의 '마음'이 추구하는 목표가 더욱더 많은 생명력을 향한 인간의 지속적인 진보이므로, 자신이 정당하게 사용하고 즐길 수 있는 모든 사물을 모든 사람이 제한 없이 사용하는 것도 자연의 '마음'이 가진 의도임에 틀림이 없다. 신의 목표는 모든 사람이 생명력을 가지고 또 그 생명력을 풍요롭게 사용하는 것이다. 신은 자연의 '마음'이며, 신은 삼라만상의 내면에서 삼라만상을 통해 존재한다. 그러므로 신의 마음 혹은 지능은 마치 음식에 존재하는 효소처럼 모든 실체의 내면에서 모든 실체를 통해 존재한다.

진보를 향한 욕구는 근본적인 정신 행위이며, 따라서 진보를 향한 욕구는 삼라만상의 내면에서 삼라만상을 통해 존재한다.

모든 사물은 모든 인간의 진보를 열망한다. 만일 어떤 사람이 자신의 삶을 좀더 충만하게 만들 목적으로 어떤 좋은 대상을 열망한다면, 그 대상 역시 그 사람을 열망한다. 인간이 진보를 열망할 때, 사물의 마음은 인간의 마음에 반응한다. 모든 사물은 힘을 합쳐 진보를 열망하는 사람들에게 이득을 가져다준다.

우리에게 가장 위대한 사실은, 자연계에 원초적인 '마음'이 존재하며, 이 '마음'을 우리가 보다 충만한 삶을 만드는 방향으로 사용할 수 있다는 것이다. 또 기꺼이 그렇게 사용하고자 하는 모든 사물을 우리가 갖기를 열망한다는 것도 사실이다. 모든 사물에 사물 자체로 존재하는 이 '마음'은 사물을 우리 쪽으로 끌어오는 경향을 지닌다. 그러므로 만일 우리가 올바른 방향으로 이 '마음'을 인식해서 이 '마음'과 함께 움직인다면, 모든 사물이 반드시 우리 쪽으로 다가오게 된다. 그러나 이 '마음'은 '전체'의 마음이지, 결코 '부분'의 마음이 아니다. 만일 우리가 전체를 보지 못한 채, 부분을 두고 동지들과 경쟁한다면, 우리는 전부를 잃고 만다.

부분을 차지하려는 경쟁은 실질적으로 '전체'를 부정하고 거부하는 행위이다. 전체를 인식하고 수용하는 사람은 부분을 두고 경쟁할 수 없다. 이미 우리 자신의 것인 풍요로움을 보고 받아들이지 못하게 가로막는 것은 유한 공급을 차지하려는 경쟁의 관념이다. 우리는 지금도 여전히 인간의 왕국에서 어리석은 투쟁을 벌이고 있으니, 그것은 우리가 우리 주변에 이미 와 있고 우리 안에 와 있는 신의 왕국을 보지 못하기 때문이다. 전반적인 비즈니스의 세계가 유한 공급을 차지하려는 경쟁적 방법에 기초해서 굴러가고 있는데, 우리는 과연 어떻게 해야 경쟁을 피할 수 있겠는가? 어떻게 해야 경쟁하지 않고 일자리를 얻을 수 있는가? 경쟁하지 않고 경쟁에 기초한 세계에서 성공할 수 있을까? 이 세상에서 한 걸음 물러나서 아예 공산주의 공동체를 건설해야 하는가? 전혀 그렇지 않다. 만일 그런 방향으로 노력한다면, 반드시 실패할 것이다.

공산주의 공동체는 서로 경쟁하지 않지만, 모두와 경쟁하는 사람들이 모여 만든 집합체이다. 그 어떠한 공동체도 그 구성원의 수효를 심각하게 제한하지 않고서는 완전해질 수 없다. 그렇지만 구성원의 수효를 심각하게 제한한다는 것은 추구하려는 목표를 파괴하는 일에 다름이 아니다. 만일 어떤 공동체가 그 자체로 완전하지 않은 상태에서 바라는 모든 것을 만족시키려 한다면, 그 공동체는 필연적으로 부족한 것을 메우기 위해 외부 세계와 경쟁을 벌여야 한다. 이것은 물론 우리가 피하고자 하는 상황이다. 어떤 식으로든 '전체'와 격리된 부분은 문제를 해결할 수 없다. 따라서 공동체의 틀은 불편하고, 부자연스러우며, 비현실적이다.

그렇다면 우리는 사회주의와 협동 국가를 건설할 수 있는가? 우리는 그렇게 할 수 없다. 왜냐하면 사회주의와 협동 국가는 전체를 이루는 조각들이며, 따라서 전체에 의해서만 건설될 수 있다. 사실상, 협동 국가는 건설될 수 없다. 협동 국가는 누가 건설하는 것이 아니라 스스로 건설되어야 한다. 아마도 그러려면 상당히 오랜 시간이 걸릴 것이다. 대다수 사람들이 '유한 공급'을 믿는 한, 우리는 여하한 종류의 법령을 가지고도 경쟁을 없앨 수 없다. 그러므로 우리는 현재의 제도 하에서 바른 노선을 정립해서 움직이면서 경쟁을 끝내야 한다. 그럴 수 있을까? 그렇다면 어떻게 해야 할까?

풍요로움

자연의 '마음', 곧 신은 인간의 발달에 필요한 모든 것을 제공하려는 목적을 가지고 자연을 풍요롭게 창조했다. 여기서 중요한 것은 '일부 사람들'의 발달이 아니라, '인간', 즉 '모든 사람들'의 발달이라는 점이다. 자연의 목표는 생명의 지속적인 진보이다. 인간이 신의 구체화인 동시에 최고급 형태의 생명체이기 때문에, 자연의 목표는 보다 풍요로운 생명력을 향한 모든 인간의 지속적인 진보이다.

모든 인간의 진보를 추구하는 자연은 어느 누구에게서든 아무것도 빼앗지 않는다. 그러므로 자연의 '마음'과 하나가 된다는 것은 아무도 희생하지 않고 모두의 진보를 추구한다는 것이다. 다시 말해서 그것은 자기 자신을 위해 원하는 것으로 모두를 위해 얻고자 하는 상태이다. 이러한 움직임은 우리의 정신세계에서 경쟁적인 사고방식을 완전히 들어내어 바깥으로 던져버린다.

경쟁 제도를 겨냥한 우리의 독립 선언은 "나는 나 자신을 위해 원하는 것을, 만인을 위해 원한다."가 된다. 그리고 앞으로 나아가는 생명체의 기도는 "신께서 우리에게 주신다."가 된다. 이 기도문과 선언은 자연의 '마음'과 조화를 이룬다. 그러므로 이렇게 선언하고 이렇게 기도하는 사람은 살아 있는 모든 것, 즉 신과 자연, 인간 등과 정신적으로 하나가 된다. 이것이 바로 진정한 '합일'이다. 모든 사물의 '마음'과 정신적으로 하나가 된 다는 것은 우리가 우리의 욕망과 생각을 그 마음에 등록할 수 있다는 뜻이다. 우리가 어떤 물건을 원할 때, 우리의 마음과 사물의 '마음'은 하나이다. 그러니까 그 물건이 우리를 원해서 우리 쪽으로 움직여 오게 된다. 만일 여러분이 돈을 원해서 마음이 돈과 그 밖의 것에 스며들어 있는 '마음'과 하나가 된다면, 돈은 여러분 쪽으로 오려는 욕구로 가득 차게 되어, 더욱 풍요로운 생명을 지향하는 '영원한 힘'에 이끌려 실제로 여러분 쪽으로 다가오게 된다. 원하는 것을 얻으려면, 사물들의 '마음'과 하나가 되기만 하면 된다. 그러면 원하는 물건들이 여러분 쪽으로 이끌려올 것이다.

사물들의 '마음'이 가진 원초적인 목표는 더 풍요로운 생명을 지향하는 모두의 지속적인 진보이다. 어떤 사람에게 주기 위해 다른 어느 누구에게서 무언가를 빼앗는 일은 일어나지 않는다. '신성한 마음'은 순전히 경쟁적인 일에서는 행동으로 나타날 수 없다. 신은 그 자신의 속성에 반하여 나누어질 수 없다. 다시 말해서 신은 한 사람에게서 무언가를 취해서 다른 사람에게 주는 역할을 할 수 없다. 신은 한 사람이 지향하는 생명력의 진보 기회를 높이기 위해 다른 사람이 지향하는 생명력의 진보 기회를 줄이지 않을 것이다. 신은 어느 누구를 특별히 좋아하거나 특별히 싫어하지 않는다. 신은 모두에게 평등하고, 모두를 평등하게 위하고, 모두를 평등하게 도와준다.

'합일'을 이루려면, 자신과 관련된 모든 사람에게서 자신이 가져가는 값어치만큼의 생명력을 자신의 일을 통해서 모든 사람에게 돌려준다는 사실을 바르게 보아야 한다. 이는 생명력의 정확한 주고받음이다. 물론 이 생명력의 가치가 반드시 화폐가치를 뜻하는 것은 아니다. 많은 사람들이 흔히 이해하지 못하는 것이 바로 이 대목이다. 즉, 어느 한 사람에게 미미한 가치를 지닌 물건이, 그것을 생명의 진보를 위해 사용할 수 있는 사람에게는 어마어마한 가치를 가질 수도 있다. 어떤 사람에게 사물의 가치는 그 사람이 딛고 선 생명의 수준에 따라 결정된다. 그러므로 어떤 수준 혹은 생명력의 어떤 발달 단계에서 무가치한 것이 다른 수준 혹은 발달 단계에서는 꼭 필요한 중요한 가치를 가질 수 있다는 것이다.

특히 글이 주는 생명력은 화폐가치로 볼 때 엄청난 불균형을 보인다. 예컨대 이 책은 종이와 잉크 값으로만 치면 1달러도 채 안 되지만, 그 안에 들어 있는 어떤 문장 하나가 특정한 독자에게는 수천 달러의 값어치가 나갈 수도 있다. 여러분은 어떤 글을 자신이 구입한 값보다 더 받고 다른 사람에게 팔아서 이익을 남길 수 있다. 그런데 정작 그 글을 산 사람은 그 글을 잘 활용해서 자신이 구입한 값보다 수백 배가 넘는 이득을 볼 수도 있다. 물론 그런 경우에 그 사람의 행위를 절도라고 부를 사람은 없을 것이다. 여러분의 일도 이와 같은 근본적인 조건을 만족시켜야 한다. 이것이 첫걸음이다.

이와 같은 행동을 했을 때, 여러분은 더욱 충만한 모두의 생명력을 위해 움직이는 자연의 '지능'과 하나가 된다. 이제, 여러분이 일하는 목표는 모두가 생명력을 갖고, 그 생명력을 더욱 풍요롭게 만드는 것이다. 그러므로 여러분은 지금 자기 자신을 위해 추구하는 것을 만인을 위해 추구하고 있으며, 여러분에게 필요한 천지만물에 존재하는 정신적인 원리가 여러분 쪽으로 작용하기 시작한다. 그리하여 돈이 필요하면, 돈에 존재하는 사물의 '마음'이 여러분의 '필요'를 의식하게 된다. 그러면 여러분은 '돈이 나를 원한다'는 진리를 확신할 수 있게 된다. 돈이 여러분 쪽으로 다가오기 시작하는데, 이때 돈은 여러분이 돈 대신 제공할 수 있는 것을 원하는 사람들로부터 어김없이 여러분 쪽으로 흘러들어온다.

'신성한 마음'은 생명력의 진보를 위해 필요한 모종의 실체가 그것이 더욱 절실하게 필요한 다른 곳으로 옮아가는 전이 현상을 잘 지켜보고 있다. 이러한 원리는 비단 사업의 확장이나 성공에만 적용되는 것이 아니라, 스스로의 더욱 충만한 삶을 바라는 인격의 성장에도 적용될 수 있다. '진화의 힘' 혹은 자연의 '목표'와 하나가 되면, 여러분은 자연이 마땅히 주어야 하는 모든 것을 받게 될 것이다. 이때 여러분은 항상 신의 의지를 실행하고 있으므로, 모든 것이 여러분 자신의 것이며, 따라서 어느 누구와도 경쟁할 필요가 없다.

그러나 원하는 대상은 오로지 자신의 믿음에 의해서만 '신성한 마음'에 각인된다는 점을 잊어서는 안 된다. 의심이 생기면 연결 관계가 끊어지고 만다. 걱정과 공포도 연결을 끊는다. 잠재의식에 각인하는 것은 사물의 '마음'에 각인하는 것과 정확히 동일하다. 확신이 절대적인 믿음을 동반한 역동적인 힘으로 이루어지지 않는다면, 그런 확신은 효력을 발휘하지 못한다. 사물의 '마음'은 의심과 주저함이 있으면 적극적으로 움직이지 않는다. "무엇이든지 기도하고 구하는 것은 받은 줄로 믿으라. 그리하면 너희에게 그대로 되리라."(마가복음 11장 24절) 신과 함께 걷고 일하면서 동시에 신을 믿지 못한다면 그건 말이 안 된다. 마음속에 조금이라도 불신이 있다면, 결국 사물의 '마음'에 불신을 각인하는 셈이다. 그럴 때는 사물이 내가 있는 쪽으로 오지 않고 오히려 내가 있는 쪽에서 멀어져 간다.

경쟁이 없는 성공의 조건은 매우 단순하다. 무엇보다도 나 자신을 위해 원하는 것을, 모두를 위해 원하라. 그리고 그에 합당한 생명력을 보상해주지 않는 한 어느 누구에게서도 아무것도 빼앗지 말라. 남에게 많이 주면 줄수록, 내 상황은 더욱 좋아진다. 그런 다음, 내가 살아낼 수 있는 충만한 생명력을 위해 나에게 필요한 모든 것이 나에게 온다는 절대적인 믿음을 가지고 움직이라. 필요한 것이 모두 나에게 온다는 흔들리지 않는 믿음을 가지고 '아버지'께 기도하고, 정말로 나에게 온 데 대해서 가슴속 깊은 곳에서 우러나는 감사의 마음을 담아 항상 '그분'께 감사하라.

나에게 온 모든 것은 내가 다른 어느 누군가에게 더욱 충만한 생명력을 주었다는 의미이다. 내가 필요한 것을 얻을 때마다 다른 어느 누구인가도 재물이 늘어나게 된다. 말하자면 내가 스스로를 위해 얻는 생명력은 결국 모두를 위해 얻는 것인 셈이다. 그러므로 나의 성공은 모두의 생명력과 건강, 재물, 행복을 증진해주는 것이다.

그렇다면 이것이 경쟁과 다른 점은 무엇인가? 여러분은 지금도 동일 업계에 종사하는 사람들과 경쟁하고 있지 않은가? 아니다. 안 된다. 여러분이 획득하는 것은 다른 사람들도 손에 넣으려고 투쟁하고 있는 '유한 공급'에서 온 것이 아니라, '전체'에서 온 것이다. 예를 하나 들어보자. 보통 한 국가의 돈은 극히 제한되어 있다고 한다. 즉, 모두의 욕구를 만족시키는 데는 부족하다는 것이다. 대다수 사람들이 이와 같은 생활 방식을 갖고 살아간다고 하자. 그러면 돈이 그네들 모두 쪽으로 옮아가기 시작한다. 다른 곳으로 갈 여력은 없다. 이건 사실이지만, '돈이 필요하다'는 생각이 사물의 마음에 각인되면, 이 생각은 다시 사람들의 마음에 반응을 일으킨다. 그리하여 새로운 통화 법안이 통과되어, 금덩이가 조폐공사 쪽으로 이동하기 시작한다. 돈이 생명력의 진보에 필요하다면, 조폐공사의 윤전기가 은행권 화폐를 찍어낸다. 말하자면 사물의 '마음'이 단순히 주조된 화폐를 넘어서 광산의 심장부에 숨어 있던 금덩이와 은덩이에까지 전달된 것이다. 믿음의 기도가 간절히 부를 때, 금과 은도 기도에 응답하여 움직이기 시작한다.

다른 모든 것도 이와 마찬가지이다. 조폐공사도 그렇지만, 공장도 충분한 수효의 사람들이 '진보하는 생활' 방식을 채택할 때마다, 움직이기 시작한다. 만일 어떤 공장의 임금 체계가 그곳 근로자들의 충만한 생명력을 가로막고 있다면, 해답은 임금 체계의 수정 한 가지뿐이다. 즉, 근로자들이 충만한 생활을 영위하기 시작할 때마다 임금 체계가 방해된다면 임금 체계가 바뀌기 시작할 것이다.

생명체는 제도의 변화로 진보할 수 없다. 반대로 제도는 생명체의 진보로 변화할 수 있다. 유용하고 아름다운 사물을 우리 곁에 두려면 많은 일이 이루어져야 한다. 필요한 것은 오로지 만인에게 보다 충만한 생명력을 주는 것을 유일한 목표로 삼고 있는 사람들의 열망뿐이다. 그런 사람들의 수효가 늘어나면서, 모두가 누리는 번영의 폭과 깊이도 늘어날 것이다. 그리하여 모든 계층에서 '진리'를 열망하는 이런 사람들의 수효가 끊임없이 늘어나면, 경쟁과 유한 공급이라는 고정 관념도 무너지면서, 마침내 천국에서나 볼 수 있는 신의 왕국이 이 지상에 세워질 것이다.

성공학의 원조

책의 저자가 주로 활동한 시기가 19세기 말이니, 이 책도 어느덧 100살을 훌쩍 넘겼다. 조금 과장해서 말한다면 '과거의 유물'인 셈인데, 그런데도 현지에서 최근에 다시 발간되어 적잖은 독자들에게 사랑을 받는다고 하니, 그 나름의 장점이 있어도 무언가 단단히 있어야만 할 것 같다.

이 책은 1970~1980년대를 전후하여 국내 독서계의 지대한 관심을 끌었던 노만 필의 《적극적 사고방식》이나 지그지글러의 《정상에서 만납시다》 등 이른바 성공학 혹은 처세학의 할아버지뻘이 되는 책이라고 말할 수 있다. 이 책이 단순히 그런 사람들에게 영향을 주었다는 의미에서도 '원조'라는 이름이

가능하겠지만, 역자가 사용한 '원조'라는 말의 진정한 의미는 그러한 연대기적 계보 관계를 뛰어넘는 차원에 있다. 적어도 역자가 보기에 이 책의 참된 가치는 20세기에 번성하게 되는 성공학 서적에 철학적 '원리'를 제공했다는 점에 있다. 그 당시에 유행했던 성공학 서적을 적잖게 섭렵한 기억이 있는 역자에게 이 책을 읽고 우리말로 옮기는 작업은 남다른 감회를 선사하기에 충분했다. 특히 그 당시에 강한 인상을 받았던 개념 중의 하나가 '무한 공급'의 원리라는 것이었는데, 번역을 하던 도중에 놀랍게도 그 배경을 비교적 상세하게 소개하는 대목을 발견하고 나서 말 그대로 막혔던 속이 확 뚫리는 기분이 들었다. 그래서 이 책은 한마디로 '영양가 있는' 책이다. 단, 진지한 자세로 꼼꼼히 읽고, 읽은 내용을 그대로 실천에 옮겨야만 제대로 효과를 볼 수 있다. 자칫 피상적으로 읽으면 자기 최면 비슷한 억지 논리를 강요하는 내용으로 오해할 수도 있기 때문에, 더욱더 세심한 독서가 요구되는 책이다. 그러므로 진심을 가진 독자에게라면, 이 책이 가히 '성공철학의 비결(秘訣)'이 되기에 절대 모자람이 없을 것이라고 감히 단언한다.

내용에 대해 두 가지만 덧붙인다. 원래의 저자는 기독교적 배경에서 내용을 집필했지만, 보다 많은 독자들이 거부감 없이 접근할 수 있도록 일부 내용의 번역에서는 종교적인 색채를 다소 약화시켰다. 그리고 여기 나오는 '지금' 혹은 '현재'라는 말은 저자가 활동했던 19세기 말과 20세기 초를 의미하므로, 일부 내용이 21세기 초반인 오늘의 상황과 맞지 않을 수 있다. 이런 측면에 대한 독자 여러분의 양해와 이해를 구한다.

좋은 책을 써서 다시금 지나온 인류의 역사를 되돌아보고 우리가 앞으로 나아갈 방향을 진지하게 생각해 보는 계기를 마련해준 100년 전의 저자에게 감사하고, 우리 독자들이 저자의 좋은 사상을 어렵지 않게 볼 수 있도록 이 책을 출간하는 출판사 측에도 감사 인사를 드리고자 한다.

역자 김정우

옮긴이 **김정우**

1980년대 초부터 인도 사상과 정신세계에 관심을 갖고 우리의 삶에 실질적 도움이 되는 내용을 소개하고자 이 분야의 책을 꾸준히 번역해 왔다. 《영혼의 수행자 요가난다》(뜨란), 《깨달음이란 무=엇인가》《파라독스 이솝우화》(정신세계사) 《시간도 없는 공간 속에서》《존재의 근원》《마지막 태양빛 아래서》(삼진기획) 《인류의 미래》《자연은 참으로 신비합니다》(한국 크리슈나무르티센터) 《론리 플래닛 스토리》(안그라픽스) 《신성한 지구》《신성한 건축》(창해) 등의 국역서와 An Illustrated Guide to Korean Culture(학고재), The 21st Century Hangeul(문화체육부) 등의 영역서가 있으며, 《이솝우화와 함께 떠나는 번역 여행》(전 3권, 창해) 《영어 번역 ATOZ》(동양문고) 등의 번역 관련 저서가 있다. 현재 경남대학교 인문사회대학 교수로 재직하고 있다.

부의 바이블

초판 1쇄 발행 2023년 1월 31일

지은이 월리스 와틀스
옮긴이 김정우
펴낸이 김동하

편 집 이은솔
펴낸곳 책들의정원
출판신고 2015년 1월 14일 제2016-000120호
주 소 (10881) 경기도 파주시 회동길 445, 4층 402호
문 의 (070) 7853-8600
팩 스 (02) 6020-8601
이메일 books-garden1@naver.com
인스타그램 www.instagram.com/text_addicted

ISBN 979-11-6416-140-9 (03320)